Unscientific Psychology　非科学的心理学

A Cultural-performatory Approach to Understanding Human Life

理解人类生活的文化—展演路径

〔美〕弗雷德·纽曼
Fred Newman

洛伊丝·霍尔兹曼　著
Lois Holzman

祖霞　赵梦雪　译

魏瑄慧　审校

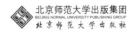
北京师范大学出版集团
BEIJING NORMAL UNIVERSITY PUBLISHING GROUP
北京师范大学出版社

献给我们的老师

勒诺拉·弗拉尼（Lenora Fulani）、肯尼斯·格根（Kenneth Gergen）、列夫·维果茨基（Lev Vygotsky）、路德维希·维特根斯坦（Ludwig Wittgenstein），以及所有我们发展社群中的同事、学生和朋友。

专家推荐

本书到来的时机十分恰当，当我们日常生活的一切均被现代化所席卷，而我们又迫切需要耕耘出一条响应中国文化与历史的工作道路时，《非科学的心理学》一书对于当代心理学的方法论和知识论进行的反思和批判，为读者搭起了透视现代主义专断排他性的瞭望台。当我们拉高视野后，立足地方、往前探寻道路的脚步就稳定下来了！人的生命与生活是方方面面的各种活动所滚动衔接的历史路径，在活动理论的路径里，"活动"是生命的一种社会性、历史性的展现形式，理解与发展在这种形式中融为一体。本书认为后现代的"叙事立场"掩盖了"叙事活动"，而叙事活动是发展性的，因为是动态变化着的活动创造着发展的机会。因此，我们不仅可以通过此书辨析科学心理学，亦可一越而过质性与量性二分对垒的思维，何乐不为呢？

——夏林清，哈佛大学心理咨询博士，四川文化艺术学院心理与教育学院院长，文化艺能与社会心理研究中心主任，台湾辅仁大学社会科学院前院长在已经被翻译成中文的后现代主义心理学书中,《非科学的心理学》一书具有很强的学术批判和争鸣精神,为读者打开了一个广阔的思考和想象空间。本书论证了科学心理学基础的"虚幻性",甚至试图掀翻心理学遵从的心灵哲学预设。很多人将后现代主义只是看作一种与科学主义并列的新思潮,学界主流对科学主义仍然尊为戒律、敬奉有加。我认为,本书的出版将是我国心理学历史的一个标志性事件,因为它会促使人们再次从根本上思考心理学究竟为何的问题。本书作者不仅"砸碎"了科学心理学这个铁饭碗,甚至要"掐灭"人们捡起碎片重构饭碗的企图。本书展演的"武器的批判"和提供的"批判的武器"或许会使人更愿意打破陈规旧律,尝新试变。打造中国式社会心理服务体系需要新的理论指导。本书的灵魂与马克思辩证历史唯物主义的实践观相容贯通。

——张建新,中国科学院心理研究所研究员,中国社会心理学会会长,中国心理学会副理事长,亚洲社会心理学会前任主席,国际心理科学联合会执行委员会委员心理学中有鄙视链：对外，心理学看不上某些没自己"科学"的学科；对内，某些心理学的分支看不上另一些没自己"科学"的分支。但很可惜，鄙视并不是一门学科强盛的象征，倒很可能是自己不够健康、不够自信的表现。一门成熟的学科，不应该鼓动鄙视，而应该提倡反思，因为只有反思才能真正使自己进步。《非科学的心理学》就是一本对心理学的反思之作，如果我们读着它感到不舒服，那说明我们还没有达到孔子所说的"耳顺"之境，这距离孔子"随心所欲"的状态就有更大的距离了。

——钟年，中国社会心理学会文化心理学专业委员会主任委员，武汉大学心理学系教授本书是一次精彩的从古希腊到现代科学和科学心理学的哲学之旅。

——《理论与心理学》(*Theory & Psychology*)

西方哲学虽已不复存在，但它的一些假定和预设披着科学的外衣，仍潜藏在现代心理学中。作者解构了心理学中的三个神话：个体的神话、精神疾病的神话以及发展的神话。本书在批判主流心理学的同时，也提出了一种具有发展性的社群活动作为重建心理学的方法论。

——普雷格出版社(1996)

东区团体和短期心理治疗研究所是展演研究的一个主要创新者，在那里，戏剧是教育、心理治疗和社群建设的必要组成部分。

——玛丽·格根、肯尼斯·格根(Mary M. Gergen & Kenneth J. Gergen)，社会建构论奠基人

总编序

林壑万里清
——社会与个人的改变之道

夏林清

　　有关当代心理学知识与方法论典范的演变，近年来在中国大陆与台湾已有不少研究与讨论，全球化的倾销式错置已带来了心理学"应用"的泛滥灾情。在长达近一个世纪的中西方文化与知识遭遇碰撞的时日里，近二三十年接受高等教育栽培的心理与教育工作者均无可避免地，或生吞活剥，或东拉西扯、片片断断地，"学习"着欧美知识，等到进入了某个特定社会环境，面对迎面扑来的个人与群体的具体难题，得"动手动脚"推进一线的实务工作时，"尽信书不如无书"反倒是脚着陆、接地气的第一步。在社会现场中，面对真实不逃不躲，铆力投身不怕狼狈，他者的容颜自然而然地，柔软了工作者的身段，启迪着工作者的心灵。当这样的践行之路走了数年，工作者会"长出"分辨与取舍"知识"的务实力，追寻着与自身实践相呼应的认识与理解。"社会治疗书系"的呈现，也可以说是我作为一名台湾地区心理教育工作者30年来寻索个人与社会改变之道理的一个三江汇流处。"知识"本身无中西之争，而是使用知识的知识人的问题。每一位理论产出的学者，都反映了他在某一特定社会内部，某个历史进程中的社会存在。辨识与取舍是读书人的责任。

"社会治疗书系"源自三处：

• 美国和"改变"有关的心理学知识的一个支脉。

• 英美批判心理学与社会治疗的路数。

• 台湾地区心理教育工作者的践行路径知识。

1. 我与社会治疗的相遇，疲困身心于玩演中变化

我初次认识弗雷德·纽曼（Fred Newman）带领的这一支美国马克思主义实践者团队，是在 1988 年我回哈佛大学交小论文（论文计划要被接受如资格考效用的文章），有一天在图书馆大门玻璃上看见一张"社会治疗"（social therapy）的活动传单。1988 年，我们在台湾地区也正做着关于小外包家庭工厂的调查研究，我从来不知道美国左翼中竟有"社会治疗"！立即就报名前往纽约去参加了。然而，那时真搞不明白这群人在干什么！只是记得东边学院（East Side Institute）这个组织的名称和一个坐在前方与成员来回对话的弗雷德·纽曼的模糊影像，以及没太听明白的内容，只知道他们在纽约黑人社区做街区青少年及其家庭的工作。再见到他们已是 2002 年了。

2002 年，我拿到福布莱特（Fulbright）经费支持得以访学 3 个月，去了纽约，这才在社会治疗的东边学院里学习了 3 个月。在这 3 个月中，我参加了每周一次的社群团体（community group），一个社会治疗

团体和每周一次的个别治疗。弗雷德和我谈了几次话，我追问他们这一支美国左翼的践行历史。记得他预言式地说："你走的路径，以后会遇到大的矛盾与冲突。"当时的我，身心疲困，在那 3 个月中只是不断练习着一件事，就是每一次行动都是一次在群体中表达自己与发展彼此的机会。多年投身实践的疲倦身心，就在一次又一次的行动中，如鱼入水中舒展身体般地变化了。我这时体验到，被包裹与结块化了的"情绪"需要在和他人一起发展的社群活动中，得到复原的变化机会。

2. 地方知识 ——"斗室星空"的实践知识路径

20 世纪 70 年代，密集工业化重构着中国台湾地区的人文地景，"青少年问题"与"家庭问题"，像是水果催熟剂似地涨大了社工、心理与教育的专业化，然而专业的建制化并不代表会促进"实践智能的专精细微"。在人文社会科学范畴中，被归入"应用"的社工、心理与教育领域的工作者，多对无用的知识与不当的角色权力深有感触！

《大小团体动力学》与《斗室星空——家的社会田野》便是我在实务田野中一路转进，挪用、取舍与创发实践路径的两本书。在 20 世纪 70 年代工业化、都市化的台湾地景中，成群的由乡村进入城市打工的青年男女、犯罪矫治机构中的未成年性工作少女和街头帮派青少年启动了我对大小团体动力知识脉络与方法的心思。80 年代后期台湾"解严"后，与工人朋友们的熟识则导引出"斗室星空"的实践知识路径。

因为和台湾地区社会不同底层人群一起工作多年，从 20 世纪 80 年代末到 90 年代中期，我有机会与大大小小的劳工群体合作，进行工人婚姻与家庭的讲座与座谈。有的时候，时间很短却震撼很大。譬如，在化工厂交换班的一小时里，与坐满一礼堂、穿着灰蓝工作服的男性工人座谈，话题由"老婆跑了，三个孩子，我怎么办？"（因工厂旁房地产业兴起，老婆开始上班，不久后移情别恋走了！）到"孩子怎么共同教育？""夫妻性生活怎么办？"（夫妻因各自轮班，一个月也排不出一周相同起床睡觉的时间）。看见蓝领工人们被工业化的高强度劳动所撕扯挤压的生活苦楚与折磨，我明白了他们为夫为妻、为父为母，在高速变化的社会环境里，过着担不了也得撑下去的生活！我于是将过去习得的心理治疗家庭知识与方法搁下，随众生而行地发生了我的专业实践的第一个转向。在这第一个"左转"后，1997年遇见台北市抗议陈水扁的性工作者，并与之同行协力组成互助团体，我的心理教育实践也就往下急行军式地，进入被性道德污名排除或贱斥的底边人群的社会生活范畴。

在"向左转"与"往下急行军"之后，我在1999年开办新北市芦荻社区大学，当地的妇女学员中不乏已被问题化、病理化的辛苦女人（抑郁症与各种身心症反应）。正是前面两个转向行动所形成的认识，支撑我试出了一种敞开彼此家庭经验，由相濡以沫发展到"斗室嵌连成星空"的群体共学的方法。

如果这些妇女带领我进入了她们生活的社会底层光景，那么，社区大学就给了我一个翻土培土的好机会！但倘若我没有"先左转又往下行"的经历，我的身手是翻不了土的！"斗室星空"群体共学的方法在工厂劳动教育现场和在1997—2000年与各个团体数年的文化活动现场中就已然萌发了。

2005 年，我在芦荻社区大学主持"斗室星空家庭经验工作坊"时，一小群肢体障碍的朋友发言①，希望能特别为有身心障碍子女的家庭开办专场经验深入交流会。我当时就做了一个将"斗室星空"群体共学方法随特定社群而移动举办的决定，因而启动了后续多年陆续与肢体障碍、精神障碍和脑瘫等群体的协作。

3. 知行智能

"在地实践"这四个字很简短，但是一定得在"群己关系"与"群际关系"相互激荡的社会生活现场中进行实作，实践力道与实践知识方可被激励与得到发展。

"斗室星空"是一个示例，它可以说明三件事的关联性：一名实践者的"生成"，他在社会参与中体认的社会压迫，以及他的实践知识如何才可得到发展机会。

有关"知行"的实践知识是足以中西合璧、东西参照的。由团体动力学之父库尔特·勒温（Kurt Lewin）一路演进的《行动科学》（Action Science）的作者克里斯·阿吉里斯（Chris Agyris）和《反映的实践者》（The Reflective Practitioner）的作者唐纳德·A. 舍恩（Donald A. Schon），是美国"组织学习"的两位创始学者，在美国内部，由专业实践者下手，

---

① "异人算障团"，全称为"异于常人算障团"，是一群患有多重障碍的身心障碍者组成的团体，如肌肉萎缩、小儿麻痹、脑麻痹、心理疾病、肢体障碍等，其前身为夏林清在芦荻社区大学进行身心障碍者的家庭经验工作坊。他们最大的希望是自主生活不依赖家人、能与一般人一样参与社会公共事务。他们是一个不完全依赖家庭，也不全部依赖社会福利系统而自力更生的组织。

以对峙专业化的工具理性；舍恩釜底抽薪地指向专业实践者，阿吉里斯则对机构中的人际互动习惯（组织化了的例行性防卫方式）下手。阿吉里斯与舍恩分别于2013年与1997年过世，但他们的书迄今仍是组织变革与专业实践领域中坚实的两块立基石。贯穿二位工作者的核心思想是他们对于"什么维持了不变"（亦即改变何以常换汤不换药的难题），落实在人与人共构的行动世界与系统环境上，进行了多年的考察，且同步研发了其理论方法。

书系中收入的《心灵与自然》（*Mind and Nature*），与读者可在坊间找到的《改变》和《变的美学》均是汇集哲学、心理学以及与人类学者们共同努力、探究"改变"道理的好书。

4. 个人、组织与社会的改变

此书系另一重要特点在于，作者们均不切割二分地对待个人改变与社会改变。阿吉里斯与舍恩的《行动科学》与《反映的实践者》这两本书提供了严谨且落实到人与人所共构的模型化人际互动，而此种模型化互动关系是如何建构了组织的系统环境，这成为组织变革回避不了的课题。"组织学习"（organizational learning）的概念近十年来，被广泛引用与传播，但不少引用均是望文生义，而非对其来源处的阿吉里斯与舍恩的理论有所认识。任何一个组织的改变均非易事，亦非获得新观念就会改变的！阿吉里斯在哈佛大学，舍恩在麻省理工学院；同一时期与两人所在波士顿城不远的纽约，则是创立社会治疗的纽曼和随同纽曼创业立基的发展心理学家洛伊丝·霍尔兹曼（Lois Holzman）的工作基地，他们与一群来自社工、心理、教育与医疗等背景的工作者，在纽约、波士顿、旧金山与芝加哥等城市与社区，持续推进了"社会治疗"与"展演心理学"(performing psychology)的发展。这一支美国的"社会治疗"社群，是唯一能将马克思、维果茨基与维特根斯坦的思想，整合成社会实践的改变理论的社群实践，这朵"奇葩"，十分值得认识。维果茨基的《社会中的心智》(Mind in Society)当然便是认识此一路数的基本读物。

能收入心理学记者伊森·沃特斯(Ethan Watters)的《像我们一样疯狂》(Crazy Like Us)一书，用中国香港、日本与斯里兰卡的具体案例作为呼应贝特森(Bateson)的《心灵与自然》与伊恩·帕克(Ian Parker)的《解构疯癫》(Deconstructing Psychopathology)，也为"社会治疗书系"在大陆开张之举揭示了"他山之石，可以攻玉"的意涵。

然而，增长见识不等于做得到自己心中期望的践行，"实践之道"是一种"五年入门，十年立志，三十年上路"的功夫。在这里，我要特别感谢张一兵教授给予我与北京师范大学出版社的支持。2011 年，在张一兵教授组织的"第三届当代资本主义研究国际研讨会"上，我和两位美国心理学工作者洛伊丝·霍尔兹曼及伊恩·帕克，与大陆马克思主义知识工作者的讨论会中，共同思考着心理学的发展现况。正是这种参与互动的机缘，才激励我将英美与马克思主义哲思相关联的心理学理论与方法引介给大家，或许这套书在当前心理学知识洪流中，能发挥截弯取直的效用。

2016 年，春天

序

　　这些年来，我们的著述不算多。说到底，我们首先是实践者和行动者。在过去的几年（以及未来的几年）中，虽然我们共同或单独创作了不少作品，但我们在根子上仍然是行动者。我们最早的联合出版物是 1979 年出版的《方法的实践》（*The Practice of Method*），这个书名意味着我们将自己的工作区别于更加正统左派的"实践的方法"。实践不是我们的方法，方法才是我们一直在实践的。对我们来说，方法并非将某一事物应用于另一事物。借用马克思的话来说，就是"自为"是"自在"的对立面。在维果茨基的语言中，方法是"工具和结果"而非"为结果的工具"。

　　我们这些实践和批判导向的活动在过去的二十年里已发展得超乎想象。我们的社群超越了地缘限制，由成千上万且每天都在增加的成员组成。我们有时会开玩笑说，我们的发展社群不是 20 世纪 60 年代那种"没有围墙的大学"，而是后现代主义式的"没有大学的围墙"。社群外有不少人想更多地了解我们在做什么。现在我们对坦率如实地说出我们的故事更有信心了。我们自始至终都是实践者和行动者，因此，我们希望读者诸君能实践我们书中的倡议，而不仅仅是一读了之。怎么做呢？这本书和我们其他的作品会帮助你。我们相信，除非一本书多少可以改变人们的生活形式，否则它就不值得被书写。这本书亦是如此。若它改变了你，我们会非常欢喜。

目　录

第三部分　方法的实践：非科学的心理学的全新认识论

/导 言/

你不是非得经由科学式的确证才能去奋斗、希望以至于相信。

——路德维希·维特根斯坦

哲学、科学与心理学

我们有理由这样假设：当你阅读时，是不是一定有**某个对象**呢？比如你正在读这本书的导言，那么这篇导言是否一定是关于**某物**的介绍呢？这些看起来既抽象又具有哲学性的问题和其他类似的问题，正是本书关注的实践主题。在我们看来，那些推动它们的正是人类——个体地以及作为物种地——继续成长和发展的意愿。本书既不是要分析和批判主流心理学那些正当其时的观念，也不打算对那些流行于诊所、学校和研究机构的非科学的心理学实践大动干戈。同样，本书不打算在方法论层面和本质上推动心理学向其他科学(如神经学、生物化学、遗传学和认知科学)靠拢，也不会为心理学变得越来越科学化这一事实辩护。如果说本书确实"有料"(而不只是发起挑战)，那么我们要让读者看到的是：在 21 世纪来临之际，科学心理学已经卓有成效地让人们在文化、政治和道德乱成一团的泥潭中越陷越深。

哲学家和心理学家视心理学为一门主观的现代学问，认为它(同科学一样)脱胎于西方哲学。但甫一落地，它就和母亲划清了界限(尽管它身上还带着哲学母亲大部分的信念系统和缺陷)，开始在它最崇拜的手足同胞现代科学面前以"健康"的形象示人，最终以它崇敬的父亲资本主义的方式使自己商品化。无论是在个体还是群体的层面上，这些举动都未使人类进步多少。我们相信，若要发展人文科学，我们需要哲学家维特根斯坦所说的那种不断创新的生活形式(与异化的新形式相反)，殊异但不互斥的主观生活的新形式。正如我们所见，站在简化的科学规范性的角度加之检视，这些活动毫无科学性。我们所能做的，是用一种文化的路径去理解那些彼此牵连、极其民主和无法解释的东西。这显然是一种非科学的心理学。实际上，它甚至不是心理学，而是一种全新的演出，一种来自主体性的连绵不断、非商品化的展演。

在《列夫·维果茨基：革命的科学家》(*Lev Vygotsky：Revolutionary Scientist*，1993)一书中，我们反复提出一个问题：革命的心理学家要做什么？本书是上书的延续，我们将从理论角度讨论维果茨基的贡献。他创造了一种不断激励人的发展的革命性科学活动。我们将他的思想视作对人类基本的社会性中潜藏的哲学和政治力量的背书。当然，本书并不止于在《列夫·维果茨基：革命的科学家》的基础上扩大讨论的范围，还将维果茨基界定为一个桥接现代主义的压倒性(伪)科学心理学与当下的后现代化带来的可能性的"前—后现代主义者"。在讲述心理学如何由哲学脱胎而来，又如何在科学和资本主义的形象中建构(商品化的)自身的同时，我们也会谈谈到底是什么让建立一个全新的、非科学的心理学如此曲折，难以周全。

我们的故事始于(看，我们只能在故事里看到"始于……")古希腊。在古希腊，我们找到了现代科学和科学心理学这些大神的老祖宗——真理，个性和个体主义，系统化，解释和诠释。这是几个非常有说服力的例子。本书第一部分"哲学的故事"是关于哲学生与死的叙事，算是一种后现代式的哲学导言(实际上是讣告)。古希腊哲学定义了什么是思考(它也一直坚称思考是可以被定义的)。它不但牢固地把二元性确立为地球内(外)所有生命共有的本体论特征，也将它作为理解的一种认识论特征。自从西方孕育了包含独特的二元论，并将宗教、政治、科学技术以及心理学包括在内的思想体系以来，这一体系就开始长久地统治世界(不管它好还是不好)。

在哲学的孩子/故事中，理论发展最贫弱的心理学竟在 20 世纪晚期拥有了最强大的政治力量。心理学的任务是将几千年来哲学对人类抽象和自我意识能力的苦苦思索转化为系统科学的研究。它化成科学的样子，借用理性的声音(和声音的理性，以及其他独一无二的人类特质)潜入现代社会。第二部分"心理学的那些人们未曾听闻的故事"展现了心理学这一新的学科如何成功地延续了许多古代的神话，并创造出许多自己的神话；如何进行新的研究实践，构建起新的学科主张；如何为自己创造了一个市场。看，这是心理学的神话，它虽然什么也没发现(本来就没什么要它去发现的!)，但仍摆出学科的架势……这一神话蕴含三个更具破坏性的方面，即个体主义的神话、虚构的精神病和发展的迷思。它们合力筑垒起心理学这个神话。

随着主体性/认知的商品化，科学心理学成为在超级商品化时代满足市场需求的优势产品。因为西方经济发展史对我们所关心的问题鲜有论述，所以我们觉得有必要写一本不一样的书来讲述这类脑力产品如何变质的故事。

我们将那些启发过我们的后现代洞见和分析编织在了本书的叙述中。尽管我们并不完全同意某些观点，但依旧可以在当今浩如烟海的社会建构主义、解构主义、活动理论/文化心理学、女性主义以及心理哲学类论著中找到让我们不致灰心失望的理由。当代心理学家对维特根斯坦的反基要主义颇感兴趣，这在我们看来别有一番意味。系统哲学2500多年形而上的统治(现代科学350多年来成为人类单一绝对的理解方式典范)似乎已日薄西山。如果没有它，世界将会如何？当前心理学中的后现代思潮前所未有地拒绝将科学视为超级力量，拒绝将"科学主义"奉为圭臬，认为若摆脱掉行将就木的西方哲学、绝对主义的科学和科学化的心理学，人类历史将会走得更远。

行胜于言

德国散文家和评论家瓦尔特·本雅明(Walter Benjamin)曾说："在荷马时代，人类是奥林匹亚众神凝神关注的对象，而现在，凝神关注人类的是人类自己。人类自身的异化已经达到这样一个程度：他们能将自身毁灭的经验视为第一位的审美愉悦。"近来心理学界告别现代主义视知识、理解和意义为绝对的真理指涉之物的观念，转而进一步分析概念框架，直接将人文学科里的**讲故事**带到了社会科学思想的中心舞台上。故事、叙事、隐喻和神话是后现代用以认识和理解事物的一些"材料"。真理、理性、逻辑和论证这些长期与知识、理解、意义一起驻扎在西方思想中的概念似乎正在变成逝去时代的遗迹。这些概念形成了现代科学和技术的方法论基础，并历经好几百年成为现代主义认识论的典范。无论作为认识世界的唯一途径还是其中一种途径，准确地说，解释都已受到所谓"认识论革命"（我们认为这个术语还挺靠谱）的挑战（McNamee，1993）。

颇有影响力的美国心理学家杰罗姆·布鲁纳（Jerome Bruner）将此形容为一种从**范式立场**——寻求解释（普遍规律、归类，以及绝对演绎或归纳的真理）——到**叙事立场**的转向（Bruner，1984，1993）。从叙事立场看，了解和理解是诠释而非解释。意义既非出于其理应指涉之事物"那端"，亦非"在我们意识之中"，而是在我们的交谈和话语之中，在我们创造和使用的语言之中。我们是制造意义的族类，而不是只能处理信息。通过那些我们自己创造（生成、建构）的社会所建构的叙事，我们让生活变得有意义。

讲故事和叙事作为人类现象，并不是新近才被发现的。过往研究早就注意到了它们在文化和自我认同形成方面的作用。若要说关于它们有何新发现，那就是人们认识到了它们在**心理上**的重要性和趣味，对发展心理学家和心理治疗师来说尤其如此。我们对它们在批判现代社会科学认识论和方法论的潮流中所扮演的角色特别感兴趣。

在我们看来，以建构主义和叙事的角度切入人类理解，是抛弃现代主义的科学专制主义的有价值的一步。更重要的是，以声音(交流的媒介)的隐喻代替看与视觉作为理解的主流隐喻，已经显露出西方思想(和对思想的思想)的性别本质。我们自身曾受到这种"年轻"传统生产出来的重要作品的启发。我们认为，新的传统目前并未完全脱离现代主义的世界观；若更进一步，便可超越故事，达成那些我们称之为**革命的、关系性**的活动——这不仅是必需的，也是可能的。

你可能会觉得奇怪，为什么本书接下来做的事情就像在讲故事，比如说"哲学的故事"或者"心理学的秘事"。一方面，我们站在叙事建构者的立场上讲述那些仅仅可能发生的故事。我们所说的既不是历史(哲学史或者心理学史)，也不是真理。但是，正如现代流行文化反复告诉我们的(甚至后现代主义都还没有这样做过)，即便故事没有宣示什么真理，它们仍然会对个人施以不同程度的影响。在这个意义上(毫无疑问，在其他意义上也一样)，一些故事比其他故事更好。

另一方面，我们想强调的是，关于故事、叙事的概念，甚至关于概念的诠释不是从天上掉下来的，而是我们试图批判性地加以说明的这一传统的一部分。一旦看到这一点，我们叙述的立场就会转变成批判的立场。叙事和讲故事对揭示现代科学方法论和认识论的偏见来说是有价值的批判工具。它们自身就是对一种主流范式的更新，并且生产这种更新。但是，它们不是实践—批判的、革命的或发展的工具及结果(在维果茨基的观点里)。这些差异是本书的中心，我们希望它们越来越清晰。

除此之外，叙事(如果并非故意的话)暗含真相。不少叙事—建构主义的理论家和实践者都曾试图或者干脆宣称他们借由诠释抛弃了真相，因为相较于传统的以"真相"(如核心、本质、更深层的真实意义等)替换来访者的"故事"的精神治疗实践，叙事—建构主义的疗法没有任何关于真相的预定看法。正如该疗法的杰出治疗师林恩·霍夫曼(Lynn Hoffman)所说："后现代治疗师不相信存在什么本质性的东西。社会交往所形构的知识会在互动中改变和更新自己，故事或文本并未隐藏什么优先的意义。我们期望一种新的、充满希望且更有用的叙说在交谈中浮出水面，这种叙说是自发的而非计划好的。谈话才是意义的创造者，而不是治疗师。"(Hoffman, 1993, p. 18)

且不论治疗师和其他人如何直白地表达他们对于真相的那些理解[安德森和古勒施恩就说过他们的来访者"所讲述的生活故事中有着叙说的、一贯的真相"(Anderson and Goolishian, 1993, p. 30)]，在我们看来，叙说似乎早就隐藏着真相就在其中的先见，真相就在谎言、叙事、故事以及解释之中。它们基本上都与真相有关。一种解释**在某种特定的情况下**是真命题。也可以说，某个被给定的解释里总有东西是真实的。

格根和凯(Kaye)认为，只有超越叙事的重构，我们才能创造一种并非建立在真相之上的治疗取径。他们认为，若我们将叙事视为一种人生活在其中或通过它生活的理解系统，那么"对叙事的信奉"就是有问题的："对某个关于自我的叙说故事深信不疑，认为它'对现时的我来说是真实的’，会限制个体某些与之相关的可能性。你们若凭故事就相信某个人是成功的，也会用同样的方式相信某个人是失败的。但说到底，它们只不过是些故事而已。"(Gergen and Kaye，1993，p. 179)如果将一些故事看得比其他故事更真实，那么真相到底在哪里？如此一来，真相又被推回到了原来并不为人所知之处。这样一来，信奉叙事就跟信奉真相画上了等号。

格根和凯就治疗师如何理解在治疗中与来访者一起建构叙事的价值进行了讨论。按照一般的理解，叙事要么给了来访者一个看待世界的全新方式，要么给了他们一个行动的结构。但在格根和凯看来，这种观点强化了对人类、叙事和治疗过于静止、过于个人主义和去发展性的理解。他们提供了一种更具关系性的观点。这一观点来自维特根斯坦关于语言游戏和生活形式的概念，认为叙事是在镶嵌于"广阔的生活形式"中的特定语言游戏里生成并发挥效用的(Gergen and Kaye，1993，p. 177)。在维特根斯坦的理解中，故事是一种"基于行动本身，伴有语言效用的展演"(p. 178)。意义与其效果是有关联的，它们的价值源于它们在某种特定形式的关系或游戏中的游移，颇为实际。

我们同意格根和凯的看法，赞同他们试图超越叙事重构的主张。即便如此，我们仍然认为这一观点需要被温和地**完成**(用维果茨基的话来说)。在我们看来，超越叙事重构需要越过叙事的立场，这意味着在创造新故事之外创造各种新的生活形式(故事说到底也是关于生活的)，意味着越过意义与语言效用的关系——这是对维特根斯坦关于语言以及语言游戏的概念过于实用主义的理解。我们同其他一些学者(Newman and Holzman, 1993；Shotter, 1991, 1993a；Shotter and Newman, 1995；van der Merwe and Voestermans, 1995）都曾指出，尽管维特根斯坦的理论确实清晰地指出了一种意义和效用的关系，但语言游戏的价值在于让语言被视为一种活动，一种生活的形式[《哲学研究》（*Philosophical Investigations*）第 23 节写道："'语言游戏'这一术语意在突出言语是活动的一个部分，或是生活的一种形式。"（Wittgenstein, 1953）]。

我们对维特根斯坦的解读是活动理论的，而不是实用主义的。我们将他的"生活—主义（life-ism）之形式"（不是指他的生活的形式）视为创造一种新的理解模式的努力。这种理解模式不仅与真理或真实性无涉，也并不指涉其他事物，因为它本身就是一种关系。唯有这种激进的一元论述才能说明活生生的生活（life as lived）所具有的关系性。

经由活动理论，我们指向当今认知心理学、教育心理学和发展心理学里的那些有关**行动**的理论传统。马克思早期著作中所定义的"革命的、实践—批判的活动"通过维果茨基进入了心理学（Vygotsky, 1978, 1987, 1993）。维果茨基将学习、发展及在不断转化的辩证过程中发生的更具体的心理过程视为一种社会—文化—历史性的活动，而不是个体的特质，也不是内在的精神过程。在我们看来，若要打破二元论和认知的哲学—心理范式，维果茨基式的活动概念比讲故事好得多，因为故事要成为故事，必须包含故事以外的东西。故事需要后设的视角，如此一来，它要表达的东西就与自身分离了。这样，不管有没有被社会性地建构或重构，它们都建立起了一种模式。在这种模式里，人们认为成长和发展来自理解。活动则不然，它自然而然地产生，除了自身外别无他物，全然是反自身性的。它是生命的一种社会—历史形式，理解与发展在这种形式中融为一体。

以发展性、关系性、活动理论视角来看，故事的"所言之物"存在两个问题。首先，它过于理想主义。若除了故事再无其他，若像持有叙事立场的学者(McNamee and Gergen，1993)那样认为叙事就是真实，或者叙事可以创造真实，那么在叙事的框架下，我们如何把故事从别的事情(任何事情)里区分出来呢？叙事或叙事构建的真实之外的东西，难道不正是在叙事之中吗？

不少叙事—建构主义的治疗师和其他学者尝试用"自我"这个概念来解决这个矛盾。叙事的真实性在于这是个人体验到的真实(此外别无其他真实)。人们通过多个故事进行自我认同或自我感知。正如我们提到过的，这一般被理解为我们可以这样看待叙事重构的作用——建构更好的故事/自我/身份就等于过上了更好的生活。

在发展心理学研究中，我们也能看到自我叙事与自我认同形成之间存在的关联，儿童理解故事、讲故事的能力对自我的形成(将自己与其他人区分开来)至关重要。自我—他人的二分并不只见于叙事研究，它也是最主流的语言和话语发展研究(故事)的基本框架。当婴幼儿开始与他们的重要他人对话时，这种情况被描述为婴幼儿"超越他们自我的世界"或"主体间的协同创造"。对话是一种载体，婴幼儿可以通过对话到达的"关系"的更高层次(Dore，1985；Stern，1985，1990；Trevarthen and Hubley，1978；Wertsch，1985a，1991)。语言被视为创造自我、分享个体知识的工具。在年龄很小的孩子身上，通过共同建构的叙事涌现出来的自我叙事是儿童发展过程中至关重要的里程碑，是"来访者一开始就呈现给治疗师的，最终会融入他们的生命故事的那些自传故事"的起点(Stern，1985，p. 174)。

叙事在创造自我的过程中起着强有力的作用，不过这也给我们带来了叙事的第二个问题：叙事的"所言之物"。我们同意西方文化中绵延了上千年的讲故事传统攸关自我认同建构，但是若从发展的、生成的和实践的方法论视角来看，正是叙事所言的自我建构大有问题。身份和自我(甚或"社会自我"与"关系自我")不仅不具有关系性，反而是反关系性的。自我及构建自我的叙事是现代和后现代异化的主要特征，它们歌颂个性化的本体。然而，彰显自我并未灭除自我—他者的二元划分。叙事概念所隐含的他者(叙事之"外"的那些东西，故事的"弦外之音")是建立在身份基础上的，而不是建立在关系基础上的。换句话说，在我们的文化里，"自我"就像"异化"一样(还有更普遍的二元论)被频频用来处理人类生活的矛盾性(paradoxicality)。对比之下，活动理论的路径更关注使这种与自我有关的矛盾得到表达，而不是泾渭分明地解决它。对我们来说，要对理解采取以关系为基础的视角，就要在实践上接受这种矛盾性。

我们长久以来关注的是人类有能力创造新的生活形式，有能力不断发展。正是因为深信这一点，所以我们必须对异化采取实践—批判的态度。自我——这一异化的源头和主角——必须被解构，而不是被重构。为此，我们有必要移步于叙事的立场之外。在故事被物化的倾向里，叙事的立场掩盖了"叙述活动"[维特根斯坦认为，我们日常使用的语言掩盖了"语言只有在思维和生活的奔流中才有其意义"的事实（Wittgenstein，1967，§173）]。与产生它的过程（关系性的活动）分离后，故事成为去历史的重构自我和社会适应的工具（这就是异化）。但是在我们看来，发展凭借的不只是那些工具化了的东西。正如维果茨基所说："前提和产出同时也是工具和结果。"（Vygotsky，1978，p. 65）叙事活动是发展性的，因为它是创造新的生活形式的工具和结果（不是实现创造更好的故事这一结果/目标的工具）。从这种关系性的活动中，也就是从那些听到的和未听到的、已言说的和未曾言说的故事的辩证统合中生发出来的，是更多的行动和更多的历史。我们要努力创造一种不同于物化的故事讲述形式，这是使我们在持续创造新的生活形式的过程中实现关联的邀约。

第三部分"方法的实践：非科学的心理学的全新认识论"将提到我们目前的成果。这部分会讨论我们与数以千计的同行者共同发展了近四分之一世纪的有"生态效度"的环境（社群）。在此，我们把维果茨基与维特根斯坦联系起来，视社群的方法实践为"工具—结果"。我们还发展了社会治疗———一种显然非科学化、非哲学化的文化路径，借此替代科学化的、真理宰制的临床心理学。我们所说的故事、非科学的心理学以及我们的社群都深受维果茨基与维特根斯坦关于意义和语言的观点的影响。本书中与逻辑和语言哲学相关的内容看似并不多，但我们其实把整本书都视为对语言的探讨和分析。在本书的最后部分，维果茨基帮助我们在心理学中"做"了一次（让心理学消失）维特根斯坦在哲学中已经"做"过的事情（让哲学消失）。最终，我们借由推翻维果茨基创建一个社会文化的、科学的心理学的方案，通过抛弃心理学转而追求非科学的文化—展演路径来实践性、批判性地理解人类生活，来完成维果茨基。

心理学界一定会被我们的言论吓到，虽然他们可能会部分同意本书的观点。1995 年，美国心理学会在纽约召开了学术会议，上千名与会者认可了后现代主义、批判理论对心理学的质疑。不过，在公开和私下的交流中，他们很快就意识到，放弃临床心理学使用的那些看似科学的辞令不仅会损害他们名声，还会使他们损失不少金钱支持。毕竟，"科学话语"是临床治疗领域的核心。看似科学的辞令虽没有疗效却有绩效，很多临床工作者都对此心知肚明。临床工作者或许会在私底下的聚会中对《精神疾病诊断与统计手册（第四版）》《DSM-IV》大加嘲讽，或许知道它对帮助病患远离痛苦只有一丁点作用甚至完全没有用，但我们必须有足够的"科学说法"去满足那些官僚机构制造的体系，以符合管理式医疗时代所要求的有效性。而且也只有这样，我们才能拿到报酬。当然，我们不能一竿子打翻所有临床工作者，但大部分公开表达不满的人都表现得跟美国传统的金钱至上的实用主义者一样。他们还能有什么别的选择呢？

若心理学界不再忍受这种情况而奋起反击，我们可以预见，科学界会以他们一贯的傲慢态度予以回应。《高级迷信：学术界的左派及其对科学的责难》（*Higher Superstition：The Academic Left and Its Quarrels with Science*，1994）是近年来我们读过的最浮夸不实的书。保罗·格罗斯（Paul Gross）和诺曼·勒维特（Norman Levitt）在书中与科学界的左派(后现代主义者、女性主义者、新马克思主义者、社会建构主义者、德里达和福柯的追随者等)展开"较量",批评他们对科学真理的无知。这本书编出不少逸事,明显歪曲了(无论以什么标准来看,包括以科学的标准来看)那些被后现代主义者指出不少科学"过失"(作者原话)、对科学进行批判的作品。虽然有些事情格罗斯和勒维特并没说错,但他们不自觉地采用了科学标准(科学的认识论和方法论)来批判那些目的主要是质疑科学标准的论著,只能说这种做法既傲慢又不科学。近年来,科学界出现了越来越多类似的论调。它们不仅坚持认为自己的方法可以判定世间一切事物的正确性,而且可以证明自身的正确性。这点早在19世纪末,就被形而上学学者(之前扮演这个角色的是神父)、科学家(那时他们可比现在年轻稚嫩多了)和科学哲学家(他们扮演的是发言人的角色)强烈地质疑了。

不过,以上问题在格罗斯和勒维特这部捍卫科学的书中不算是最糟的,最糟的是他们的索引竟然漏掉了维果茨基,维特根斯坦也仅仅被提到一次——还是在一个简短罗列西方重要哲学家的名单里!这样的遗漏透露出两位作者在很大程度上并没有将(硬)科学社群对所谓"社会科学"的严肃批判已经失败这一事实放在眼里。徒守着自身的(实证)范式核心,(硬)科学对心理学这样的学科凭着严肃的科学方法做出跟物理学同样的努力(也同物理学一样付出了代价)作壁上观。但实际上,正是这种由科学建立起来的范式专制孕育出了后现代主义对科学的大量批判。

就像斯蒂芬·德伯里(Stephen DeBerry)关于意识和量子物理学的

颇有价值的研究《意识的外化与日常生活的精神病理学》(*The External-ization of Consciousness and the Psychopathology of Everyday Life*)，我们的工作并非着力批判"硬科学"以及伴其而来的各种技术，而是批判现代科学的认识论范式在被应用于对人类生活和关系的理解时所摆出的唯我独尊的架势。除了批判，我们还努力展现出另一种理解路径，即有意识地拒斥现代科学范式的理解方式的文化路径(通过否认现代主义、科学主义和范式主义自认为的正确无误)。格罗斯和勒维特的失败在于他们不把社会科学的角色放在眼里(硬科学不愿对此展开批判，因为一开口就站在了学术右派的政治立场上)，这使他们对学术左派的批判成了虚伪的、不科学的政治争论。虽然学术左派多年来始终不受待见，但他们仍努力不懈，致力于批判和解构心理学里那些反发展的、看似科学的以及去人性的东西，并对此颇感欣慰。格罗斯和勒维特如此这般的政治算计搞不好更适合成为硬科学社群的投降书，因为他们的"短板"，也就是所谓"社会科学"，甚至已经给物理学带来了麻烦。这是想要得到某些实际的好处而对假冒科学者睁一只眼闭一只眼的做法带来的结果。

在学术圈，我们常常被诘问："如果你们这种非科学的方法占了上风，那么科学身上会发生什么事情呢?"我们的第一个答案是："什么也不会发生。"科学作为研究(及控制)大自然的一种方式已有了惊人的成就，将来必将继续服务于人类生活的方方面面。我们希望改变的是过于夸大科学方法(它摇身一变成了形而上学或信仰，被错用到对人类生活的研究中，还成为我们的生活方式)的情况。我们的第二个答案是:

"不知道"。因为研究与理解人类生活的非科学的、文化的方式的发展和应用必将深刻影响我们生活的所有方面(包括那些硬科学的活动),并最终成为当前世界的一个重要文化假设(Lerner,1991)。格罗斯和勒维特大可不必通过反对我们的工作来捍卫科学,因为我们挑战的是现代主义认识论专横排他的统治。要是硬科学过分认同它,就必须为此付出代价,就像既不够"硬"又不够高明的科学心理学现在所做的那样。20世纪,左派虽在美国政治变革中出人意料地失败了,但却在文化变革中做得非常出色。本书及我们的其他工作很荣幸能成为在文化上具有革命性的后现代主义传统的一部分。

第一部分

哲学的故事

在我们看来，哲学在西方世界的起点离不开古希腊人，尤其是柏拉图和他的学生兼批判者亚里士多德。[1] 尽管我们绝不会偏执地认为古希腊人和古希腊文明比其他文明更加高明，但我们确实认为关于抽象的自我意识（以及关于自我意识的抽象）正是古希腊哲学的精髓。不管怎么说，它都是人类历史进程中一个非常值得肯定的进步。至于这一进步为什么发生在希腊而不是其他地方，这个问题既没那么有趣，也没那么重要，所以我们并不感兴趣。不过，它发生在希腊是不可否认的事实。实际上，要是把它仅仅看成人类发展中许多特别的延展期中的一个，会削弱了它在道德或智性上卓尔不凡的呼求。那时，人类第一次到了非洲中部或北亚，并在北非、南亚（如印度）、东亚（中国）和美洲建立起了非凡的文明。正如自我意识的抽象不能使白人比其他人种更厉害一样，美洲人也不会把黑色人种、棕色人种、黄色人种或印第安人看得高人一等。

在孕育和造就宗教（经院哲学化的基督教）；政治（社会契约的国家）；科学技术（对自然的数学化和客体化）；以及心理学（笛卡尔哲学

---

① 我（纽曼）关于古代哲学史的浅薄知识主要来自我在斯坦福大学的两位老师：杰出的学者约翰·戈欣（John Goheen）与约翰·马尼谢德（John Mothershead）。当然，他们对我35年后在他们出色的授课内容上动的手脚并没有什么应负的责任。

本书所包含的逻辑和数学公式未必精确，这并非我们刻意为之。我曾在大学里学习和教授逻辑学，但从不认为自己在这个领域中抵达了一定"深度"。伟大的思想家在数学和逻辑学中的洞见间接地影响了我对相关主题的思考，这不仅体现在这本书中，也体现在我与洛伊丝·霍尔兹曼分别或共同完成的其他著作中。诚然，与我们的读者诚实地分享这些想法（尽管未必很精确）是很重要的事。

总之，洛伊丝和我对我们的写作负有全部的责任。

与最终的康德哲学，身心的第三方调解)时，西方哲学已经统治西方世界2500多年了。几千年间，除了一些巨大的变化，它还形塑了人类的思考和言说方式，雕琢了关于这些思考、言说的梦境，并染指我们正在做的和经历过的诸多事情中诸如"真理""真相""确定性""因果""特殊性""自我"和"他人"这样一些哲学的核心概念。现在，思想连续性的确证——那些老旧的概念框架——正在土崩瓦解。在我们看来，系统哲学繁荣发展的时代将要过去。我们相信，哲学日渐式微。将来某天，要是我们的曾曾曾孙读到本书并回看历史，他们会发现我们这些纪念碑似的预言竟丝毫不假。

西方的宗教、政治、科学技术、心理学都是哲学重要的继承者和由它衍化出来的故事——几千年来，它们内里那些非凡壮丽的东西曾在思想意识上共同决定了西方人的历史和生活。但是，到了我们这个时代，它们的母亲和创造者哲学最终屈膝下拜，甘于下风。在本书第二部分，我们将拿出有力的证据，让大家看看哲学在最后的日子里是如何自我伤害的，又是如何命丧于它与科学共同创造的心理学之手的。哲学式微，新的续集将如何写就？哲学究竟创造了什么样的子孙，写就了什么样的故事呢？这些继承者和故事会不会继续发生变化？如果会，它们将如何变化？在我们看来，后现代主义并非如福山（Francis Fukuyama）所宣称的那样是"历史的终结"（Fukuyama，1989）。恰恰相反，历史会继续前进。只不过，在这个历史里，哲学已无容身之地。

/1 在《伊利亚特》与《奥德赛》之间/

在《二分心智的崩塌：人类意识的起源》(*The Origin of Conscious-ness in the Breakdown of the Bicameral Mind*，1976)一书中，朱利安·杰恩斯(Julian Jaynes)认为，古代人类发展历经的重大变化大致就发生在《伊利亚特》与《奥德赛》分别成书之间。这两部伟大的史诗据说是由一位名为荷马的诗人在公元前800年左右完成的。但也有学者认为，这两部史诗可能是口述传统的产物，历经了长达百年(甚至千年)的时间，并不是由荷马这样一位历史人物独力完成的。因此，我们最好将这两部史诗视为同样产生于古代希腊，却流传于不同地区的神话和传说的合集。它们恐怕不单纯是文学作品，对历史学和人类学研究来说同样富有意义。神话和传说的内容会传递信息，它们的形式也会揭示人类发展历程中的某些事情。就像杰恩斯认为的那样，《伊利亚特》与《奥德赛》的不同不仅表现"在故事之中"，也表现在"讲述这些故事的方式"上。

要是这两部史诗确实是多位言说者的共同成果，而非荷马一人之力，那么它们便可以更合理地被视为讲故事这一人类活动在个别及一般人类交流意义上实现历史的、发展的和文化的转变的证据。这也是杰恩斯看待它们的方式。他提醒我们，要注意这些言说具有的某种显著变化：《伊利亚特》的故事没有自我意识，缺乏创造力，讲故事的人只是复述他们听来的东西，说得复杂点就是缺少来自内心的声音；《奥德赛》则相反，讲故事的人就是这个故事的创造者，叙事者的言说构成了整个故事。由此，杰恩斯提出，随着二分心智(一个大脑半球会听见来自另一个大脑半球的声音)的崩塌与自我意识的苏醒，对于自我的觉知(且不论它是不是有用)以一己之力统整了作者的话语。

杰恩斯的观点颇有意思，在某种程度上为我们关于从前苏格拉底时期的学者到 20 世纪末"心灵理论"的提出者之间人类意识发展的社会—文化—历史建构工作打下了基础。杰恩斯对那些以希腊人所言所思为研究对象，却被科学外衣装扮起来的人类学发起的挑战，支持我们用一个发展的框架去解读希腊经验，将其视为人类发展历史中的思想整合与巩固期。这个时期似乎在自我意识和抽象这两个相互关联又彼此独立的人类活动/存在状态上下了很多功夫。

前苏格拉底时期

西方哲学开始于前苏格拉底时期留下的那些"断壁残垣"。苏格拉底酷似哲学里的耶稣基督：道德上毫无瑕疵，但却被堕落的人们控告，最后死于背叛(和毒酒)。被记入正册的哲学历史一般开启于他的名字出现之前或之后。

在标准的西方哲学史导论中，我们首先遇到的是前苏格拉底时期的哲人泰勒斯(Thales)。他出现在历史舞台上的时间大致是公元前585年，那时他成功预测了一次日食。即便没什么确实的证据，老师们也会告诉我们"万物皆由水构成"这句话是泰勒斯说的。要是这些老师懂得些许教育技巧，就应该告诉我们，泰勒斯的这句名言之所以广为人知，并不是因为它有真理的价值，而是因为它的形式，再或者，是因为它的意义。

说一切物体(或者某个具体的物品)是由什么东西(某种东西)构成的，这种表达意味着什么？"由……构成"这样的表达意味着什么？人们在什么样的社会文化环境下会提出"某物(或者'一切')由什么构成"这样的问题？这个问题只想解决一件事，那就是某物是如何被造出来的。但是，究竟是谁想知道某物是由什么构成的呢？泰勒斯这一名言的普遍性何在？什么是"一切"？它仅指物质之物，还是指所有的一切(物质的以及精神的)？这种认为一切可能(或应当，或能够，或就是)由某一单一之物构成的想法来自何处？这种能够构成一切的东西又是何物？是一种水吗？水又是什么？存在那种构成水的东西吗？水是由水构成的吗？如果不是，水又是由何物构成的呢？……凡此种种，我们还可继续列举下去。

若要管中窥豹，也许泰勒斯的只言片语堪为"管"，因为哲学(最狭义来看是"哲学问题")的所有(至少是"本质")都被"包含"其中了。其他前苏格拉底时期的哲学家，像阿那克西曼德(Anaximander)、阿那克西米尼(Anaximenes)、毕达哥拉斯(Pythagoras)、色诺芬(Xenophanes)、赫拉克利特(Heraclitus)、巴门尼德(Parmenides)和恩培多克勒(Empe-docles)，同那些与苏格拉底同时代却仍被认为属于"前苏格拉底"的哲人们[他们中有阿那克萨哥拉(Anaxagoras)、芝诺(Zeno)、麦里梭(Melissus)、留基伯(Leucippus)、德谟克利特(Democritus)、普罗塔哥拉(Protagoras)]一样，都曾试着解决这个超越性的哲学问题，并提出了自己的观点。我们有时会在不那么学术的场合将这些活动比作"拿放大镜照蚊子"(Newman，1996)。毕竟"每一个东西"皆是小小的普通而又具体的东西，但"这些东西都是由什么构成的"是一个质性的大哉问。总之，这种关于抽象的自我意识检验及关于自我意识的抽象检验的哲学模式(并非时下流行的系统哲学)似乎就是从苏格拉底在雅典街头漫步，当起江湖士师的那个时候开始的。

苏格拉底接续了这个问题后面的关键一步，针对提问行为本身发问。如此一来，他便将人类这些新的抽象活动/状态与自我意识联系在了一起。抛开"万物由何所造"的问题以及哲学家们提供的各种答案(水，空气，原生质，数字，原子，土、水、空气、火四元素，改变，永久性，等等)不提，苏格拉底辩证地用对话的形式问道：我们如何能对小事物问这样的大问题？或者说，我们如何能对具体之物提出这样深具自我意识的抽象问题？人的心灵是如何参与到如此非凡的活动中来的？这些是确确实实存在的吗？若是，它又是如何成为可能的？(在杰恩斯看来，这样的活动确实算是人类历史上的新鲜事。)

正是这种自我反思式的"螺旋"建造了"何为哲学"与"哲学何为"的问题。实际上，可能是苏格拉底，不过据说更有可能是他的学生——

《对话录》的作者柏拉图创造/发现/系统化了这些构成哲学的学问：方法论、认识论以及本体论。(宇宙学和它的问题"万物何来"虽出现于古希腊之前，却是柏拉图在《蒂迈欧篇》中将它正式提出来，使其成为认识论和本体论的支撑的。)在人类进化的历程中，哲学成为众多关于西方的叙事中相当与众不同的一个。在接下来的 2500 多年里，它书写了西方宗教、政治、科学技术以及心理学等众多"西方文明之伟大经典"。其中，我们尤其需要注意心理学。它内里虽矛盾重重，却仍对这些古代问题孜孜以求，将对这些问题的探索视为一生志业。[美国哲学家威廉·詹姆斯(William James)，这位富有创造精神的"心理学之父"也许是哲学渗入心理学的最佳见证，以及这门羽翼未丰的学科充满内在矛盾的最佳例证。]不过，正如我们在第四章中将要看到的，在心理学短暂的历史中，意识研究在相对较长的一段时期里几乎不被允许。

作为方法论、认识论与本体论的哲学

柏拉图在《对话录》中回应和思考了上述前苏格拉底时期的问题及零散的答案。正是这些回应和思考创立了一种哲学。柏拉图的最大功绩并不是他带给这个世界的那种独一无二的哲学(就像今天被我们称作"柏拉图主义"的理想世界观)，而是创造了一种典范表达的世界观，其内在是对自我意识抽象这一人类新获得的能力的表达。他认为一定有一种以世界为对象的视角或理解(也就是一种哲学)，有将世界、观看者联系起来的东西，即本体论(世界的实在)，认识论(对世界的认识)

和方法论(了解实在、获得知识的方法)。这些对古希腊思想的历史性发展过于简化的表述太齐整、太系统化了,但人们(西方人)对此实在没什么可抱怨的,因为在古希腊思想的遗产中,如此齐整和系统的东西并不少见。

我们都是跟随古希腊学习如何用"言之有理"的方式思考和表达(包括写作)的,即使这种方式与历史上那些实实在在发生过的事情并没有什么关系。说到底,与其说自我意识和抽象是异化的产物,倒不如说是后者得以发展的关键前提。从古希腊以来,异化越来越多地主导了西方文明进程(直到在西方资本主义经济以及意识形态的控制下变成理解一种全然商品化状态的社会—心理前提,即我们看世界的镜子)。异化与哲学以及哲学的继承者/故事(宗教、政治、科学技术、心理学)带来的简化系统的世界观不可分割。哲学(作为一门学科,它虽看上去暮气沉沉,却构建了我们对世界和生活的体验与看法,在日常生活中无时不在)在我们的生活方式中更多是作为自由市场的一部分存在的。不过,容我们说一句:它差不多是被误解的。

当自由市场经济在 20 世纪打败所谓"集中控制"(计划)的另一种经济时,作为后者的意识形态同盟的哲学(系统论的世界观)差不多成了明日黄花。放眼望去,那些在经济上取得胜利的人摆出的姿态仍是:与其说建立新的世界秩序,不如说没有什么世界秩序。我们或许都应该对此感激不尽(尽管颇有担忧)。咦,好像离题太远了——还是继续聊古希腊吧!

哲学与感知

虽然仍有争议,不过至少在柏拉图看来,赫拉克利特和巴门尼德是前苏格拉底时期最重要的哲学家。正是他们把哲学问题从"万物由什么构成"变成了更抽象的"世界的本质是什么"或"万物遵循什么规律"。赫拉克利特与巴门尼德通过将知觉和错觉引入不断发展的哲学混合体之中,进一步放大了自我意识的抽象能力。

赫拉克利特认为,知觉告诉我们,万事万物都处在永恒的变化之中,而这一世界本质(或本质世界)使知识成为不可能(更不要说什么"踏入同一条河流两次"了)。赫拉克利特主义者克拉底鲁(Cratylus)非常认真地将这一观点贯彻到底,在大概 30 年的时间里一个字也没说。他认为自己说出来的任何东西都不可能是真的,因为在被说出口的同时,那些东西就已经改变了。他大概忘记了还有一种可能性,那就是虽然话是当下说的,但也可以放言在先,等着世界某天迎头赶上,变成他说过的样子(在当代科学中,这类活动被称为"预测")。据说 30 年后的某一天,克拉底鲁终于开口说话了。我们希望他认识到沉默其实跟他大声说话是一样的(都是向这变动不居的世界投降)。总的来说,是赫拉克利特(他曾名副其实地被称为"朦胧哲人"或"晦涩哲人")借由知觉向我们揭示了这世界的变化不居。

巴门尼德在面对同样的问题时,却认为"没有什么比知觉更糟糕了"。他坚持说什么都没变;我们拥有的是永恒。他和芝诺——他的朋友和弟子——一起"证明"了变化和运动仅仅是知觉的错觉。你也许知道芝诺论述过一些与知觉相反的现象，比如我们不可能在有限的时间里从此处到彼处，因为若要这样做，我们必须完成一半的路程，然后是一半的一半、一半的一半的一半……既然距离是无限可分的，它就不可能在一个有限的时间里被走完。因此，我们根本就没有移动过。我们那些能够走到终点的知觉一定是假象，因为它在逻辑上不成立：没有移动，就没有任何变化。巴门尼德同意赫拉克利特的观点，认为某物如果能够被我们认识，那它一定是持续不变的。但与赫拉克利特不同的是，他认为万物皆是永恒不变的。

与赫拉克利特、巴门尼德的思想相比，泰勒斯关于水的理论就显得不那么稚嫩了。我们看到，人类思维的抽象性在极短的时间内就往前迈了一大步。柏拉图(高明的辩论者和最具创造性的思想家，用维特根斯坦的话来说，就是抽象语言游戏的老手)假苏格拉底之口，说赫拉克利特和巴门尼德都对，因为他们都看到了知觉(尤其是观看)在一种世界观的创造中所扮演的关键角色。男人是认识论上的感知者(在古希腊的思想和生活中，女人既不是世界的感知者也不能被世界感知)，世界是本体论上的被感知者，两者构成了一个基础的二元世界观。从那时起到现在，它与二元世界之间的各种中介形式一起，以意识形态的形式主导着西方思想。在此，我们想表达的是：二元论在哲学中占据核心位置绝非偶然。因为对柏拉图来说，它在定义、本质以及结构上都是必需的。不仅如此，它对哲学以及由哲学而生的西方现代主义下的理性化来说同样必不可少。

从二元论到个性化身份

在接下来的 2500 多年中，二元论、系统的世界观、解释式的理解模式(在当代，它们被称为范式主义)统治了西方思想。宗教、政治、科学技术、心理学这些由哲学生出的继承者/故事都在用一种先在的、系统的方式展现出杰恩斯认为从《伊利亚特》到《奥德赛》演变出来的自我概念的抽象化和异化这些人类思维特征。它们由"特别的"二元论构成，这些二元论皆源自被进一步强化的人类与世界的对立分离。神和人，人和社会，观看者和被观看者，以及心灵和身体的二元对立分别开始定义宗教、政治、科学技术和心理学。

先不管历史上时不时兴起的那些因"对二元论的反叛"而产生的分裂(异化)的生活形式——柏拉图式的系统化的、以感知为基础的二元化(尽管是调和了的)的世界观——历经岁月累积，成为西方文化和思想意识的特征，也将我们裹挟其中。哲学和它的姊妹二元论并不只是多种思考方式中的两个，而是经亚里士多德开创的逻辑学加持，全然占据了人们的所思所想(或是对世界的解释，或是系统化的理解)。对于柏拉图、哲学以及西方思想的追随者来说，二元对立的抽象思考和感知密不可分。"我看到了"(I see)与"我知道了"(I know)同义的情况并非偶然。这意味着西方思想牢牢地扎根于视觉以及"看和观照"这类隐喻中。通过后现代的"后见之明"，一些女性主义哲学家和心理学家注意到以视觉比拟知识的情况比比皆是。他们认为，这种视觉隐喻实际上是父权中心的。在讨论以视觉为隐喻的知识论是否是男性中心的论文中，埃弗林·凯勒(Evelyn Keller)和克里斯蒂娜·哥瑞特卡斯基(Christine Grontkowski)列举了其他一些隐喻方式(1983)。有意思的是，赫拉克利特曾在希腊文中用意为"通过倾听来知晓"的词语代替"知晓"一词。

在已被认为是柏拉图所作的大部分《对话录》里(还有一些散见在别的作品中)，柏拉图提出了一个关于知识的理论。这个理论将赫拉克利特提出的无常(永恒变动)以及巴门尼德坚持的事物的不变性都作为知识的必要条件。由于知觉的对象本质上是被遮蔽的，并且有可能是虚幻的，因而我们的感知历来受到怀疑。在清楚地认识到这一点之后，柏拉图提出了另一种性质完全不同的知觉形式：对理念世界的内在回忆或(意识层面的)唤醒。这个理念世界是个体的灵魂在来到世俗世界前所直接经历的。我们面前这个可感知的世界是它的摹本，世俗的、物质化的客体均是它的阴影或表象，而灵魂只能安生于世俗生活中。

被称为"苏格拉底产婆术"的辩证—对话法是一个哲学探索过程。通过这个过程，我们走出洞穴墙壁的阴影，站在了洞穴入口处耀眼的真理之光中。我们(更确切地说是道德的人、哲学家)看到(不是听到，也不是摸到或者感觉到)了真理，由此与世界相和，开始思考何为真实。洞穴比喻这个独具一格的哲学故事对西方文化影响至深。此后，内在知觉的"观看"和外在知识的"观看"被永远地连在了一起。由柏拉图加以综合并作为感知基础的怀疑/确定性二元概念成为 2500 多年以来受系统哲学统治的西方思想。

感知主义不仅发展出抽象的西方二元论，更进一步发展出个人主义，因为个体是"观看"的主体。要是理解世界现象的知识理论的基础不是知觉而是别的什么——比如劳动（想想如果把柏拉图换成马克思会怎么样！），上千年的人类历史肯定会大不相同。与"观看"不同，劳动是一种非常需要人类共同参与的关系活动，它必然是共同的、集体的、社会的。但最终柏拉图（正是这个柏拉图！）将那些由前苏格拉底的哲学家提出的问题转化为一种建立在观看者个体基础之上的理论，由此将一个新角色（新角儿）带进了人类的演出。这种柏拉图式的、个体的、抽象的、既在内也在外的认识论上的观看者（与之相应的是必须在本体论层面上有一个被观看者）信步走上了历史舞台（在杰恩斯的剧本里，这件事发生在《伊利亚特》和《奥德赛》诞生之间）。其后，它开始主导西方思想 2500 多年的发展。中间虽然有过诸多变化，但它仍在宗教、政治、科学技术、心理学等华丽的现代主义叙事中随处可见。

同自我意识与抽象思考的出现一样，大约 350 年前，现代科学技术的出现兴许植根于人类历史的另一个关键发展期（或某个时间点）。靠着手握科学技术，原本作为观看者的"我"羽化飞升，成了理想化的标准人类。这样的标准人类曾是前现代时期的宗教和现代国家眼中的被动主体。从 19 世纪下半叶开始，它也成了心理学的被动主体。这门新"科学"被创造出来的目的是研究所谓"正常"的人，并试图治疗"病态"的人。正常和病态皆是具有自我意识的主体表现出来的东西，而且都是他们的境遇。跟哲学的其他后裔一样，心理学本身就是一个故事，一个神话。心理学是哲学与科学所生的孩子，在哲学的宠爱中长大，属于第二代神话。心理学宣称占有了关于主体的真理，由此得到了傲视 20 世纪的，甚至可以说在整个人类历史上都无可匹敌的影响力。在我们这个时代，看"我"的科学是一种心理学化的形式，最能表达失灵的哲学那二元的、知觉化的、抽象的世界观。好了，让我们再一次回到古希腊，继续讲我们的故事吧！

经院哲学：前现代时期的故事

从历史渊源来看，基督教是一种东方的神秘信仰。耶稣基督和他那些笃信一神论的旧约时代的前辈们都是神秘主义者，神迹在耶稣基督的故事里并不是偶然事件，而是基本要素。不管这些神迹是不是真的发生过，一个明确的历史事实是：受东方影响的神秘、非理性的思想在前苏格拉底和柏拉图时期开始浮出水面。当基督教在公元第一个千年里变成遍布罗马世界的宗教时，它不仅变得更加神秘、更加非理性化，还[经由普罗提诺(Plotinus)]受到了古希腊思想的影响，具有了柏拉图式的二元论特征。目前流行的对西方宗教和哲学思想的介绍不约而同地指出，柏拉图主义(某种程度上更具他世性的神秘主义特征)和东方思想[如圣奥古斯丁(St. Augustine)曾经痴迷的摩尼教]不仅渗透在早期基督教的诞生故事之中，还主导了当时的宗教实践。在这种情况下，亚里士多德那些去神秘化的作品自然就"消失"了好几个世纪。

后来，"黑暗时代"降临，紧紧勒住了西方前一前现代化时期的文明进程(这个时代因长达几个世纪的疯狂、迷信、贫穷和瘟疫而遗臭万年)。大约在 13 世纪，亚里士多德这位古希腊哲人重装上阵 (当然，我们指的是他的著作)，将基督教作为一种世界观进行了"重新改造"，为现代化这场大戏搭好了舞台，拉开了大幕。现代主义的各种风物——政治、科学技术、心理学——纷纷登场。尽管不少人认为，古希腊尤其是亚里士多德对前现代西方思想的影响复杂却不详，但可以确定的是，亚里士多德的思想与 13 世纪托马斯·阿奎那 (Thomas Aquinas)在经院哲学中的结合(也是以一种复杂的方式)在某种程度上决定了(前现代时期)思想史的走向。

亚里士多德是柏拉图的学生(也是亚历山大大帝的老师)，他将柏拉图世界的神秘主义二元论"拉下神坛"(理性化)。在柏拉图那里，只有哲学王才能通过辩证—对话的哲学探究方法了解世界的真相，一般人只能通过身体感知(大部分是看)得到一些粗浅的认识。亚里士多德认为，感官所能觉察的世俗之物既是形式上的，也是实质上的。例如，椅子的样子使人们用木头"制作"出木头椅子这一实体，而这把木头椅子就是由实在、真理和"神圣的无限存有"缔造出来的此世的某物。实在、真理和"神圣的无限存有"同样塑造了我们对椅子的意识，这意识由来自椅子本身的不同实质(思想)构成。关于椅子的形式理念塑造了思想的实质，从而"创造"出人关于椅子的意识。可见，亚里士多德对于理解的观点与现代人不同。我们认为理解就是感知对象物的过程，但亚里士多德认为，理解是通过个体与实在的相容、物与实在的相容而最终成就的个体与物的相容。

通过将形式与实质联系起来，亚里士多德将人转变成了对世间万物理性的、统一(虽然仍然是二元论的)的感知者/解读者,也使万物自身从概念上实现了形式和内容的二元统一。他将人——普通人——放在概念化的宇宙中心,如同后来托勒密(Ptolemy)将地球置于物理上的宇宙中心一样。这一举动剥除了柏拉图二元论中的神秘主义,从而为几个世纪后继基督教经院哲学出现的现代理性主义铺平了道路。

亚里士多德的人类中心主义(尽管仍然是二元论的)世界需要一种可以解释为什么所有物体都在做着各种各样、精妙复杂、似乎永续不断的运动的理论,而这个理论也要与"理性的人"的新世界观一致[我们在此处使用的"人"字意味深长,仅指男人。无论是柏拉图、亚里士多德,还是其后继者,他们都一致认为,只有男人才是理性的,女人跟理性沾不上一点关系。详见南希·图娜(Nancy Tuana)的著作《女人与哲学史》(*Woman and the History of Philosophy*, 1992)]。亚里士多德的分析涵括世间万物,其中人类独有的有目的的行动是他的行动理论之基石。通过万物运动皆有其目的的目的论,亚里士多德为自己的理性主义世界观砌上了最后一块砖。在恩培多克勒认为万物均由土、水、空气和火四种基本元素组成(不同物体只是形态各异)的原始唯物主义观念(据我们所知,这种观念流行于公元前5世纪上叶)的基础上,亚里士多德提出了一种包含基本元素在内的关于空间的宇宙观,认为宇宙中的每个物体均按自然方式有目的地运动(基本元素土、水、空气和火的作用决定了物体的基本运动),运动的目的是不断(尽管从未完全达到过)回到它们自然的静止状态。

　　有人说是亚里士多德"发现"了物(具体之物)和事物的逻辑(至今此二者仍存于世)，这并不为过。这种与人的感知/概念有关的形式/实质的特殊性的的确确在前现代主义经院哲学转向现代主义时期逐渐成为学者们的主要研究对象。

　　当伽利略(Galileo)和其他现代思想(准确地说，是现代科学)的创立者们向亚里士多德有关事物本质的理论发起挑战时，希腊—亚里士多德思想的重要特征在前现代的学术传统向现代政治、科学技术和心理学的史诗般宏大的转变过程中几乎完全被抛弃了。不过，古希腊二元论(以及系统哲学)所持的特殊性理论被保留了下来。在我们看来，特殊性及其相关概念群(如包括同一性在内)基本上是古代希腊特定历史时期最终的思考产物(正如杰恩斯所阐述的)。在这一时期，人类出现了自我意识抽象化。实际上，特殊性(及其内容)虽历经变化，但它对于西方思想来说仍是最核心(而且颇具扩展性)的概念，以至于在亚里士多德之后的两千多年里，连反亚里士多德(反哲学)者都引用了类似希腊哲学家所说的橡子包含整个橡木的概念，强调特定商品已经包含资本主义生产系统的全部。

　　到了 20 世纪晚期，亚里士多德式的特殊性及支配它的同一性法则才受到一些严肃的挑战。(更早一些的论辩，如唯实论与唯名论，其争论焦点虽然不同，但仍在准柏拉图式的普遍概念的框架之下。)后哲学时代、后系统论时代及后理性主义时代的出现似乎助长了古代世界观的核心概念在当代重新焕发青春。我们之所以欢呼后现代主义的到来，是因为我们确信，如果人类想超越系统化的自我意识抽象——它已通过西方文明意识形态和社会霸权统治西方世界 2500 多年——就必须面对这样一个根本挑战。

1323 年被封为圣人的意大利哲学家托马斯·阿奎那，在亚里士多德思想的基础上建立起了天主教经院哲学。自 1309 年起，他提出的教义就成为影响深远的多明我会公认的教义。彼时亚里士多德的"自然静止"(natural rest)理论和目的论已有 1500 多岁了，而在接下来的 350 多年里，它又成为西方前科学、前现代思想的指导原则。有意思的是，第一个跳出来挑战亚里士多德，断言物质的自然状态并非静止而是运动的人不仅被斥为异端，还被视为缺乏理性(从天主教和亚里士多德派的观点来看)。"物质的自然状态是运动的"这一观点不但完全不可能被接受，而且会被视为亵渎神灵：要是它是真的，苏格拉底视之为宇宙最初的动因和本原的理性之神就毫无意义了，因为一个任意运动、毫无目的的宇宙不需要理性的神。这就是为什么伽利略这位教会眼中的背叛者会在 1633 年被迫公开放弃日心说。("可它还是在动啊！"据说，他曾不断这样小声咕哝。)作为理性的代言人和裁判，教会当然有权指责伽利略的想法缺乏理性。而且一旦他们这样做了，伽利略的"新科学"就与理性无缘了。关键在于"理性"这一概念需要被重新定义——这正是现代科学着力要解决的问题。

科学的故事

这些关于"理性的人"的故事实在很讽刺。初看起来，前现代时期的目的论和地心说似乎完完全全地表达了"人类中心主义",因为大概没有什么理论会比万物——包括无生命的物体——都有人的特性、地球是太阳系的中心这一理论那样把人类放在那么中心的位置上。不过,随着对无生命物体带着目的行动,以及对地球是太阳系的中心的否定,人类真变成了"注意的中心"——越发无可匹敌了。在与自然和上帝的关系中,现代主义重新定义了理性和人。人变成了现代人、"理性人"——上帝绝妙的造物,虽与自然之物全然不同,但却可以通过经验法则和数学理解(并控制)自然界。在这样一个系统里,上帝的全能依然完美无缺,没有受到丝毫损害,因为他才是宇宙的原点,是他开启了一切。不过,若从知识论的角度来看,上帝的全能实际上受到了人文主义者/科学家的挑战,因为人类证明了他们有能力理解这个不断运动、永不停止的世界。对理性的重新定义还带来了林林总总的成就,比如对相关性的理解、关于运动的微积分知识、通过技术手段使人类的观察能力得到极大提升等,尤其是运用数学公式表达运动的"深层"规律的能力[据说,要想解决芝诺悖论,只能靠莱布尼茨(Leinbniz)和牛顿发明的微积分]。从概念上说,这可谓正在上演的科学故事的本质。

　　从古至今,改变都是变与不变之间从不间断、复杂精妙的相互作用。新科学完全抛弃了目的论(因为一个本质上不断运动而非静止的世界显然不需要那种宣称万物均以回到静止状态为目的的理论)。理性被重新定义了,人也从神圣中被分离出来,得以自我定义。现在,知识经由人与权力进行联结,拥有知识便得以掌握和控制自然;知识再也不是神圣的、与实在相容的一种表达了(Faulconer and Willams, 1990)。不过，虽时过境迁，亚里士多德的逻辑和特殊性概念这些关键的东西仍被保留了下来。正是通过它们以及随后出现的自我认同的心理学，古希腊哲学在现代科学中的地位才至今仍不可动摇。

现代科学产生以来，人类［我们可以注意到，"人"通常指男性(man)］作为观察者/感知者/生成概念的人，他们关于世界的知识源于经验观察和对事物规律数学化的理解(抽象的自然哲学思想)。科学家就是其中的完美模范。通过世界的数学化和经验的法则化，人的世界观开始改变：从原来看不见的上帝之手执掌人与万物，到人类认为自己可以认识和了解规律，从而控制世界万物。现代科学虽然抛弃了亚里士多德的物理学，但他的逻辑学——关于静止状态而不是相关或改变的逻辑学——在 20 世纪仍然保存完好。只有发现了相关性和功能性的逻辑(谓词演算和数理逻辑是它们的学名)，并将其纳入现代科学体系，才能再一次改变理性的内涵。从概念上讲，这一切为后现代主义铺平了道路。

在我们看来，数学化(量化统治自然的法则)相较于经验法则而言，是推动现代科学发展的更为基础的要素，因为它与征服自然和如何征服自然息息相关——最终是它告诉了我们自己孜孜以求、潜心追逐的是什么。现代科学不仅带来了很多新的发现，带来了比亚里士多德和经院哲学更在行的理解实在的新路径，更重要的是，随着它的发展，"理解"的内涵变了，连同做出理解的人的本质也一并变了。由此，认识论雄踞本体论之上，占了上风。古希腊时期，包括亚里士多德在内的二元论者最多只是说"我是(理性的人),因而我(有能力)思考";但到后来人文主义和科学崭露头角时,笛卡尔(Descartes)就说出了"我思故我在"这类将认识论置于首位的名言。如此一来,实在不再属于本体论范畴,因为在本体论的范畴中,人类和他们的星球是上帝安置他们于其中的万物之中心。现今的状况却是:实在已在根本上认识论化了,人类成为无所不知的局外人(观察者、感知者、技术发明者),他们的存在确证全在于"知",也就是认知能力。巴特勒主教(Bishop Joseph Butler)通过"万物是其所是,此外无它"的著名论断,干净利落地将本体论问题搁置起来,留给现代主义操心的就只有这样一个知识论的问题:"我们是如何知道这一切的?"

无独有偶,随着前现代经院哲学宗教目的论的瓦解,"社会契约"接替"君权神授"成了新的政治组织原则——这是西方文明进程中的另外一件大事。一个崭新的、建立在个人"自然"权利基础之上的国家概念显现出来,人们不再(通过上帝之手)默默依附于土地,而是为了满足早期资本主义和新兴资产阶级的需要,不断地从此地迁移到彼地,从一份工作换到另一份工作。霍布斯(Hobbes)不仅成功地宣说了"自然状态"和"社会契约"的思想(它们实在是西方社会中最大言不惭、最可笑的意识形态谎言),并成功建立了一门用以合理化英国资产阶级君主立宪制度并为之辩护的政治学科(或人类学)。

那时,即使是最执着于观察的人也不囿于新的发现,也要提出新概念,并将其数理化。波兰牧师、数学家和天文学家哥白尼(有时还要为了维持生计而不得不当几天医生)重新提出了日心说[这个学说最早是在 1800 年前，由与欧几里得（Euclid）同时代的阿里斯塔胡斯（Aristarchus）提出的]。谁也不喜欢这个学说，不仅天主教斥之为亵渎神的异端邪说，连那些追随天主教的"公敌"——马丁·路德的新教——的人也公开反对它。它（被称为"哥白尼革命"）并非仅仅建立在对宇宙的一个简单的新观察的基础上，而是立基于数学简洁明了的概念。不过，它比需要计算天体运动、涉及复杂的本轮概念的地心说简单多了。

当时哥白尼的日心说本质上还只是一种概念。后来，伽利略认定万物的基本状态是运动而非静止，接着英国科学家艾萨克·牛顿（Isaac Newton）首次发现了运动和力的规律，以此奠定了现代物理学的基础，并使其成为现代科学思想的基石。从整个 16 世纪到 17 世纪，科学的发展尤其是数学的发展推动了军事和航海技术的进步，而新的战争手段和武器的出现又反过来促进了科学技术的发展。

总之，现代科学这一兴起于基督现世后的第二个千年中叶的强势世界观迅速占领了全世界，高举认识论的人类加冕为王。哲学一方面（在进步的认识论这边）成功地实现了自身的现代化，另一方面（在保守的本体论这边）又通过亚里士多德关于特殊性和同一性的逻辑学保持了对科学的思想影响。无论是那些发生在公元第二个千年早期的、由唯实论者和唯名论者展开的著名论战（以及"针尖上能站多少个天使"这类争论），还是建立在物理运动规律数理化基础上的、与新世界观一同发展起来的现代科学在接下来的两个世纪里取得的革命性成就，都丝毫无法撼动特殊性和同一性的逻辑学。因而，建立在此二者基础上，仍作为某种思想形式的亚里士多德的逻辑学即便到了现代主义晚期，也很难从根子上被动摇半分。说到底，现代科学和哲学的进步，改变的是人们对自然世界的看法(本体论被科学化)、对感知者的认识(现代认识论意义上的人)、对事物之间如何相互作用的观念(因果关系的方法论)，以及以上三者在世界中的权重。这些改变都没有对逻辑这一思维的基本形式带来根本挑战。这种情况持续了数个世纪，直到人们在试图将数学化约为数理逻辑时碰上了硬钉子。

特殊性和同一性的逻辑学

一直以来，人类都铆足了劲儿想要解决"如何思考"这个问题。这并不是依照心理学所说的对认知过程进行描述，而是对"思维的形式"进行原型分析，即分析何为"正确的思考"。人类在这个问题上孜孜不倦的努力促成了亚里士多德的逻辑学这一最伟大和影响最深远的贡献。这位伟大的哲学家不仅剥除了柏拉图哲学的神秘主义外衣，还再一次转换了空想的形而上概念"包含"，将它变成了更通俗的三段论演绎逻辑：柏拉图的"红色这一概念和形式包含并具现了这把红色椅子"，被亚里士多德改成了"所有红色的椅子都是红的，这是一把红色的椅子，所以这个椅子是红的"。由此，"人都难免一死，苏格拉底是人，所以苏格拉底难免一死"这个广为人知的三段论就成了思维的标准样式。要知道，具体事物的抽象特征可不是来自直接的观察，而是独立存在于人类的思维之中的，这就是所谓"纯粹思考"或者"逻辑"。我们的确可以通过观察判断"人都难免一死"或者"苏格拉底是人"这样的说法是否真实，如果我们确认上述说法是真实的，就可以不必使用观察的方法而直接从这两个前提中推论出(演绎出)"苏格拉底难免一死"的结论。逻辑学以这样的方式告诉我们，可以通过别的事物确认一个结论，而不必经过观察。如此一来，"如何正确思考"就成了规范性的问题，而不是经验性的问题了。

需要注意的是，亚里士多德对演绎的定义从根本上说是一种分类法：如果所有在 A 类中的元素也都在 B 类中，若 a 属于 A 类，那它同样属于 B 类。这种思考原则后来摇身一变，成了现代科学中描述规律和进行解释的一般形式，即因果—演绎形式。也就是说，如果 A 类事件与 B 类事件之间有可以用数学公式表达和/或用实证经验验证的联系，若 a 属于 A，那么("那么"当然是重要的词)我们可以(完全独立地)推论出(不用任何验证)a 也属于 B。虽然现代科学越来越热衷于追求描述物理运动(物理变化)及其背后的数学规律，但是，它所使用的推理形式在本质上仍然不外乎分类、演绎和静态的逻辑。这是一种特殊性、同一性和可演绎性齐聚一堂的逻辑形式：如果属于 A 群的元素属于 B 群，若特定的 a 属于 A，那么我们就可以推论出 a 也属于 B。这一逻辑并不是通过关系性来理解"属于"这种关联概念的，而是通过静态和分类的概念，从规范上(个体性、同一性和属性)定义了"属于"。这样看来，亚里士多德的确只通过一个不一般的直觉式的"组成部分"的图像("属于")就说清了柏拉图"包含"的概念。但是，两千多年后，当人们首次尝试利用集合论，用数理方式进行逻辑表达时，"属于"这个概念却带来了不少麻烦。

自现代科学肇始，建构起西方人的那些引人注目、深具实用价值的成分/叙事中就潜藏着一个根源于古希腊哲学，通过亚里士多德强调特殊性的逻辑学接续下来的令人不可忽视的矛盾。它（马克思曾详细论证过）并未能阻挡西方科学技术传播至全世界每个角落，取得令人瞠目的成就，也没能阻止资本主义的经济体系和思想体系取得同样惊人的成功。到了19世纪末20世纪初，当西方科学要取代哲学，成为人类理解世界之幕后主使、基础和属性时（这种取代大部分是在哲学积极热情的配合下完成的），这一矛盾一天比一天清晰地显露出来。在寻求将自身的所有部分（特别是数学、逻辑学和心理学）系统化和形式化的道路上，哲学发现了特殊性/同一性的深层矛盾，而现代科学正建基于此。

我们似乎又一次偏离主题了。总之，若回到现代哲学产生出它最终的作品/继承者——也就是鸿篇巨制的心理学和有如短篇故事的晚近逻辑实证主义——的情境来看，我们会发现，哲学的终极目标就是（自杀式地）将科学抬高到这样一个认识水平——可以包罗所有的理解，无一例外。

注释

1. 毕达哥拉斯的数学神秘主义也许是另一个可选项（或故事）。不过，当数学（受阿拉伯文化影响，在西方得到了发展）在现代科学技术的进步中扮演了最关键的角色时，神秘主义（非理性主义）在前现代和现代世界观（理性主义)中从来没有占据过主要位置。就在西方的生产方式开始控制世界经济时，商品化的、被大书特书的亚里士多德理性主义已雄霸西方思想史 1500 多年了（可见两者并非毫不相关）。

/ 2 经验之颂：现代哲学、心理学与逻辑学/

    既形塑了快速崛起的现代科学又为它所形塑的现代哲学几乎将所有精力都投注于认识论，这一转变使对人的定义由宗教上的"超然于世"转变为"更世俗化"的自我定义的知识人，如此必然会推动人类在认识论上的更深的发展。然而，对现代西方哲学的主流解读往往太过简单粗暴地把它一分为二，一半是欧陆理性主义，另一半是英国经验主义。理性主义的"三巨头"笛卡尔、斯宾诺莎(Spinoza)和莱布尼茨正好与英国经验主义哲学家洛克(Locke)、伯克利(Berkeley)和休谟(Hume)抗衡。这一简单的两分法要么从理性的高度将理性主义定义为对知的研究，要么从经验性的知觉角度将心智、感觉和经验主义定义为对知的研究。理性主义者和经验主义者并非互不见容，因为科学化的认识显然包含两者(甚至早期科学的认识)，而现代主义的先驱们早在康德(Kant)将科学认识的理性和感性这"两个面向""结合"起来之前就认为这两者是"相伴相生"的。不管你是现代人、科学人，还是认识论的人、知识的人，又或是自我定义的人，都需要对人类经验有全盘深入的理解。

现代科学对此间此生经验的确定性之不懈追求，将西方哲学中看似不相干的两个部分——理性主义和经验主义——连接了起来。"第一个理性主义者"笛卡尔在思考行动中寻求"确定无疑"（不可置疑的经验），这也是他宣称思考者确定性（存在）的凭据。在基本的真理（我思故我在）的基础上，笛卡尔重新建构知识内涵，以体现科学式验证和知识所建构的确定性。与此同时，"最后一位经验主义者"休谟通过感知最基础的感知元素（罗素后来称它们为"感觉材料"）寻找真理和/或经验的确定性。休谟希望从感知经验的复杂形式中找到一个特殊且必然存在的单元，一个不能再被简化的构件。这个构件具有"感官直接性"，所有复杂的感知以及经由感知得来的想法和念头都建基这个构件。

康德挑战了上述观点。他觉得理性主义并未充分考虑到"世界的经验"，而经验主义又没有充分考虑到"观看者的经验"。康德认为，经验甚至比思想或物质更为基础。这样一种（强调认知的）经验主义为心理学的诞生铺设好了现代哲学的基础（尽管并非现代科学的基础）。

从康德到马克思：从充斥哲学性思考的现代主义 到白手起家的后现代主义

康德《纯粹理性批判》（*Critique of Pure Reason*）一书开始于下面这段文字：

我们的一切知识都从经验开始，这是没有任何怀疑的；因为，如果不是通过对象激动我们的感官，一则由它们自己引起表象，一则使我们的知性活动运作起来，对这些表象加以比较，把它们连结或分开，这样把感性印象的原始素材加工成称之为经验的对象知识，那么知识能力又该由什么来唤起活动呢？所以按照时间，我们没有任何知识是先行于经验的，一切知识都是从经验开始的。

但尽管我们的一切知识都是以经验开始的，它们却并不因此就都是从经验中发源的。因为很可能，甚至我们的经验知识也是由我们通过印象所接受的东西和我们固有的知识能力（感官印象只是诱因）从自己本身中拿来的东西的一个复合物，对于我们的这个增添，直到长期的训练使我们注意到它并熟练地将它们分离出来以前，我们是不会把它与那些基本材料区分开来的。[1]（1965，from the 2nd edition, published in 1787, pp. 41-42）

通过这种方式，康德建构了现代主义范式，提出了知识的现代性问题，以及我们如何获取知识的问题。我们所知的（知识由学习得来，故我们所知的就是我们所学的）是"我们借由感知获取之物"与心智结合而成的复杂混合物或合成品。康德告诉我们，经验可以被确认为知识的起点。不过，由于经验本身从来就不是单纯或完全原生态的东西（正如休谟和他的追随者们认为的那样），因而经验也不是知识产生的原

---

[1] 本段译文摘录自康德《纯粹理性批判》（邓晓芒译，杨祖陶校，人民出版社2004年版）的导言（第1页）。在国内康德著作的翻译中，邓老师的翻译得到了读者最广泛的喜爱和支持。——译者注

因。康德更进一步说，当我们对经验本身进行分析时，就会发现真理不是简单地建立在经验之上，不是(在其之后)产生的东西，而是经验的前提。不过，若仅仅依靠定义(此之谓"分析")进行判断，这些先验真理并非为真，它们只是关于这个世界的一些特殊真相(此之谓"综合")。我们"掌握知识的能力"与"思维"(至少是认知思维)由此花开两朵，各表一枝。康德的洞见——我们只有经过长时的关照，才能从纷繁复杂的经验整体中分离出原初的经验素材——变成了 20 世纪心理学的诸多神话，尤其是那些关于认知的神话存在的理由。

这不禁让我们思考：康德的范式仅仅是一个将"掌握知识的能力"补充进来的简单组合模型，还是一种视"掌握知识的能力"生发于经验的，远比简单组合更具建构性的东西？康德是否发展了对主体性的一种新的理解？他是否建立了一种主观确定性？他使西方意识形态摆脱了内外两分的二元对立吗？与前现代和笛卡尔式的感知与思考的前辈相比，他提出的"经验着的个体"(experiencing individual)是否在本质上更具能动性？我们认为，尽管康德的洞见如此与众不同，但从根本上看，他仍旧保留了亚里士多德式的形式逻辑。相较于黑格尔，康德更有资格被视为现代辩证法的发明者。不过，可惜的是，康德的范式对哲学二元论的挑战并不彻底。他对经验的分类原本是要抹去知者和被知者之间的二元对立，但仍未跳脱亚里士多德式的思考，将人类活动视为逻辑性的、被动的、唯精神性的以及形而上的活动。这种活动可被视为有生命力的(他说："我们的认识活动……有一部分是被客体所唤起的。")。康德以他建构的分析、综合、先验和后验这四个重要概念来区分不同形式的确定性，在这一点上，现代哲学、现代科学和现代心理学确实都受到了康德的深刻影响。不过，康德并未对人类追求确定性这一活动本身发起挑战，由亚里士多德而来的特殊性和同一性，以及古希腊哲学中的系统确定性（真理）的概念依然坚若磐石。是的，康德从未超越经验和特殊性逻辑。他确实将经验打造成了现代主义者的珍宝，但是马克思用行动替换了经验，让行动成为思维的基础，以此终结了现代主义哲学，并构成了对亚里士多德逻辑的根本挑战。

马克思早期的哲学作品为辩证唯物主义和历史唯物主义奠定了方法论的基础。在关于这个新的方法论的清晰简短的说明中，马克思提出了他想要发展的自由诠释的科学/哲学的前提。他说："它（辩证的历史唯物主义）并不缺少前提。它始于无可置疑的前提，一刻也没有偏离过。这个前提就是人，但并不是某种虚幻的离群索居状态下抽象的人，而是处于一定条件下，在可感知的经验发展过程中真实生活着的人。"（Marx and Engels，1973，pp. 47-48）

马克思坚信科学和历史的起点是活生生的生活，而不是对生活的诠释和抽象，它们的前提是现实中"一定条件下处于发展进程中"的人。这一观点挑战了整个西方哲学（包括亚里士多德的逻辑学），因为一直以来，从柏拉图、亚里士多德发展而来的西方哲学始终包含一种去历史化的二元论。这种二元论将因与果（尽管因在某种程度上被包含在果中）完全割裂开来。马克思的历史性和方法论上的一元主义（主要体现在他早年的作品中）是他对后现代活动理论的认识论重要的贡献之一。

马克思对活动的看法("革命的、实践批判的活动")具有历史性(Marx, 1973, p. 121)。它对知者和被知者的整合远超康德的现代主义和经验主义。当黑格尔开始将历史向度引入康德[美国现代实用主义者理查德·罗蒂(Richard Rorty)称其为"历史主义色彩最少的哲学家"]的理论之时,马克思却(可以说是通过黑格尔的"唯心主义一元论")将康德的理性主义——经验主义的混合体——置于激进的历史唯物主义的活动理论之下。与康德截然相反,马克思认为我们不应把人看作感受者/感知者(认知者),而应把人视为能动的生产者。马克思指出,那些没有认识到劳动之于人类创造性生产力的根本意义的知识理论充其量只能是一种美好的想象,还远远算不上对人类心理的真正理解。

与黑格尔对康德的唯心主义、形而上学的理解(尽管是历史主义的)不同,马克思提供了一种以劳动为基础的、辩证的、历史主义的理解,它同时是唯物主义的以及活动理论式的。马克思认为,若要了解人类知的过程,我们不能只分析智识和认知行为,而必须检视在日常生活中、在分分秒秒之间发生着的人类生产中的关系活动(也就是绵延不绝的集体行动)。马克思坚信,看上去平淡无奇的实践才是人类认识的起点,而不是经验。[1]

我们可以经由马克思和维果茨基富于现代主义和理性主义气息的实践方法,迈向后现代的方法实践(Holzman and Newman, 1979; Newman and Holzman, 1993)。活动理论推翻了系统哲学,并衍生出以关系为基础的人类持续不绝的发展活动(我们将在第九章中对此进行详细讨论)。经验触发理解,因此是知的一种最基本形式(也就是康德

所说的"先验合成物")。我们赞同这一观点。不过，对我们来说，经验
并不是康德认为的抽象概念，不是什么认识的起点；它也不是人类认
识的先在条件或自我定义的特殊性(这或许是关于认识起点的另外一种
说法)。我们认为，持续不断**经验着的活动**触发我们去思考的所知的内
涵其实是经验本身所处的历史脉络。经验是发展的、生产性的活动，
是知晓和成长的劳作。经验(主要指人类生活的经验，包括正经验着的
经验)产生的并不是一成不变的抽象之物，如分类的知识，甚至分类的
经验(空间、时间、起因、结果或其他什么东西)，因为它永远是一种
持续的社会生产活动创造的持续学习的契机。

　　用这种后现代反范式的认识论来看，所有的知晓和学习都是持续
不断变化着的先验合成物(这里再次使用了康德的表述)。我们必须挑
战时间线性流动(时间流)的观念，只有这样才能更灵活地理解知。我
们所知的是我们必须知道的(也就是必须已经知道的)，唯有如此，我
们才能以持续发展且在关系中前进的经验来建构发现。从后现代解构
和重构主义的社会历史立场出发，我们可以看清并拒绝康德等人带来
的特殊性观念。这一观念乔装打扮成各种样态，如起点、自我、类别、
经验、起源、前提、预设、假设等。我们总喜欢给高言大论加个起点
或开端，就像我们总要给生活事件加点解释、说明或描绘，但这毫无
必要。同样，后现代主义对系统哲学的拒斥在这一点上也需要展现出
对本源主义谬误批判的深度和广度[参见约翰·莫斯(John Morss，
1992)那篇很有价值的《搅动风云》("Making Waves")]。

我们认为知识是一种处于关系中的先验合成物，即没有什么固定不变的"获得知识的能力"。学习跟那些事先就有的分类无关（从各种有意义的因果关系来看），知识（学习）不过是对"已有之物"的发现。这一观点并不新鲜，从柏拉图的《美诺篇》(*Meno*) 到 C. I. 刘易斯 (C. I. Lewis) 的《心灵与世界秩序》(*Mind and the World Order*)，再到乔姆斯基 (Avram Noam Chomsky) 的《句法结构》(*Syntactic Structures*)，它们对此都有涉及。其他很多在时间上或早于或晚于这三本书的著作也曾表达类似观点，只不过这三本书（在我们看来也包括其他类似的书）或多或少受到先在思想之影响，在论述中都不可避免地暗含一个作为起点的论述（不管它是否正确或全备）。从我们激进的活动理论（当然，这种理论跟其他事物一样也是一种在关系中进行的活动）来看，发展进程中联结关系的活动（发现）是不断推衍变化和绵绵无期的（当然，也有强制停止的例外）。

用后现代主义的术语来说，西方缺少意识形态和方法论的解构与重构，这使将学习视为一种知识的工具性习得的观念统治西方上千年之久。这一工具性对使人类成为万物灵长，实现对世界的统治和管理来说有着至关重要的作用。它已伴随去发展性的、本质上"仪式化"的人类生活实践和探究很长时间。进入 20 世纪，这个人口数量快速增长、充斥着混杂世俗和神圣的史前宗教神话，以及将要凭借高度发展的科技征服和破坏自然的时代让我们感到害怕和莫名恐慌，好像人类道德和发展的黑暗时期马上就要降临了。不过，需要指出的是，不要认为将人类带到这样一个时代的那些东西能够支撑我们继续走下去，比如科学心理学(一种世俗宗教的世界观)就面临着种种问题。这些问题不仅出在它研究的主题(人类生活)上，也出在哲学、科学以及心理学这门学科本身上。

科学为形式化和普遍化所做的努力

19世纪末20世纪初，现代科学改编了从哲学那里继承来的系统性真理，并将其作为自身信条。爱因斯坦式的世界观使那种认为科学(不同于哲学)最终会找到每一个问题的答案，可以解释或预测世间万事的信念变得清楚直接，一目了然。人们认为，只要能找到一个独立的基础法则(一个起点或源头)，那么就可以通过它，经由演绎和/或归纳的过程得到所有的真理。这种观念不仅表现出科学家作为规则制定者的信心，也传递出它在政治上的支持者和那些被科技取得的奇迹般的成就所迷惑的民众的信心。在这样的鼓动下，人类无比热情地埋头于那些尚没有得到解答的世俗之谜。我们想问的是，人类是怎样从思维那样不确定的东西中得到数学这样确定无疑的东西的？

作为现代科学确定性的来源之一，数学若能通过诉诸逻辑而得到证明(也就是被纳入规范的"思维形式"系统)，科学若能破解心灵的种种秘密，那么我们大概早就在将科学和现代主义奉为宇宙真理加以追求的道路上一去不复返了。19世纪和20世纪之交，人们确实在上述两件事上投入了大量的努力，结果是科学与技术这两个尚未成熟，还被人文主义喂养着的孩子发起了战争，要将母亲希腊哲学与其嫡长子宗教一起赶下圣坛。

希腊哲学在《伊利亚特》和《奥德赛》成书期间兴起，孕育出西方宗教、政治、科学技术、心理学。它虽然带来了炫目的人类进步(就像杰恩斯兴致勃勃所讲述的那样)，但也最终走到了尽头。讽刺的是，正是在为真理创造一个最终起点、一个全备系统的旗号下对逻辑学和心理学的极端追求，使得科学和哲学的所有内在矛盾暴露无遗。在我们看来，现代主义者超出现代主义所做的那些工作，尤其是维特根斯坦(在逻辑学上)和维果茨基(在心理学上)的工作，为人类朝向非系统化、以关系为基础、无需确定性做指导的发展之路——也就是后现代主义——奠定了基础。

相对论、量子与测不准原理

当心理学在科学化的大路上阔步前行，数学在逻辑化的征途上高歌挺进时(虽说至今它们都不太看得上对方)，物理学(现代科学王冠上的宝石)的范式发展却让人大跌眼镜。建立在新技术基础上的各种实证研究要求人们在对物理现象进行客观分析时，更严肃认真地考虑主观因素的影响。如果排除观测者的主观因素，无论是近在咫尺的亚原子物理活动，还是距地球很远的某个天文运动，都无法完全被理解。这要求我们重新审视正统的牛顿物理学中那些被时间/空间定义的基本要素。

　　我们不仅需要控制疲劳这种偶发个人因素。简单地说，在被观测的"客体"以接近光速的速度移动的情况下，观测者的移动速度对于这一"客体"的移动速度来说也是一个需要控制的"客观"因素(或主观/客观因素)。从微观层面来看(简单地说)，有些亚原子粒子(运动)非常快，我们几乎不能用绝对的时空坐标来捕捉它，因为这样做(或试图这样做)会带来逻辑上的问题。例如，我们会说这些粒子从 A 点"移动"至 B 点"没花一点时间"。此外，人们还提出了不同以往的、基于过程的理解物理学的方式(如相对论、不确定性、量子跃迁)，重构了现代物理学。

　　但是，正统的物理学家和方法论者直至今日仍不认可这些新发现的意义，认为它们并没有撼动牛顿方法论的基础地位。他们认为，正是牛顿(以及技术所取得的超凡进步，如望远镜和显微镜的出现)带我们来到了这个美丽新世界，而且我们仍然可以通过亚里士多德的逻辑和现代物理学的牛顿定律解开一些谜团，理解某些不一般的物体运动。这样的说法当然成立，因为尽管的确(有意无意地)为后现代主义当了助攻，但现代物理学的任何发现都不会自己给自己挖坑，让已有的范式出现问题。除此之外，我们发现现代科学正统对待后现代主义的态度与 16 世纪宗教正统对待伽利略的态度颇为相似：后现代主义和伽利略都被斥为异端。这是因为，现代科学正统认为，那些搭上后现代主义风潮，用物理学的发现否定物理学基础范式的人(大多不是物理学者)根本不懂物理学。这样的观点初听起来似乎颇有道理，但实际上跟当年那些教堂里的神父的看法并无二致，因为他们都提前定义了什么是真理，然后将所有与这些真理不符的存在视为谬误。稍有不同的是，在前者眼中，真理就是他们口中的科学。

在潮来潮往的历史长河中，对理解的新认识已崭露头角(这不只是一种物理学的新范式，而且是一种全新的、去范式的认识论)。当然，这是一个社会问题，已经超出物理和物理学领域了。人类已不再处于《伊利亚特》与《奥德赛》之间的发展过程中，而是极有可能"处在"人类生活的异化形式(参见第九章)与其他形式之间。

关系逻辑还是功能逻辑？

古典康德主义将数学视为"深刻"的真理集合，认为它能够与真实世界相对应。不过，在 19 世纪的某一时期(在此之前也有过类似的例子)，这种将数学等同于真实世界代言者的观念受到了数学家和哲学家同样细致的检视。例如，黎曼(Riemann)就通过非欧几里得几何学大胆质疑了欧几里得几何学，认为后者关于空间可经由实证方法确证的观点缺少明证。这是不是意味着，除几何学外还有其他的可能？

康德的分类学认为数学是综合命题，很多质疑他的人开始思考数学是否可能是一种分析①命题，或者是被定义为真的命题。如果这样的反转成功了，我们又要如何看待科学使用数学来解释的世界与真实

----

① 康德是第一个区分分析与综合命题的哲学家。他认为分析(analytic)命题指其谓词概念被包含在主词概念中的命题，而综合(Synthetic)命题指其谓词概念不会被包含在主词概念中的命题。前者如"所有的单身汉都没有结婚"，后者如"所有的单身汉都是不快乐的"。——译者注

世界之间的特殊关系(也就是精确性)呢?

有人认为,或许我们不应该把数学的定义看得那么精确。数学虽然并未建立在客观世界之上,但却建立在理性思维的规范,也就是逻辑之上。重新审视数学的自我定义性质,会让数学在本质上更贴近逻辑学而非世界真相。这样一来,数学和逻辑就能携手并进了。

在这样的脉络下,包括戈特洛布·弗雷格(Gottlob Frege)在内的一些学者试着将康德对理解和认知的看法函数化或者数学化。在他们看来,康德关于理解和认知的观点混搭了可确证的感官经验(比如他认为感官经验总是有因有果的),以及属于综合先验范畴的经验(比如因果范畴),而要理解这些混搭概念,就得跳脱出亚里士多德的分类逻辑。

顺着这种思路往下走,我们想问,如果"7+5=12"是因自身定义为真,而非因为它与世界的真相一致,那么若要理解它的可分析性,什么是必须被定义的(也就是我们需要什么样的定义)? 数字("7""5""12")显然是需要被清楚定义,但关系运算("+""=")的重要性不亚于数字,因为(至少在我们的直觉中)运算形式比数字少多了。那种从数字本身和数字之间发现规律,并由此推导出数学真理的方式看起来就像毕达哥拉斯神秘主义的借尸还魂。我们要证明"7+5=12"为真,显然不是靠"7""5"和"12"这几个数字深层次或本质上的定义,而是必须搞清楚"+"和"="这两种运算形式再加上三个正整数怎么就可以生产出数学真理。举个例子来说,函数 $f(x)$ 中 f 是"+"和"="的使用(运算), x 是正整数(比如<7, 5, 12>或<7, 4, 12>)的有序(第一个整数＋第二个整数＝第三个整数)元运算，$f(x)$ 在 $x=<7，5，12>$ 时为真，在 $x=<7，4，12>$ 时为假。对数字的理解依靠那些转换它们的运算形式，这才是数学逻辑过程的核心问题。既然从某种程度来说数字本身不是核心或基本的东西，可想而知，那种将数学还原为逻辑的做法必定能为大家所接受。

这真的就在罗素(Bertrand Russell)和怀特海(Alfred Whitehead)手里发生了。他们于 1910—1913 年出版了三卷本的《数学原理》(*Principia Mathematica*)，将这种把数学还原为逻辑的做法推到了顶峰。如前所述，逻辑自身已被数学化了(关系化和函数化)，而《数学原理》让我们看到数学如何被还原为一整套的逻辑形式。[2] 这套逻辑形式不仅包含亚里士多德的那些思想，也包括一些从 19 世纪的数学化浪潮中抽取出来的新的概念元素。

在把数学还原为一种"新"逻辑(逻辑系统)时，《数学原理》这部书中最引人注目的部分就是"集"的概念。集或群可以是任何种类的个体组成的群组，是由这些个体成员定义的抽象概念。有时，它是由无限多的数字组成的，比如正整数的集——常表示为{1，2，3，…}。集被视为群或入群资格的充分必要条件，而不是对群组成员的逐一罗列或直接记录(哲学家称之为直观定义)，如偶数集是所有可以被 2 除尽的正整数的集合，表示为{2，4，6，8，…}。

看起来(罗素和怀特海则相当确定)似乎已经被定义得很清楚的集合和个体的概念，清晰地透露出它们与古希腊哲学(尤其是亚里士多德)的内在联系。"集合"这一概念潜藏着自我指涉的悖论(self-referential paradox)，其后隐而不显的则是从古希腊哲学和逻辑学一路沿袭下来的"特殊性"这一概念。

　　集合理论中的自我指涉悖论到底是什么？我们来举一个简单的例子。假设有无限集合 R 满足以下充分必要条件：当且仅当 x 是一个不包含它自身在内的集合时，x 属于 R。根据对一般集合的了解以及这一特定集合 R 的定义，大部分集合(也可能是全部的集合)都会属于 R，因为几乎所有的集合都不包含集合本身。到目前为止，一切看起来都是那么美好，但是问题马上来了：R 属于集合 R 吗？若 R 属于集合 R，那么 R 就不在集合 R 之中，因为 R 是由所有不包含自身的集合组成的集合；如果 R 不属于集合 R，R 就在集合 R 之中，因为 R 包括了所有不包含自身的集合。这简直就是"说谎者悖论"(克里特人说"所有的克里特人都是说谎者")的现代版。集合理论中的悖论撼动了现代逻辑的根基[对康托(Cantor)和弗雷格来说尤其如此]，使建筑于其上的数学大厦摇摇欲坠。看，亚里士多德的特殊性概念可是历经了千年而不朽(尤其是近百年来为现代科学发展做出了很大贡献)，现在竟然要在这个个体的集合或群的概念上栽跟头了。

　　包括黑格尔在内的其他哲学家都曾在个体与整体关系问题上遇到过难题，不过这个数学/逻辑学/科学这样严格的领域里的最新滑铁卢，无疑会使这个问题变得更难解决。罗素和怀特海提出了一个特别的解决方案，使用所谓"逻辑类型论"来解决这个悖论。这个方法就是不允许提出"R 属于集合 R 吗"这一问题。可想而知，这个解决方案不过进一步加剧了个体(和集合)/基于同一性的理解模式原有的矛盾(其实个体仍然还是原来那个个体），问题并没有被解决。

彻底解决罗素悖论是在 20 年后。那时，库尔特·哥德尔（Kurt Gödel）发表了"不完备性定理"。这一工作被视为 20 世纪人类的重大突破之一。哥德尔提出，任何建构元数学系统的努力都试图通过将数学逻辑化的方式来证明数学，但最终产生的却是一套数学化的元数学系统（哥德尔用著名的哥德尔配数法展示了这一过程），仍然会落入自我指涉悖论的陷阱。也就是说，在数学上为真的命题（如"7＋5＝12"）在数学形式中是不能被证明的。哥德尔证明了罗素和怀特海提出的解决方案只不过是搞出了另一种自相矛盾的数理化的元数学系统。他还证明了，除了一种极其简单的数学系统外，没有哪一种想要自证（也就是没有矛盾）的系统可以既完备又一致。也就是说，有且只有数学领域的全部真理（以及/或能产生它们的那些真理）可以被还原为元数学逻辑系统。

有意思的是，哥德尔的工作既没有使数学破产，也没让逻辑学倒闭，反倒催生了一个新的交叉领域，如作为控制论和计算机技术数学基础的递归函数理论（recursive function theory）。同时，它也确确实实地拓展了那些对逻辑、数学和哲学的基础问题感兴趣的人的思考空间。在这些人中，最具争议性的就是路德维希·维特根斯坦。

早期维特根斯坦与语言哲学

路德维希·维特根斯坦出生在维也纳的上流社会家庭。这个家庭不仅有钱，而且很有文化。维特根斯坦对基础问题的兴趣源于他年轻时从事的航空空气动力学领域的工作。弗雷格曾促成年轻的维特根斯坦去剑桥跟随罗素学习（他也让罗素答应当维特根斯坦的导师）。维特根斯坦早期的著作《逻辑哲学论》（*Tractatus Logico-Philosophicus*）发表于 1921 年，是他在世时出版的唯一作品。这部书受到罗素（其时维特根斯坦仍处在《数学原理》一书的影响下）的启发，试图在语言问题上将《数学原理》曾对数学做过的或多或少算得上成功的事（我们且不说这事做得怎么样）再做一次，也就是将语言还原为逻辑形式（彼时哥德尔的"不完备性定理"尚未出现）。

虽然那时人们对语言的哲学研究还处于萌芽期，但维特根斯坦已经获得了影响他整个学术生涯的惊人洞见。他认为，哲学（维特根斯坦以首字母大写标示"Philosophy"）的麻烦之处在于语言使用的模糊不清，因为普通人是在一般意义上使用语言的，哲学家们则看重语言的特殊性。在《逻辑哲学论》中，维特根斯坦想要通过对语言逻辑形式的揭示来解决哲学所有的难题。他并不简单地将关注点放在哲学语言上，或任何特定的自然语言（又或特定的非自然语言，如数学）上，而是关注语言的本质，关注语言的抽象功能，将语言视为一种"思考的形式"。维特根斯坦想要通过《逻辑哲学论》建立一个全新的非亚里士多德式的逻辑（或者说为这个逻辑奠定基础）。如前所述，这一目标也是现代不少逻辑学家和数学家努力的方向。

不过，维特根斯坦的工作被他的后继者（维特根斯坦可不想承认他们是自己的继承者）用来创建了哲学的一个分支学科，即现在已经广为人知的语言哲学。罗素和怀特海想把数学还原为基本逻辑形式(罗素称其为"逻辑原子"),进而剔除哲学中的形而上学(顺便把古希腊思想赶出去)的企图(经由维特根斯坦)催生了逻辑实证主义这个新的哲学学派。这些逻辑实证主义者[如卡纳普(Carnap)、亨佩尔(Hempel)、施利克(Schlick)、魏斯曼(Waismann)和诺伊拉特(Neurath)]组成的维也纳学派(因曾在维也纳工作——直到希特勒强令他们离开——而得名)将《逻辑哲学论》视为把哲学(去除了形而上学的色彩,但仍然以"逻辑原子"的概念保留了"特殊性"这一概念)变成科学仆人的一道咒令。

维特根斯坦本人却抛弃了《逻辑哲学论》,转向了他的终极哲学"任务":破坏哲学(以后现代的话语来说是"解构"),并将陷溺在语言泥潭中的哲学家们拯救出来。他后期的论著体现出这些努力,促进了语言哲学的发展。他认可的后继者们也由此进入被称为"日常语言"的领域中。

昙花一现的逻辑实证主义

纳粹主义终结了维也纳学派,逻辑实证主义则终结于自身的自由主义。它所做的不过是让哲学对科学高唱颂歌,以为这样就能够挽救哲学。但这样做的结果不仅是将自身引向毁灭,而且为后现代主义对科学的批判打开了大门。当哥德尔(他本人不属于维也纳学派)正在为数学化的科学的确证性设定严格范围时,维也纳学派却瞎子摸鱼式地一头撞进维特根斯坦的《逻辑哲学论》(那时自我指涉的悖论已经显明了，他们却看不到)，想要接续这部书，为所有现代科学建立逻辑基础。

维也纳学派的成员对科学还原主义特别感兴趣，模仿康德对分析命题和综合命题做出了细致区分，并试图赋予感觉经验一个逻辑的(基础的)特性，想通过这些方式让还原主义变得更精致。但是，同一性和特殊性的问题在原子论的幌子下依旧存在。在俯身甘为科学做牛做马时，这些哲学分析和其他哲学分析一样变成了围绕实证主义的太阳打转的行星——这就是美其名曰的可验证性理论。这一理论断言，意义要么可以被"定义"证明(分析)，要么可以被验证。根据这个理论，只要有可证实或证伪的证据——完全还原为经验证据——某一命题就可以被验证。

为了证实可验证性理论的关键概念，人们付出了大量的努力。不过，在这样一个深具反身性和批判敏感性的时代，可验证性理论自身的逻辑问题很快就被提了出来：若某命题可以因定义而为真，那么它与真实的科学之间的相关性可能会降低；若它可被经验证据证实为真，那么就会出现循环论证和复归的问题。

从 20 世纪 30 年代一直到 20 世纪 50 年代，人们围绕上述问题的论战始终没有停歇。实证主义者搜集了更多精细的证明(如波普尔的可证伪性)，不过指出其谬误的声浪也并未停歇。最终给这场论战(和逻辑实证主义)画上休止符的是美国逻辑学家 W. V. O. 奎因(W. V. O. Quine)，他 1963 年的杰出论文《经验主义的两个教条》("Two Dogmas of Empiri-

cism"，他在 1950 年发表过最早的版本)揭露了还原论和分析—综合之
分——此二者是后康德经验主义及逻辑实证主义的基石——根本是站
不住脚的，借此系统地瓦解了逻辑实证主义。

作为现代科学的基石，逻辑学、数学(经由哥德尔)和经验主义(经
由奎因)均受到了来自内部的严峻挑战。哥德尔和奎因所做的可不只是
挑战哲学，他们还有其他目标。当然，他们这样做的目的并非离弃哲
学。对哥德尔来说，哲学是对逻辑—数理分析持续不断的评估，而奎
因认为哲学是"没有教条的经验主义"，是一种实用的哲学—社会—
文化模式分析，承接了早期美国实用主义前辈[如威廉·詹姆斯、查尔
斯·皮尔士(Charles Peirce)、约翰·杜威(John Dewey)、乔治·赫伯
特·米德(George Herbert Mead)和 C. I. 路易斯(C. I. Louis)]的工作。
奎因的工作被非常崇敬他的唐纳德·戴维森(Donald Davidson)视为"压
倒经验主义的最后一根稻草"。现在就剩下杰出的维特根斯坦了，他出
于责任埋葬了哲学，为它找了一个高深莫测的替代品："去哲学的哲学
思考"。怎么样，这听起来是不是像一种持续不断、永不停止的文字
游戏？

后期维特根斯坦

维特根斯坦在 1951 年死于癌症，这使他免除了看到自己后期的
工作被约翰·奥斯汀(John Austin)等声称是他后继者的人歪曲，塞进
所谓"普通语言哲学"的痛苦。不过，他在他的早期作品被维也纳学派

曲解(按他自己的话来说)，创造出一个维也纳学派式的逻辑实证主义时，感受过这种痛苦。不幸的是，他没能亲眼看到他的发现构成了针对科学和心理学的后现代批评的中坚力量。维特根斯坦后期工作的主题主要环绕着心理学。显然，他的这些工作是反心理学的。

维特根斯坦关于哲学、语言和哲学科学方法论的批评同样直接坦率，但他并不仅仅是批评者。我们[还有其他人，包括贝克(Baker, 1992)和彼得曼(Peterman, 1992)]认为他颇像一位治疗师。不管是对哲学家还是普通人，维特根斯坦都采用了并不系统的、"个人中心"的治疗计划。在他看来，哲学是病症，语言是带原者，哲学的科学方法像是科学既不想要也不需要的医院，心理学就是江湖术士搞的虚假治疗。在接下来的章节里，我们会看到这种非科学和虚假治疗到底是怎么一回事，并探索哲学和科学生出的"恶之花"(商品化的种子)如何带来肮脏可耻的生活和必然的死亡。

维特根斯坦与维果茨基一起成为后现代主义众多先哲中最负盛名者，同时也被视为心理哲学领域的掌门人。近年来，"心理学化的哲学"正蓬勃兴起，越来越多像我们一样的心理学家参与其中。大家都受到了维特根斯坦思想的强力影响(Gergen, 1994; Jost, 1995; Shotter, 1991, 1993a, 1993b; van der Merwe and Voestermans, 1995)。这些日子以来，无论是哲学心理学家还是心理哲学家，他们都开始致力于创造一个对理解的全新的、基于关系(与"基于判断"或"基于真理"相对)和非系统性的认识。

欧洲学界中一些持批判态度的学者〔如德里达(Derrida)、福柯(Foucault)、哈贝马斯(Habermas)和海德格尔(Heidegger)〕已从不同角度,不约而同地提出了关于哲学、科学和心理学的问题。他们和他们的追随者点燃了后现代对现代科学(以及专制了350多年的科学范式)的反叛之火。美国变成了现代科学技术的另一个家园。维特根斯坦掀起的革命(比弗洛伊德的精神分析等重要得多)从20世纪50年代到70年代在美国的大学中悄悄生根发芽。它在这个系统内外的历史都十分重要,若我们想全然了解有关理解一事的讨论,必须清楚此段脉络。[3]

维特根斯坦去世后没过几年,他的作品和他第一批追随者的作品开始广为流传。其时这些哲学热点(在很多美国大学中)是心灵哲学(哲学心理学)、语言哲学、逻辑学和科学哲学。其中一个被热烈讨论过的、非常重要的亚主题是关于解释的:对人类行为的解释与对非人类事件的解释之间是否存在不同?如果存在不同,那它是什么?

我们能在不同选集中找到杰出的实证主义者卡尔·亨普尔(Carl Gusta Hempel)1965年的重要论文《普遍规律在历史中的作用》("The Function of General Laws in History",初次发表于1942年)。在这篇文章中,亨佩尔提出,虽然普遍规律和经验观察在科学史中的运用比其他学科少,但(写作和研究的)历史本身已经隐含了未被明确阐明的解释模型。这种解释模型与物理学、生物学或化学中的解释模型一模一样。这篇关于解释模型的论文开启了兴起中的20世纪历史哲学的转折点。(在此之前,分析哲学家可没怎么把历史哲学放在眼里。)

唐纳德·戴维森(Ponald Donald)曾是亨佩尔的同事，也是世界知名哲学家。他继续沿着亨佩尔开辟的道路前行。在戴维森看来，以理由为名的解释或者各种人类行为纪录，如同所谓"硬科学"或自然科学中的事件解释一般(特别是非人为的事物)，都维系在因果和结构法则上。硬科学中操作解释(或者至少说被方法论学者和科学哲学家操作的这一工作)的模式，有时被称作"因果"或"演绎—法则"模式，其背后的理由形式同样能满足历史和软社会科学，也/或与对人类行为的对话式理解相合。换句话说，理由在对人类行动的解释上扮演的角色与因果在解释物理现象时扮演的角色是一样的，尽管两者可能不是一回事。

说到这里，读者大概会回想起来，逻辑实证主义作为一个哲学"学派"已经被摧毁得差不多了。不过，戴维森显然认为自己已越过休谟式的经验主义，跃向了某种分析主义。与其说它与经验主义一致，倒不如说它完全打破了经验主义的形而上。我们相信他成功地迈出了分析主义的一步，不过戴维森(他说奎因是"最后的挣扎主义")也做出了哲学家中最引人注目的"最后的挣扎"。

亨佩尔和戴维森的新实证主义和主张演绎—法则的论文成了心灵哲学家/哲学心理学家的众矢之的，也包括那些曾受到维特根斯坦(尤其是他的晚期作品)深刻影响的学者。某些极其重要的事情正在发生，但局中人往往浑然不觉。他们不知道，随着维特根斯坦的影响日益增强，驱逐哲学的审判词已准备就绪。与此同时，后现代社会心理学批判和理论解构主义的哲学基础开始安营扎寨。30年后，也就是在20世纪90年代，它们构成了对心理学的根本挑战。接下来，它们还将对科学发起彻底的挑战。

在"历史中的解释"这个主题下出现了一系列受到维特根斯坦影响的新书，其中最重要的是加拿大哲学家威廉·德雷（William Dray）的《历史学中的规律和解释》（*Laws and Explanation in History*，1957）。德雷显然受到所谓"普通语言"和"普通语言哲学"（如前所述，这两个名词来自维特根斯坦后期的著作）的影响，认为不是所有的解释，尤其不是所有的历史解释都能够回答"为什么"的问题；相反，对历史事件的解释常常只描述细节为什么发生以及如何发生，或者如何可能发生。这些都不要求以因果—演绎的解释为基础，所有的历史解释都不需要。

印第安纳大学的科学哲学家迈克尔·斯克里文（Michael Scriven）力挺德雷，认为亨佩尔把历史解释与可能证明或给出解释的基础搞混了（Scriven，1959）。一些哲学家也开始在普遍的历史哲学和特殊的历史解释等问题上着墨。他们对亨佩尔提出批评，认为他给出的解释所依赖的脉络其实是对这个解释进行分析的重要因素。这种论调有点问题，因为它没弄清楚解释本身与解释活动之间存在重大的差别。有人开始质问：要是两者之间没有差别会怎么样？要是哲学性解释（比如对解释的阐述）最终不能产出抽象术语会怎么样？或者说，要是它没办法产出某种类型的哲学定义会怎么样？要是它作为一种活动只能生产出自己，或者生产出更多的活动，那又会怎么样？要是按维特根斯坦后期的说法，即哲学活动无法创造出哲学上的真理，只能产生越来越多的活动，那又会是什么样的情形？

　　德雷和斯克里文认为（至少暗示），脉络在一定程度上可以被哲学式地爬梳。但是对于某些人来说，"脉络"的概念和亨佩尔的"解释"同样令人费解。在分析脉络时，我们势必遗漏对当下脉络的分析，这是否有可能使活动本身转变成另一个词语或概念？要回答上述问题，我们要再来看看维果茨基及其活动理论。众所周知，维果茨基从未听说过维特根斯坦（维特根斯坦也没有听说过维果茨基这个俄国人）。20 世纪 70 年代之前，由于审查的原因，维果茨基在心理学和文化上的基础工作始终不能为俄罗斯以外的人所知晓。不过，在我们看来，维特根斯坦与维果茨基一前一后地埋葬了心理学——不管心理学是死是活，反正他们就是把它给埋了。

　　哲学若消亡了，与它关系密切的心理学也将面临行就将止的命运，人们需要一个新的非系统化的方法来回答那些与一般人的生活，尤其是精神生活有关的问题。从哥德尔破坏数学和逻辑系统化，到苏联解体，哲学和心理学系统化的失败展现在各个层面上。而科学，这一体现在现代文化中的系统化则置身于维特根斯坦、维果茨基以及他们的后继者（包括本书作者）狂风骤雨般的打击之中。这就是所谓"后现代主义者"的故事了。

　　不过，现在我们要转向一个人们闻所未闻的心理学故事。就如我们前面所说的，这个故事不只来源于哲学，同样来源于科学。它们共同组成了一个非常特别的家庭。这个家庭充斥着谋杀、争斗、阴谋和背叛，剧情的狗血程度不亚于古希腊经典悲剧——这样说可一点也不过分。要是你能够回想起来的话，你应该会记得正是在我们现在所称的古希腊，在 2500 多年以前，（西方）人首次启动了哲学式的思考，而柏拉图使用哲学这一形式将这类活动系统化了。

如同我们稍早提到的，我们很难解释为什么西方式的抽象思考能力会出现在那个时空中。我们的目标只是标定它出现的时空。我们也很难确切地说它为什么以一种二元论、特殊性的形式在哲学中给理性穿上了外衣，还把其他可能的形式统统驱逐出了这个领域。不过，它确实就这样发生了。

我们已经很清楚地看到，现代科学在 350 多年前脱胎于哲学。倚靠着哲学的二元论立场，在特殊性的逻辑指导下，伴随着将其方法论外化为物质形式的技术发展（至少与其为友），科学试图观察/描述/控制这个世界。现代人（主要指科学家）聪明地征服了整个自然。20 世纪初，科学取得的令人瞠目结舌的成就引发了一场巨大的"家庭"危机：孩子辈的科学翅膀硬了，有力量挑战哲学数千年来在本体论和方法论领域的统治了。

从 20 世纪早期开始，哲学和科学这两位大神的争斗持续了数十年。传统的宗教将自己置于这些争战之上，安于作为现代世俗国家官方慰藉的现状；政治则立场一贯，随时服务于任何能给它带来利益的结合主义。作为防御，哲学试图借用科学之盾来让自己变得无懈可击。但没有想到的是，这反而暴露了它的众多弱点。这些弱点源于它的先天不足。科学虽然也有这种先天不足，但被自身那些巨大的实践成就掩盖了，并且继续在取得一个接一个的伟大成就。20 世纪三四十年代，科学更是因为原子能的发现和使用达到了实践理论神化般的高度。

科学最终会将哲学赶下宝座，哲学日渐降尊，在学术生活中慢慢退出中心区域，只留下代表它曾备受尊崇的纪念碑。它也可能被看成笑话，不过即便如此，在我们高度实用主义和商品化的文化中，这个笑话多少还值点钱。理查德·罗蒂（Richard Rorty）这位顶着光环出现的美国当代哲学的代言人和超级明星认为，美国实用主义这样的哲学派别关于思想的看法简直跟美国大众那种"金钱就是一切"的态度一样粗俗（他可没说一样"诚实"）。在《实用主义的后果》（*Consequences of Pragmatism*，1982）一书中，罗蒂回顾了从詹姆斯到奎因的实用主义传统，发现他们一直在寻求用价值术语来定义"真理"这样的哲学概念。罗蒂更进一步，用一种完全与真理问题无关而只与金钱有关的、讲求实惠的虚无主义代替了这些哲学概念。在他看来，分析哲学"现在只有形式上和社会学上的实用性"（Rorty，1982，p. 127）。你能一眼就分辨出哲学家，但靠的既不是一个学科领域，也不是态度，而是看他是不是有最大的希望，是不是"安迪·沃霍尔（Andy Warhol）所说的每个人都可以成为超级明星，虽然最多只有 15 分钟"（Rorty，1982，p. 216）式的天才（哲学家是"一群天才联合起来的精英组织，而不是由问题和已有之物堆积起来的清单。可以这样说：它可不是学术的财务审查官"，Rorty，1982，pp. 219-220）。他打着哲学的倾慕者的旗号呼吁消灭哲学，以专家的倾慕者之名消灭了专家——只是在其可兑现的价值保持不变的情况下。哲学呢？它转而变成了"我们哲学教授所做的那些事儿"（Rorty，1982，p. 320）。看样子，美国实用主义和哲学之间很难有皆大欢喜的结局了。

少年得志的科学变得很时髦：数以亿计的人在世界博览会上围观科学展览。他们最早是在电影上看到这被浪漫化的科学的，从 20 世纪 50 年代开始，则可以坐在家里通过电视来观看它了。在流行文化中，科学家常作为可以改变命运的英雄或邪恶的天才、行动者出现。与此相对应的是，哲学家变成了无足轻重甚至有点可怜巴巴的空想家。

如今，当科学碾压哲学，并继续享有巨大声望和无限权力的时候，心理学这个行至暮年的哲学与取得了让人眼花缭乱的成就的科学生出的孩子将要掌管世界，尽管它也继承了哲学致命的弱点。趁着哲学和科学争战正酣，心理学悄悄地走上了历史舞台。争战双方显然都没有意识到这样一个无足轻重的角色居然已经在舞台上亮相了。它们可从来没有把这么个小角色放在眼里——这种小角色怎么可能成为让它们胆寒的对手呢？这种想法未免太过好笑。

心理学虽然拥有天赋超常并且特别有创造性的父母，但它本身并不特别。在它身上，你找不到任何哲学和科学在其巅峰时期所展现的光辉、完整以及对人的关怀。这不是说因为心理学没有什么谈得上伟大的东西，而是它太过平庸、细琐。借用哲学的表达方式，我们可以说心理学最适合这个只玩以小博大的实用主义游戏的世界。这个世界曾在过去的 2500 多年里一直将理性作为思想的主流形式，不过现在理性自身已走上了末路。既不是令人生畏的智识，也不是律法带来的过重的负担，更不是猖獗的机会主义者（我们会在后文中看到一个清晰显示机会主义者与现代国家之间关系的例子），而是科学样貌的心理学，

2 经验之颂：现代哲学、心理学与逻辑学 | 073

这个由社会共同建造(商品化)的神话在 20 世纪后半叶统治了整个世界。如果说理性曾在过去的两千多年里一直是思想的形式，而自 18 世纪启蒙运动以来是科学理性成了思想的形式，那么近 50 年来，则是心理学化的理性统治了世界。不过，心理学并没有生产出有价值的东西。正如我们将要证明的那样，它没有解决任何人类的问题。这与科学可不一样。

心理学对世界的统治主要倚仗在科学的外衣下对特殊性的个性逻辑的破坏。心理学将这一从哲学和科学继承而来的逻辑偷换成一种个体的非科学，卖给了出价最高的竞标者。放眼世界，尚未被同一性及其他产自特殊性的逻辑/神话产品成功市场化的东西已所剩无几。

接下来就让我们看看，究竟是什么样的交易让心理学成了全世界迄今为止受众最广的神话。

注释

1. 参见马克思《关于费尔巴哈的提纲》。他在Ⅲ中说："环境的改变和人的活动的一致，只能被看作并合理地理解为**革命的实践**。"(Marx, 1973，p.121)亦可参见该论文的Ⅰ，Ⅴ和Ⅵ部分。

2. 为了用逻辑的术语定义数学，从而(有意无意地)将逻辑数学化，这一做法很难说是正确的(这其实是个循环)。实际上，这是现代数学化了的科学(以及现代科学化或元数学化，也就是将与自身根基有关的东西数学化)采取的典型手段。就像近年来费马建立在所谓"证据理论"(数学的一个较新的基础分支)基础上的那些工作，它们通过支持(实际上是使其成为可能)对费马及其他未解之惑的证明来扩展数学证据的概念。这种创造概念和技术工具的技术满足了现代数学化/技术化的科学对特有工具的需要。进一步来看，数学的现代化会带来这样一个结果：数学将逻辑（数学化的逻辑）包含在内，使其成为自身的分支。

3. 其中很多观点出自对"维特根斯坦式的革命"的简短描述。它第一次在美国大学系统中出现，是在本书作者之一纽曼的《一生的演出》（*Performance of a Lifetime*，1996）中。

第二部分

心理学的那些人们未曾听闻的故事：状态与心灵

很多聪明资深的心理学家——尤其是临床医生或心理治疗师——喜欢在闲暇时拿诊断开玩笑。他们可不只是在鸡尾酒会和家庭聚会上这样做，有时甚至在专业谈话中拿《精神疾病诊断与统计手册》开涮。《精神疾病诊断与统计手册》差不多有 900 页，包含了几百个精神障碍的大类及亚类，是临床心理学、精神病学和精神病社会工作的圣经。下面这些它所描述的综合征就很有笑点：

性欲亢进……一种性幻想的缺乏以及对性活动的渴望。（302.71，p. 496）

解离性障碍（非特定型）……第 6 号。甘塞尔综合征：与解离性失忆或解离性漫游无关，对问题做出近似正确的回答（比如"2＋2＝5"）。（300.15，p. 491）

书写障碍……个体在完成纸笔测验时有困难，表现为句子的语法或标点有错误，不会组织分段，出现多种拼写错误以及书写极难看。（315.2，pp. 51-52）

笑完后，他们可能会可悲地发现自己同样荒唐，因为这些东西是执业的必要之恶。由于并非对《精神疾病诊断与统计手册》确信不疑，有些心理工作者会做一些补充解释（这种解释有时有点自以为是）；有些人或者照此做出结论，但这个结论对他们处理个案只有一丁点作用，有时甚至一点用都没有。不过，所有人都清楚，如果不根据《精神疾病诊断与统计手册》得出诊断结论，他们很快就会失去工作。为了得到保险公司或政府为个案支付的费用，他们必须这样做。道理很简单：没有诊断就没有酬劳。此外，正如格根（Gergen，1994）和其他学者曾指出的，求助者自己也想知道"到底是哪里出了问题"。他们常常要求得到一个诊断结论。当然，据心理学工作者说，他们会避开那些荒谬的条目，双手奉上"理性的"、看上去颇为正常的结论，如重度抑郁症（major depressive disorder）：

> 如果重度抑郁伴有躁狂、混合或伴有轻度躁狂发作，诊断应改为躁郁症（bipolar disorder）。但是，如果躁狂或轻度躁狂症状发作是抑郁症治疗、使用其他医疗方法、药物治疗及有害物质中毒等的直接后果，重度抑郁的诊断就是合适的，同时需要增加药物诱发型情绪障碍的诊断，并注明伴有躁狂特征（或混合特征）。（DSM-IV，p. 339）

在我们看来，普通人即使是在还没睡醒，头脑不那么清楚的状态下看《精神疾病诊断与统计手册》，也会觉得它实在是对科学的羞辱（只用举出一个例子：它的数学化程度非常不充分，根本不足以被称为科学）。《精神疾病诊断与统计手册》充满了前后不一、相互矛盾和任意为之。虽然它宣称自己既精确又客观，但根本是名不副实又主观，怎么就成了临床心理工作、精神病学和社会工作的官方语言？这种在很多方面显然都不科学的东西，怎么就成了美国精神卫生实践科学化的金科玉律？

我们不是要针对从业者那些呆板、故意忽视或有问题的伦理原则提出批评，在这里，我们要讲的是一个大部分人都不曾听闻的故事。这个故事讲的是心理学如何建立了它的学科体系，如何成功地将这些学科体系中的专业知识贩卖给了政府、教育机构、社会服务机构、军队以及公众，如何成了人文社科领域科学化的典范。

我们相信，这段历史对于当下正在进行的、建立一种后现代的非科学的心理学的努力至关重要。各种后现代论述对心理学的分析和批判都把火力集中在心理学是不是真科学这一根本问题上，更有后现代主义者指出，心理学是在一种完全实用的基础上，由整个社会共同建构起来的学科——这个事实对心理学学科及其学科制度的存立有重要的意义。

不过，问题的关键不在于心理学不是一种社会建构，而在于它是一个秉承实用主义的原则，通过社会建构起来的神话。这个神话成功地伪装了自己，变成了被大众广泛接受的科学化的社会科学。这引人注目的改变（"心理"变成"心理学"）仅花了一个世纪的时间就完成了。其间，心理学打破了传统的本体论，利用特殊性的逻辑神化了自身存在，并创造了全新的探究实践，虽然这种实践在资深科学家看来只有通过偷梁换柱才会被承认。心理学取得和继续获得知识的方式并非在科学的框架内，而更像是自我实现的预言。最重要的是，它通过联邦、州和地方立法机关与我们整个国家牢牢绑在了一起。这种共生关系令包括医疗和教育在内的社会机构或公共服务部门望尘莫及。在接下来的四章中，我们会追踪它的发展轨迹，逐一检视心理学已取得的上述各项成就——它看上去更像是赚钱的把戏，而不仅仅是故事或绿色无公害的神话。

/ 3 新的本体论与心理学的神话/

我们身在何处?

第 103 届美国心理学会全国年度学术会议的官方日程(足有 500 多页,涵盖 5 天的学术报告)显示出这个会议近几年来并没有什么变化。天气又闷又热(常在 8 月中旬举办,1995 年会议的举办地点是纽约),与会者人数非常多(8 千多名学者要向 1.5 万至 2 万名与会者做报告)。由美国心理学会的不同分会组织的专题报告、特邀报告、工作坊和口头报告被罗列在不同的主题索引下。这些主题索引被放在将心理学研究和实践划分成可识别之物的各种标题下(如社区—农村/城市;发展—阶段/婴儿;残障—康复;教育—学习;人种研究—跨文化;工业/组织化—人员;动机;神经心理学;社会—归因;社会—团体进程;性行为/功能;心理学教学)。

在这闷热潮湿的 5 天里,并不是所有的事情都一如既往,没有变化,因为后现代主义者已经"渗透"进了美国心理学会。在心理学家所做的报告中，直接挑战"心理学是不是一门科学"这个问题的报告数量空前增多。这些报告直面心理学长达一个世纪之久的学科危机，对心理学存在的必要性有所怀疑。

在以往美国心理学会的学术会议上，也有过一些像这样语不惊人誓不休的报告，并获得了一些虽然小却颇有意思的分会(理论与哲学心理学分会、人文主义心理学分会、心理学与艺术分会等)的支持，但参与者寥寥。今年的年会显然不同于以往，因为包括普通心理学、实验心理学、人格和社会心理学、咨询心理学、心理治疗、独立实践的心理学工作者、女性心理学等在内的主流分会都举办了一些小型研讨会，讨论了"精神卫生专业知识：我们要继续做的这些东西科学吗？""心理学是否存在危机？""临床评估中的科学假象——诊断与《精神疾病诊断与统计手册》""范式的转换——对医学模式的过度依赖""与相对主义和政治的鏖战——建构主义者、诠释学和女性主义的路径""心理学的语言——设定本体论和认识论的边界"等论题。有意思的是，这些研讨会并没有被列在批判心理学、心理学的危机或后现代主义这类主题下，也没有被列在社会建构主义、解构主义、女性主义心理学、诠释学、话语分析以及叙事治疗这些心理学传统批判路径的主题下，这也使那些想参与后现代主义者研讨会的人找不到自己想参加的研讨会……好在最后仍有几百人克服了这个困难，顺利参会。

人们对这些报告的反应真是五花八门。有些与会者虽同意对心理学的诸多批评意见，但却站在实用主义立场上指出：要是没有科学的保驾护航，心理学工作者就不再是专家了，也就不可能再得到什么报酬。想要维持现状的人(现代主义者是中坚力量)大多采取了防御姿态。他们提出各种各样的意见，比如重返实证主义、仿效牛顿式的物理学，或者拼命否认科学是社会的建构(这类结论倒是与人们在布鲁克林、曼谷和孟加拉国等地得出的结论别无二致)。大部分与会者还是热情地支持了这类讨论，同样热情地支持了这类讨论所持的批判立场。

心理学真的是摊上了大麻烦。不过，直到 1995 年，美国心理学会才不再假装看不到这一事实——可从年会上后现代主义者的渗入看上去不像是无意为之中略见一二。此外，在公开出版物中，美国心理学会也承认心理学面临一些问题(尤其是临床心理学)，并宣布要采取一些解决措施。

最近一期(1995 年 7 月)《美国心理学会通讯》(*APA Monitor*)上有三篇文章皆指向心理学当前面临的危机，分别是《APA 发起强调心理学价值的运动》("APA Campaign Stresses the Value of Psychology")、《APA 通过媒体宣传心理科学的严谨性》("APA Initiative Will Expose Media to the Rigors of Psychological Science")以及《APA 拟加强广播中的科学内容促进科学发展》("APA Grant to Promote Science on the Radio")。它们清楚地表明，美国心理学会投入了将近 200 万美元来打造心理学的形象。其中，150 万美元用于公众教育，旨在"提升公众对心理学的价值和科学基础的认识"(p. 14)；17 万美元用于专项科学行动，目标是"提高新闻从业人员对科学心理学的认识水平，使他们进一步了解本领域的前景"(p. 33)；10 万美元用于公众广播节目，促使其"在节目中纳入更多的科学心理学的内容"(p. 33)。这三篇文章与《美国心理学会通讯》同年发表的其他文章一样，都揭示了心理学的危机，也揭橥出心理学会不能(或不愿)理解心理学的本质这一事实。

以上这些想要塑造心理学良好公关形象的政策显然受到了这门学科的光环正在褪色的刺激，因为联邦、州政府、各种合作组织、媒体以及公众似乎突然对心理学带来的经济效益失去了信心。首先是全国精神卫生健康保险支付系统由私人执业者转移到了医疗管理公司；其次是有法案建议取消联邦基金对行为科学研究的支持，并且合并教育部和劳动部(这会直接终止教育心理学的研究)。

随着管理式健康保险制度的出现，联邦政府、保险公司和健康保险组织(HMOs)都不再将精神卫生服务的费用直接支付给心理学家、心理治疗师、精神病医生和社会工作者了。健康保险公司不仅负责把费用给付到精神卫生服务的从业者，还能决定该治疗需要花费多少时间。举例来说，若银行高管布朗太太最近正寻求心理帮助，她可以与朋友推荐的专业人员联系，在电话黄页上寻找专业人员，或者请她的医生转介。一旦有执照、在法律上得到认证的专业人员开始对她进行治疗，治疗费用(至少有一部分)就会由布朗太太所在的公司支付。但是，在新的模式下，她的公司会与一个或多个健康保险公司联系，这样布朗太太就得在这些公司提供的名单上选择一位专业人员，而所选择的专业人员得到的报酬取决于健康保险公司对有效治疗时间的评估。

对临床工作者来说，健康保险系统的变化使他们不得不面对专业自主性的受损以及服务质量的下降。他们似乎对美国健康保险系统的这些变化始料未及，来不及做出恰当反应，又或许只是将希望寄托在了公众的强烈抗议上。不过，这种将服务转向健康保险公司的做法，确实显现出人们对大众精神卫生服务和特殊心理服务有效性的信任日益下降。在美国，针对酒精、药物成瘾和其他"强迫性行为"问题增长速度最快的治疗方式主要是通过非专业(但是得到了心理卫生职业的合法化认可)的匿名戒酒互助会以及类似机构(匿名戒毒会、匿名节食会等)进行患者自助。当人们寻求专业治疗时，往往选择的是药物治疗而不是心理治疗。对于这个事实，美国心理学会实在是黔驴技穷。1995年6月的《美国心理学会通讯》上就有文章指出，公众对于"快速治愈"的渴望是临床心理学家和其他从业者目前需要面对的问题。

心理学会对于上述困境的官方立场是认为心理学自身没有问题，问题出在心理学的公关形象上。他们认为公众对心理学有误解，认识"相当有限"，所以要教育公众了解"心理学家独有的训练和技能，实践的科学基础，心理学评测、介入和服务的价值"(《美国心理学会通讯》，1995年7月)。这一观点得到了心理学家的支持：在参加由美国心理学会举办的会议的心理学家中，49%的与会者认为公众对心理学的认识"稀里糊涂"(《美国心理学会通讯》，1995年11月)。

美国心理学会在急急忙忙跳出来维护心理学的科学性时，并没有注意到有些失败是埋在心理学的根子里的。心理学家和精神科医生吵来吵去，争论谈话治疗和精神类药物哪个最有效，却从来没有看到在治疗情感伤痛上它们全都无能为力这一可悲的事实。它们甚至没对精神病理学做过什么有实效的贡献。我们并没有因为在人数越来越多、

队伍越来越庞大的心理学家和其他精神卫生工作者所做的研究和实践
中投入大量经费和时间，就在诸如如何减少个体或群体的暴力行为、
学业失败或所有情感痛苦的程度和数量等问题上得到更清晰的思路或
找到更有效的做法。包括批判理论者、女性主义者、新马克思主义者、
社会文化学派、行动理论者、社会建构主义者以及其他身处或接近后
现代主义阵营的上千位心理学家(不出意外，他们大部分都是美国心理
学会会员)都没有注意到的事实是，问题不在于心理学哪些地方不科
学，而在于心理学**就是**(非)科学。在后现代主义者看来，心理学的失
败(以及社会对它的反应)源于它穷尽心力想要照着自然科学的样子依
葫芦画瓢，这正是导致它完全与现实脱钩，禁不起时间考验的根本
原因。

新的本体论

与 20 世纪早期的人们不同，我们生活在一个充斥着各种精神客
体—心理客体的世界中。除了甘塞尔综合征，还有一大堆人们司空见
惯的心理学名词，如人格、神经症、抑郁症、恐慌症、智商、疗效、
量表、测量分数、自我、本我、发展阶段、学习障碍、中年危机，当
然，还有成瘾行为等。这些词语在平常百姓的茶余饭后流转，伴随着
人们的日常生活。在大众的语言和文化中扎根后，这些由实验室和诊
所发明的东西摇身一变，变成了跟树木和星辰一样似乎真实存在于这
个世界的东西。这一伟大的"创造"实在令人惊叹。那么，这一转变是

如何被完成的呢？

　　在这个问题上，树木和星辰倒是可以给我们一些启发。正如某位人文科学方法论学者所说："关于人类和社会现象的科学研究是在对自然世界的科学研究已经取得成功之后才开始的。"（Polkinghorne，1983，pp. ix-x）现代科学技术在商业和工业资本主义兴起过程中取得了惊人成就，这也许是人们将自然科学模式应用于人类行为研究的最重要的原因。尽管从 18 世纪开始到 20 世纪，人们曾反对将科学范式作为二手工具，并试图寻找一条人文现象研究的独有路径，但是始终未能阻止所谓"科学模式"的脚步[1]，自然科学的范式被全面输入关于人的研究中。在我们看来，这种输入对人类来说无疑是悲剧。我们眼睁睁地看着它在 20 世纪的最后几年，把人类带进了死胡同。无独有偶，眼下这股以科学为批判对象的后现代思潮跟我们看法一致，认为这一错误实在十分可怕。

　　20 世纪 20 年代至 30 年代，维果茨基试图创造一门更具人本精神的心理科学，想要"发现科学是如何被建造起来的"（Vygotsky，1978，p. 8）。他纠结于两种智识传统：一种是以自身方式快速填充和定义心理学的自然科学模式，另一种是年轻些的革命性科学马克思主义。后者公开抵制科学，视其为布尔乔亚阶层的奴仆。尽管维果茨基最后也没能彻底脱离以上两种智识传统，但已离道不远。在第九章中，我们将集中表述维果茨基（以及维特根斯坦）如何在后现代发挥重要影响，开拓出通往非科学心理学的路。在此，我们想先引用一个维果茨基的惊人洞见——与本章的主旨密切相关。

这个观察出现在有关科学及其与革命和历史关系的讨论中。"科学与革命和历史的关系"这样的主题也许会被 20 世纪 90 年代的心理学家斥为荒诞不经，似乎与心理学扯不上什么关系，但是，它的的确确是维果茨基在方法论上与自然科学分道扬镳的关键。维果茨基指出："革命，无论是一般意义上的政治革命，还是社会文化生活的革命，皆是要解决历史提出的问题，完成历史交代的任务。"(Levitan，1982)

这种从社会和文化的视角看待革命的观点更接近后现代主义，而非现代主义。维果茨基认为，革命——无论是政治革命、文化革命还是科学革命——既非难以把握，也没有道德意义，不会必然开好花结好果，制造出更好的系统。革命是人们在一定社会和文化体系无法成功处理那些必须被处理的社会历史问题时，为了继续前行而主动发起的行动。

历史常常会向人们抛出(新)问题，这些问题与人类自身的存在有关，至少是特定社会或文化中颇有影响力的、人们不得不面对的问题，涵盖经济、科学、哲学和文化等各个领域。举例来说，这些问题有："这个世界如何开始的？""我们如何去往净土？""什么是疾病？""我们如何治愈疾病？""我们如何解梦？""我们怎样才能挣更多的钱？""谁能把过程描述出来？""要是我们生活在月亮上，那会是什么样？""人们为什么要聊天？""孩子们知道些什么？""我们如何教会孩子阅读？"如果现有社会体系(回答问题的机制)不能提供像样的答案，停滞或退化就会发生并持续较长时间，因为人们会坚持用旧方式在老地方寻找答案。

一旦人们认识到旧的社会体系不再能产生新的突破了，革命就有可能发生。这几乎无法避免。不过，现有的问题解决机制不能有效解决历史提出的新问题，这只是革命的必要条件，并不是充分条件。我们还需要一些关于有效的可选方案的线索，如新的范式、路径或观察方式，我们需要充足的理由将它们视为可能的答案。

托马斯·库恩(Thomas Kuhn)的经典著作《科学革命的结构》(*The Structure of Scientific Revolutions*，1962)阐述了科学发展的历史是如何通过一系列范式变革发生的。这些范式变革对 17 世纪至 20 世纪的现代科学的诸多创造有着不可估量的价值。当时的哲学和科学体系无法回答历史提出的一些重要问题。不过，在此期间，科学革命的进程也伴随着一种世界观被另一种世界观取而代之的过程。除了库恩的这部经典著作外，其他一些关于科学史和科学哲学的著作对我们理解这个过程也有参考价值(Butterfield，1962；Feyerabend，1978；Lovejoy，1960)，还有一些学者对医学、艺术、文学等其他领域的范式变革进行了广泛探讨。[2]

对心理学的后现代批判预示着革命性变革的必要条件已经成熟。技术上日益成熟的医学模式开始对我们所熟知的临床心理学构成威胁，变态心理学也开始从社会性范式后退(Prilleltensky，1994)；现代主义者先天—后天的两分法取得了压倒性的胜利(通过认知科学和基因生物学将行为主义的余党一扫而光)；批判心理学运动也获得了快速发展(从书店设置专区摆放批判心理学的书籍就可以知道，批判心理学正在变成一个学术领域)。很多理论家和实践者都不再简单迷信心理学或者它的基本概念和方法了(如发展、个体、自我、自变量和因变量、理性、可预测性、客观性、证明、可计量性、普遍性、模式、经验证据等)。

人们曾对心理学寄予厚望,期望它能够解决历史提出的社会性、反社会性、情感伤痛、暴力、认同、学习和教育挫败、偏见和固执、性欲、创造性、抑郁、记忆(无论真假)等问题,但现在期待已经消失了。这种情况带来的直接后果就是现存范式的革新(以及对这些革新的认识)。这些革新的焦点正从之前的意识形态转向方法论。早在20世纪六七十年代,那些对心理学颇有价值的反思批判就毫不隐瞒它们在意识形态上的偏见(如欧洲中心主义、种族主义、性别主义、阶层主义和对同性恋的憎恶等),不过也已指出,现有的心理学对这个世界的绝大多数人来说不仅无益,反而有害。

时至今日,后现代解构主义揭露了心理学在方法论上的褊狭,认为它已不能满足时代需要。在后现代主义者看来,那种实证主义、经验主义和结构主义的方法从头到尾都充斥着假设。即便它曾经能够回答人们提出的问题,现在也不能了,因为人类的行为和活动对于心理学这种彻头彻尾的现代主义伪范式来说已经变得太过复杂。若相信人类是创造了这个世界(包括我们和科学在内)的社会—文化—历史存在,那么很显然,我们就不能使用将人和社会排除在外的自然科学的手段对人进行研究。

心理学革命的充分条件已经具备了吗?必要的改变正在发生。后现代主义做得最好的事情就是批判自然科学错误地使用它们的学科范式来解释所有现象。对于自然科学的信奉者来说这是理所当然的,因为在他们看来，现象具有可被归类的普遍性。但是，现象的特殊性无疑被忽略了。后现代主义的着力点与之前范式交替的科学(智识)革命不同，其最具挑衅性的言论并非指出现代主义范式不适用、错误百出，而是将批判的矛头直指范式主义本身，认为"范式"不能胜任概念/方法论工具的角色，人们对它的使用根本就是误用。此外，后现代主义还挑战了心理学的哲学基础，掀开了它穿得颇久的科学外衣。[3]那么，就心理学而言，我们是否有可能发展出一种非范式的、积极的实践(批判取向的活动)作为推进科学革命的催化剂呢？

现代科学需要具备什么样的特征才能满足人文—社会现象研究所需要的生态性和历史性？科学这个孩子究竟从哲学母亲身上继承了什么，这些遗产又是如何被传给心理学的？人们在什么样的历史条件下会产生理解人文—社会现象，尤其是"心灵"现象的需要？心理学是如何将自然科学的模式纳入怀中，并将其扭曲变形到人们几乎认不出来的地步？在过度心理学化的文化中，心理学体系如何围绕着保全科学性这一目标战斗？这些都是我们试图采用社会—文化—历史的路径对心理学这一神话进行分析时提出的问题。

心理学那种虚幻的本质并非源于错误地应用了自然科学范式，而是源于将这一范式在人文社会领域中应用得太成功了。问题在于，这种范式被用错了地方，这样做在人文社会领域中行不通。很多证据都揭示出，现代心理学的实践并不符合现代科学需要直接因果论证的标准规范。纵观整个心理学史，我们可以看到，心理学家其实早已弃这种规范于不顾，只不过是在表面上继续使用科学的措辞。他们试图通过创造新的技术(就像物理学所做的),创造新的数据收集体系,以及产出关于人的知识主张等方式来解决这个矛盾,但却违背了以数学和实证为基础的科学的基本准则。

有意思的是,心理学与哲学的关系正是它与科学的关系的缩影。它虽抛弃了哲学的那套术语,却紧抱着哲学的非科学性不肯放手:它一边信誓旦旦地宣布自己是研究人类行为的科学(因此也是唯一的真理),正式切断了与哲学的联系;一边又信手采纳了哲学的形而上,系统地将身心二元论、系统性、证明、因果关系、首因和解释等沿用了好几个世纪的哲学概念与自身实践结合起来。

当然,心理学的这一系列操作将心理学工作者送上了专业和知识的神坛,成功地使政治、工业和社会政策的决策者,学术界与公众相信:"心理学好,美国便好。"与其他学科或专业的从业者不同,心理学工作者可是握有通过发展心理学提升大众幸福水平的"专业知识"的人(引自美国心理学会关于学会目的的官方声明)。总之,即使身处危机之中,即便它的失败越来越显而易见,伪装越来越多地被揭穿,整个心理学体系依旧是这个后工业化的世界里最强大的意识形态的生产者和传播者。

知识霸权

要理解当代欧美心理学的发展及对它的批判,我们必须围绕知识本身展开思考,理解知识是什么、我们如何获取知识以及知识为何如此重要。如前文所述，从古至今，在西方科学和哲学中，什么算得上知识的观念已发生了变化，与知识相关的理论系统也随之发生了变化。

在过去的 2500 多年里，知识在西方文化里的霸主地位几乎不可撼动。人们坚信知识是理解世界(也就是需要先把这个世界弄明白，之后才能知道应该怎样生活)的必需品。无论是通过唤起过去的经验，还是通过直接感知、解释、分类、诠释、描述等方法来获得知识，获得知识的过程都被认为包含了一种或多种心理活动。眼下最流行用认知来解释"理解"这一过程，并由此合理推论：个体所思所想以及由此生发出来的即人类的认识，或曰知识。就连那些认为认识随社会互动和关系而产生的人，也认为人类的大脑里有这种叫作知识/认识的东西。在我们看来，这种对认识的偏见被包裹进了现代主义最反发展性(反人类)的特质中。这种特质已经完全渗入了心理学。因此，对心理学的后现代批判中尤其具有挑战性和显著意义的是挑战理解的认知范式。

在《治疗作为社会建构》(*Therapy as Social Construction*，1993)一书的导言中，麦克纳米(McNamee)和格根讨论了现代心理学的认知偏见如何(过度)决定了治疗进程，(歪曲地)塑造了个案和科学家—治疗师之间的关系：

> 科学家的观察最严格、最系统，他们用最严谨理性的程序来评估和综合信息……也只有他们能客观地杜绝情绪、价值和不良动机影响观察过程，使结论不受影响。现今大部分治疗师都将自己认同为这种专家式的、独立不受影响的个体知识者形象。正是

这些细致观察、深入思考的治疗师对那些单独处在一定情境中的他人过得究竟好不好下了结论，而那些过得不太好的普通人必须把自己交托给专家知识以重新获得丰盛的人生。(pp. 1-2)

治疗师要戴上专家的面具，就必须拥有一些知识，专精于一些事。为了在科学和大众化的领域中大展宏图，心理学不得不创造出新的本体论；为了生产知识(这是获得尊敬和准入许可的必要条件)，它不得不创造出自己的学科体系，探索自己的实践方式。

丹齐格考察了 19 世纪至 20 世纪中叶的心理学研究(Danziger, 1994)。这一颇有价值的历史研究描述了心理学知识生产体系进化的关键细节和与之相伴的社会—文化—历史力量。他关注了一个在植物学和物理学中并没有那么尖锐，但在科学心理学中却必须被解决的矛盾(请注意数学化在学科合法化中扮演的角色)：

大众普遍相信，人只有依靠心理学的知识才能在这个世界上过活。但是，在为人处世的问题上，那些由专家提供的知识怎么能与人一生的经验相比呢？我们不能低估这个像背景噪声一样始终影响着心理学家的工作的事实……心理学的探究实践与生成心理学知识的世俗生活之间已相互隔绝。早在现代心理学未正式登上历史舞台之前，人们对实验室和数据的迷恋就驱使研究离开了生活场景，使实验室里的人为环境成了知识可靠性的保证，使各种数据成了那些琐碎知识的华丽外袍，让它们变得令人瞩目。这

使那些常民知识（lay knowledge）自然不可能再与之并论。（pp. 184-185）

为了研究而与生活拉开距离和人造环境绝不应该极端到使生产出的知识完全与世间生活毫无关系。这样的知识没有一点价值。丹齐格说："这一学科是否有能力对实验室外的人类做出可靠公正的预测，很大程度上取决于探究与实践之间的紧密程度。只有当它的实验是实验室之外的社会实践的延续时，心理学知识才会在技术上有些用处。"（p. 189）

这样一来，心理学的新本体论必须与探究实践的创新齐头并进，探究实践又得与现有的社会实践有联系。心理测量(心理学最有利可图的探究实践之一，也是众多心理学概念的依据)就是一个再清楚不过的例子。20 世纪早期，心理测量进化成一种知识生产工具。当时，它主要依靠的是两种已有的社会实践：一种是作为排序和选拔工具的学业考试，另一种是作为评估方式的医疗检查(Danziger，1994；Burman，1994；Morss，1990；Rose，1990)。

正如格根所说，现有的社会实践中那些七零八落的元素都被心理学接管了(Gergen，1994)。随着抑郁症这样的所谓"科学术语"的出现，"不爽"或"郁闷"等普通人常用的更生动活泼的语言变得没有价值了。

"认知"或"信息加工"之类的术语把"理性"这一概念从日常生活的脉络中生生地挤兑出来，将它强压进人造的"智力"术语中，再用各种设备来测量它，让它在实验面前低下头来。语言可以被技术化，也可以被专业化。"认知"或"信息加工"这样的语言已成了专业的资产，但眼下那些被专业通过声明占有的知识原本身处日常生活中。如此一来，专业成了理性与非理性、有智慧与无知、本质与非本质的仲裁者（p. 152）。

我们利用不同的文献追踪历史，想要了解心理学如何成了人文—社会领域专业知识的占有者和生产者。有三位学者对这项工作颇有助益：一位是丹齐格，他齐备地考察了科学心理学发展初期 50 年间的情况（Danziger，1994）；另一位是格根，他的社会建构主义分析标示出心理学范式是如何转变的（Gergen，1994）；再一位是伯曼，他对发展心理学的解构是一种意识形态批判，揭露出儿童发展和亲子教育中的文化和性别偏见（Burman，1994）。虽然这三位学者的研究角度不同，但每一位都强烈反对心理学声称自己是一门科学。

为方法疯狂

20 世纪前期，心理学在成为独立自发的探索领域的同时，也受到了从已有事物（尤其是哲学和生理学）中接续下来的科学和智性实践的现实约束。心理学打着自己的旗号深化了这些实践，生产出新的与它那古怪的定位相切合的实践。丹齐格指出，心理学并不是依靠细致理论的生产和传播来获得知识的合法化的，而是几乎完全依靠对其方法客观性的打造："心理学的主张大都依赖于方法论的理性优势，也就是依靠探究实践的逻辑—技术特点，如此才为心理学的科学性提供了一些有说服力的东西。"(Danziger，1994，p. 5)丹齐格将心理学的这种"方法至上"主义(methodolatry)与其他自然科学做了比较，发现两者的不同之处在于，相较于前者，后者的理论话语至少跟方法论话语一样充分和细致。

为了深入分析心理学对方法的执迷，揭示它如何将方法作为生产自身(包括它的科学性)的手段，丹齐格追踪了心理学实验室的历史和被称为"心理实验"的社会行为。最初的心理学实验是学者们将他们对不同实践问题的思考诉诸协同研究，并在实验中承担不同的任务(比如轮流担任我们今天所称的"被试"和"主试")。心理学实验很快就成了整个系统的一部分。不过，今天我们非常熟悉的心理学实验的那些东西，比如作为"数据来源"的毫不知情的被试、操纵实验条件的主试以及对二者角色和互动的严格限制等，在心理学于1879年刚诞生时，是不可能出现在威廉·冯特(Wilhelm Wundt)莱比锡的实验室里的(Danziger，1994)。

冯特这位"心理学之父"在自然科学范式于心理学中固化下来的过程中扮演了极重要的角色。但是，冯特的探究和他的方法没能成为心理学研究的主流。相反，正如丹齐格指出的："现代心理学中的一切实际上都或明或暗地否定了冯特。"(Danziger，1994，p. 34)在心理学刚起步时起到重要作用的探究工作很快转变成了另一种更像是人体工程学而不是科学探索的东西。

冯特的事业源自对研究和理解人类主观经验的渴望。他试图找到一种研究隐秘的个体意识的方法：通过创造一些条件，将内在感知转化为可以被科学观察的东西。冯特的兴趣在于实际的感知经验本身，而不是个体对感知经验的自我报告。因此，他创设了心理学实验，通过操纵内在感知条件，使其最大程度地接近外部感知，以此来建造心灵科学的宏伟大厦。

对人类某种主体性的智识兴趣是从哲学(这是冯特熟悉的)的发展中生长出来的。在两个世纪前，洛克已经区分了两种知识：感知(给予我们关于外部世界的知识)和反映(给予我们关于自身的思想如何运作的知识)。心灵哲学建立在反映的证据之上，被认为与以感知为基础的自然哲学一致。在康德以前，感知与反映之间并不存在巨大的区分。

康德试图综合实证主义与理性主义，区分了哲学和心理学、心理学和(自然)科学(Danziger，1994)。在认识到存在一个个体经验的世界，存在一个经由它世界才会显现出来的"内在的感受"的基础上，康德想知道被内在感受表达的经验是否可以成为心灵科学的基础，正如外在感受成为物理科学的基础那样。康德的答案是不能，因为科学要求一切信息必须能够通过数学进行表达，这样信息才能具备系统化的秩序。这在心灵生活中是不可能的事。不过，虽然心灵生活的经验基础对于它的科学化来说可有可无，但对于解释经验发生的过程、源头或原因却是必不可少的。

冯特决意发现经验的心理决定因素。他按照物理科学的模式，想要通过现有的生物学实验技术揭示出被生理学、物理学和其他自然科学忽视的心理规律。冯特从来没有放弃过与哲学的联系，想要"通过新的方法让哲学探究重获青春"(Danziger，1994，p. 39)，而不是创造一个新的学科。虽然他的愿景是实验性的，但却未必是定量式的，他也从没想过完全排除主观经验中的社会和文化因素。

冯特最后并没有成功。他的这一伟大事业所需要的社会条件在当时的德国并不充分，大学的哲学系对心理学取向的学者的接纳只是昙花一现："德国的实验心理学发现，以往收留它的体制港湾现在却要把它拒于门外，这逼得它不得不另立门户。"（Danziger，1994，p. 40）

丹齐格认为，当时的社会—文化—知识环境，尤其是学术的结构和组织状态决定了心理学最终的方向。早期美国的心理学家几乎全都在莱比锡接受过冯特的训练，他们回国后对心理学系统的影响不只是他们从德国打包带回来的东西，还包括他们对这些东西的解释。

哲学在美国的大学中并没有打下如同在德国大学中那样牢固的根基。在美国，取代宗教信仰的并不是哲学上的探求，而是科学的赞歌，就像实用主义代替了桑塔亚那（Santayana）所说的美国的"斯文传统"（Santayana，1911）。[4]美国的大学还欠了商人和政治家一大笔人情债，他们或他们的代表决定着大学的各种任命、院系安排和研究计划。作为有能力生产出让"商业阶层"认为有价值的东西的新学科，心理学的市场化是必然会发生的事（Buss，1979；Danziger，1979，1994；Napoli，1981；Sarason，1981）。

显然，美国心理学家对于他们要实施的市场策略早已了然于心。19 世纪，自然科学取得的成就促成了"唯科学主义"（scientism），人们认为自然科学的方法是获取有用的和可靠的知识的唯一方法，随之而来的是哲学、历史、逻辑学和人类学这样的人文社会科学的价值被大大贬低了。换句话说，当时的社会条件要求心理学如果想继续存在下去，就必须(对那些有权力的人)有实际的用处，而要达到这一点，心理学必须科学化。那时，无论是在哲学还是在科学中，实用主义"有用即真理"的观念都已被普遍接受，心理学也受到这一观念深刻的影响。那些一心寻求自然科学的指引和带领的人，不仅包括一开始就关注心理学的实用性的心理学家，甚至包括单纯坚持知识探究观念的人。

心理学作为一门学科迅速地成长壮大起来。1882年，约翰·霍普斯金大学开设了美国首个心理学博士专业课程，并在1886年授予第一个心理学博士学位。此后在不到20年的时间内，100多人获得了心理学博士学位(在所有科学学科中，只有化学、动物学和物理学这三门学科授予的博士学位数超过这一数字)，47个全新的心理学实验室如雨后春笋般被建了起来(Napoli，1981，p.14)。1892年，美国心理学会成立。19世纪末，心理学家开始定期出版学术刊物。在这门新的学科获得学术认可的同时，也有不少不含学术兴趣的目光开始注意到它潜在的实用价值。

不知道是不是心理学家一直对他们身上的压力有所觉察的缘故，心理学的知识目标在很短的时间内就改变了。通过对个体经验的细致研究，通过运用团体测量的技术和总体资料，心理学家快速地推断出普遍适用的人格和特征。从将个体当作"经验的主体"(subjects of experience)到将个体当作"介入的对象"(objects of intervention)，按照丹齐格的说法，这一转换非常必要，因为心理学需要一种"让社会控制的黑手可以快速上手，使他们的工作更有效力、更具理性说服力的知识"。"那些能够对行为做出预测的知识虽然契合于这一目的，那些在参与者共同探索自身经验的结构中产生的知识则不行。"(Danziger, 1994, p. 66)

谁是"社会控制的黑手"？什么样的知识主张是这些人可以拿来为自己辩护的？对实验充满热情的心理学家建立起了什么样的数据收集机制来满足这些人的需要？要回答这些问题，我们就需要检视心理学被传播得最广泛、最具破坏性的传说是如何被建构起来的。这自然会让我们更加清楚地认识心理学的本质。正如我们将要揭示的，心理学的诸多神话传说和变成神话的心理学不是一回事，两者并不存在简单对应的关系。从对心理学的主要批判(强调神话是被生产出来的)、历史记录和分析(认为这一神话只能被理解为受实用主义驱动的把戏或闹剧)的交织中，我们得出了结论。在接下来的三章里，我们会依次探索心理学这一神话与它影响最大的三个虚构概念：个体、精神疾病以及发展之间的关系。

注释

1. 对将自然科学的范式应用于人文社会研究的质疑从现代科学获得霸权地位的那一天就开始了。18 世纪的学者维科(Vico)是早期反实用主义、反经验主义运动最出色的先行者。《新科学》(*The New Science*)一书写于 1725 年，维科在书中提供了一个历史—文化的视角，强调我们生产意义的能力应被放在首位。维科的观点在后现代主义者中很流行(Shotter, 1993a)。包括布伦塔诺(Brentano)、狄尔泰(Dilthey)在内的其他一些反实用主义者为 20 世纪哲学中反实用主义哲学的主要立场开辟了道路。

2. 我们推荐以下讨论现代主义范式转换的著作。医学方面：Brown, *Rockefeller Medicine Men*（1979）；Cassell, *The Nature of Suffering and the Goals of Medicine*（1994）；Foucault, *Madness and Civilization*（1965）；Foucault, *The Birth of the Clinic*（1975）。绘画方面：Berger, *The Success and Failure of Picasso*（1966）；Cooper, *The Cubist Epoch*（1970）；Golding, *Cubism: A History and an Analysis*（1968）；Schwartz, *The Cubist*（1971）。戏剧方面：Brecht, *Brecht on Theatre*（1994）；Suvin, "The Mirror and the Dynamo"（1972）。文学方面：Benjamin, *Illuminations*（1969）。

3. 库恩虽然不被视作后现代主义者，但他确实架起了哲学社群和科学社群之间的桥梁。他深受奎恩的影响，奎恩则受到了维也纳学派的影响（虽然很多时候是一种消极的影响）。库恩的经典作品最初发表在芝加哥大学的期刊《统一科学百科全书》（*Encyclopedia of Science*）上，这本期刊的编辑正是维也纳学派的主要成员。

4. "正像我之前说的，美国并不是头脑简单的年轻国家，它有着古老的精神。这个国家有两种精神：一种是来自祖辈的信仰和标准的遗存，另一种是来自年轻世代的直觉、实践和发现的表达。无论是在信仰还是在文字、道德情感中，在所有这些关于心灵的更高的事物中，我们都可以看到那些从祖辈而来的精神遗产依然占据着主要的位置，这就是为什么萧伯纳（George Bernard Shaw）说美国已落后于时代整整一个世纪之久。有一半的美国人，他们并不热心于世上这些实际的事情，他们的心依然保持着纹丝不动的平静——我不想说了然于世。在发明、工业和社会组织等问题上，一半美国人在死水一潭中停滞不前，另一半美国人却一头扎进了尼亚加拉大瀑布的急流之中。这种分裂在美国能够找到象征符号：整洁的旧式豪宅——它们偷偷地加入了一些现代化的舒适设施——紧挨着摩天大厦。美国人的意志居住在摩天大厦里，美国人的智慧却住在旧式豪宅里。一边是美国男人，另一边至少大部分是美国女人；一边是积极进取、雄心勃勃的各类事业，另一边是斯文传统。"(Santyana，1911，pp. 39-40)

/4 心理学与个体/

　　心理学以个体为研究对象，在此基础上确立了本学科的合法性，但与此同时，这也成了批判它的人手中的把柄。心理学一般(比如在介绍性的文字、字典或百科全书里)被描述为一门关注个体或由个体组成的群体的学科，关注人们如何行为、发展，尤其是如何相互区别。很多后现代主义者难以理解心理学对去历史化、去社会性的孤零零的个体的一片痴心，不禁质问道，到底存不存在心理学认为的这种特殊性/事物？

　　心理学让个体知识者的假设渗透到了自身每一个领域的理论和实践中，这早已是众矢之的。社会建构主义者对心理治疗、临床心理学和变态心理学展开了批判(Gergen, 1994; MaNamee and Gergen, 1993)，家庭和系统治疗(Poster, 1978)、批判心理学和精神病学(Ingleby, 1980a; Parker, 1989; Parker and Shotter, 1990)，以及预防与社区心理学(Albee, 1981; Sarason, 1981)领域的一些论著不仅批判了心理学个体治疗实践的传统，还指出了家庭或社区这样不同形态的社会组织也应是研究和治疗的单位。在发展和教育心理学中，有一些研究将发展和学习视为社会性的创造活动或过程。维果茨基和其他一些持社会—历史立场的心理学家对此十分坚持（Lave and Wenger, 1991；Moll, 1990；D. Newman, Griffin and Cole, 1989；Newman and Holzman, 1993；Rogoff, 1990；Tharp and Gallimore, 1988；Wertsch, 1991）。女性主义者、新马克思主义心理学家（Burman, 1990, 1994；M. Gergen, 1988, 1995；Ussher and Nicholson, 1992；Venn, 1984；Walkerdine, 1984）以及女性主义知识学家（Harding, 1986, 1987；Harding and Hintikka, 1983；Keller, 1985）都直截了当地批判了心理学的个体理解者/学习者的概念，更是经常对心理学的知识社会学研究进行类似的批判（Buss, 1979；Gergen, 1982）。

我们也曾对心理学痴迷于个体的这种情况提出了很多直言不讳的批评（Holzman and Newman, 1979；Newman, 1991a；Newman and Holzman, 1993）。心理学一路行来，在随着美国和世界资本主义的扩张而来的"粗暴的个人主义"的意识形态发展中扮演了核心角色。不过，不能将问题完全归咎于心理学研究对象的个体化。倘若如此，我们不仅会忽略心理学被扭曲的程度，也会低估它对文化造成的破坏。

心理学对个体的大唱颂歌直接承继于特殊性逻辑，不过，这实在是一个彻头彻尾的谎言。矛盾就在于：在成功地运用"自我认同"的概念以及我们作为个体与"他者"区分开来的经验给我们洗脑时，心理学从未真正将"个体"放在心上，而是属意于方法论。它无非是知道了，在创造关于群体的知识或发现某些行为的普遍规律时，"个体"是一个挺有用的概念。那些对个体充满热情、无所不包的心理学研究无论从

名义上还是实质上，都不是在承认人类多种多样和各不相同的前提下
完成的。说白了，心理学研究的对象并不是什么个体，它也没有真正
地发现那些使人们彼此不同的或显或隐的东西。我们可以看到，心理
学不但没有建构起支持个体差异和鼓励个体表达的文化，反而成为建
构一种从众文化的有力推手。

孤岛上的个体

为了证明以上所言非虚，接下来，我们要仔细审视心理学对"主
体"这一概念的认识。本书第四章提到，丹齐格指出了一个事实，即早
期心理学曾将研究的兴趣从个体作为经验主体转移到了个体作为可介
入干预的研究对象上。"社会控制的黑手"(主要是在工业、军事和教育
领域中)想要得到的并不是某个个体的信息，而是关于某一类人的知
识，而且这些知识只关乎他们的**特征**，而非他们的**经验**。谁是最好的
军官？最好的保险销售员有什么样的特点？能用什么方法在义务教育
中将学生区分出来，使他们适应不同的教学目标？虽然有过小小的内
心挣扎，但心理学最终还是接受了向"黑手"交货的挑战。这样做的结
果是：心理学与个体之间的关系发生了显著变化。

丹齐格认为，已有的量化的社会研究和问卷调查这两种实践为心
理学的这一努力提供了资源(Danziger，1994)。早在 19 世纪中叶，在
美国和欧洲国家，一些关心社会的学者已经开始收集关于犯罪、自杀
和贫困等公共卫生和社会问题的统计数据。在这个过程中，因为不想

完全依靠官方的数据，他们使用了问卷调查的方法。

数据表格的魅力在于可以使人们从大量个体行为累积起来的信息中看到有规律的数字。它们被解释为反映了潜藏在人类行为中的各种规律。接着，很快就有人宣称，若想一一揭示人类行为中隐藏的科学规律，我们必须累积大量的数据。

在丹齐格看来，从社会经验到心理学统计的转变可不是想做就能马上做到的，它还要求新的概念。虽然统计数据（比如关于犯罪的数据）被收集起来了，但如何解释这些虽有变异却有稳定比例的数据着实是个问题。社会科学统计量化的先行者凯特尔（Quetelet）提出的新概念"倾向性"至少能够部分解决这个问题。这个新概念是从"平均人"发展而来的。举个例子，人们认为犯罪率的高低取决于平均"犯罪倾向"变量，这些变量可能受到年龄或性别等因素的影响。这对心理学的方法论影响非常大。丹齐格写道："凯特尔为区分不同个体的行为提供了连续的量度标准。自杀、犯罪以及其他一些社会行为不是在个体所处的环境中被理解的，而是在统计学的量度中被理解的。这个量度是用靠数人头得来的数字和代表一定人群中相关行为数量的数字相除得到的。"(Danziger, 1994, p. 76)

如果想从群体推及个体，我们需要一个前提，即总体（集合）和个体（集合的成员）如何相互关联。在这个问题上，心理学抱紧了一个观点，就是个体组成总体，总体的特征是个体特征的总和。在此基础上，心理学发展出一种"科学"方法，但这种方法并不具有冯特认为的那种实验性。

评价心理学知识合理性的新方法变得可行了。即使不对主体进行细致贴身的实验和临床研究，研究者也可以得到关于个体的有趣且有用的描述。他们只需要比较主体与其他人的表现，给主体在人群中找到一个合适的位置。就这样，依据偏离统计标准的程度，个体被贴上不同的标签。然而，人们建立这个标准的初衷难道正是把人分类聚合起来吗？(Danziger，1994，p. 77)

丹齐格指出，这种贴标签的方法过于简单粗暴，实在不符合自然科学的标准。不过很清楚的是，这种方法很有社会意义和实用性。**实验性团体**的发明虽然在某种程度上解决了这些矛盾，但只能是治标不治本。实验、统计这两种相互竞争的研究方式的出现，与来自专家的科学社群和大众施加于心理学之上的压力牵扯在了一起，加剧了心理学原本就有的矛盾(科学心理学历史性的纠结源于它选择了模仿自然科学的道路)。

要研究那些自然(其实是社会)"产生"的团体(比如不同年龄的孩子或者男性和女性)，我们只需要做一件事，就是把他们从一大堆杂七杂八的数据中标识出来。这些群体虽然进入了心理学研究，但他们作为已有的社会分类，在一定的文化里有确定的用途和意义。倘若为了心理学的研究**生造**出新的分类标准，**发明**出在原有文化中既不存在又没有既定意义的新群体，显然是另外一回事。新造的群体只因心理学家赋予的特质而存在，是他们独有的文化产品。这里潜藏着的是集合论的预设。不妨举个例子：

　　我们知道，一个组的平均水平并不是每个成员的个体特质，而是整个组的特质。这个组又是什么样的团体呢？它是心理学研究的特定数据来源，由参与研究的个体组成。这些个体在实验情境中的活动将他们定义为一个团体……这种从一个组的平均水平得到的团体特质是被实验室定义的，而不是被实验室之外的社会实践定义的。（Danziger，1994，p. 85）

正如丹齐格所说：如此转换概念的操作实在是威力巨大，颠覆性地影响了心理学的前进方向。

　　它为心理学指出了一条朝向科学的道路：依据自己的标准把人分类，而不是依据日常生活中那些未经思考的标准分类。心理学建构的团体类别完全有可能取代社会团体的传统类别。例如，给孩子分类或者按智商招人就是此类做法较早的版本。根据这一思路，通过研究而被创造出来的人为的团体特性为心理学提供了作为抽象科学的根基。这样的做法从来不需要将任何真实的个体或社会团体的脉络考虑在内。（Danziger，1994，p. 85）

　　近几十年间，心理学建立了上千个用来区分人的标签（《精神疾病诊断与统计手册》只收录了很少一部分）。这些标签已经替代了日常生活中的分类。这些人造（实验、治疗、控制、心理测量）分类将知识的更迭建立在心理学的创造和哲学抽象组成的沙土之上——这意味着心理学研究产出的知识完全由生产它们的那些实践决定。举例来说，在包含实验组和控制组的研究中，研究者根据自己为二者设定的差异来解释研究结果；使用心理测量进行分类(研究者根据实验对象心理测量中的表现来选取个体)的研究根据研究者创造出来的这一团体稳定的总体特征来解释结果。与分类"不符"的数据会被当成错误数据或受到干扰的数据[这是一个解决操作性定义问题的办法，常人方法学论者加芬克尔(Harold Garfinkel)戏称这个办法可以解决"任何问题"(Garfinkel, 1967)]。这种想要解决操作性定义存在的问题(或内在矛盾)的尝试，与罗素在数学和逻辑学里提出的类型论一样，不过是权宜之计。

在得到可以从抽象群体中抽取抽象特质的数据生产工具之后，心理学将这些数据作为科学研究的发现，精心包装成有关个体的知识进行贩卖。从一开始，心理学就没有把个体放在眼里。它并不关注作为个体的人。美国心理学曾渴望成为有社会关怀的科学，而不是社会科学(Danziger, 1994, p. 88)。因此，心理学家把个体(那些血肉丰满、活着并呼吸着，身处一定社会情境中的人终究还是被心理学实验招募了去，直到现在仍然如此)当成媒介，声称能够据此揭示出人类行为的法则。成为心理学主题的正是这些"法则"，而不是个体的人。这些"法则"也扩展了心理学研究主题的范围。

批判：社会处境中的个体

让我们从这样一个观点(这是很多心理学家都持有的一个观点)审视心理学：心理学**应当**寻求发现那些潜藏在人类行为中的抽象法则，而不是研究人的经验或个体间的区别。即使我们赞同这是一种理性的做法，而且可能多少会起到些社会作用，但谁能确保这就是心理学要走的坦荡正途呢?

最关键的问题并没被解决。对人文社会现象的研究从本质上就与对物理现象的研究不同(若不是这样，就没必要将心理学从科学里拎出来单立门户了)。我们常听到有人指出: 那些研究人类的也是人类。是啊，我们是研究的主体和客体，是研究者和被研究者。即便真有什么需要被发现的隐藏着的抽象法则(我们碰巧认为压根儿就没这种东西)，它们在性质上也不同于那些掌控物质客体的规律。同时，我们应该对自己在观察过程中的位置保持敏感(无论是就科学位置还是其他位置来说)。杰恩斯在很早以前就提出，人类具有自我觉察和抽象思考的双重能力，它们都会转化人类的切身经验。

每一个科学化的努力都是一种社会性的实践，而在心理学的探究里，社会性特别展现在自我反映的行动里(这种自我反映在植物学、天文学或者物理学等学科里并不存在)。这种社会性是心理学在创建它没有什么生态效度的方法时所竭力否认的，这一否认正是后现代主义着力批判的焦点。

一些批判从宏观层面入手，指出不仅心理学属于社会，心理学家也是社会中的人。例如，萨拉森(Sarason)在他关于心理学去历史和去社会性的讨论中提醒我们，心理学家的社会阶层(他们来自金字塔底端的社会阶层)会对他们的所作所为造成很大的影响(Sarason, 1981)。在名为《被误导的心理学》("Psychology Misdirected")的系列论文(既是对心理学的批判，也是对心理学的辩护)中，萨拉森认为，心理学家并没有察觉他们的经验和社会位置是如何形塑他们所用的概念和理论的，这把心理学带入了歧途。另外一些人则更加猛烈地指责心理学家为了保护自身的利益而牢牢抓住他们那不能被证实的理论立场，一头扎进问题重重的事业中。[1]

我们清楚地看到，心理学家(一个专业群体，在很多情况下指个体)在为自身的利益而努力维护现状。不少被施加于普通人的心理和身体的暴力(其中最恶名昭彰的有消灭所谓"低能者"的额叶白质切除术、电击疗法，对特定人群的污名化和剥夺他们的受教育机会，以及种族移民政策)，正是心理学家打着增进人类幸福的旗号进行的。不仅如此，我们认为最隐微难见的是(这也是我们致力深挖的部分)，心理学作为一种带有全球化意识形态和政治意涵的社会实践与它发展出的本土化实践存在关联，而它那些神话(可不仅仅是它那看起来颇有内容的神话)的推进正扎根在这一关系的历史中。

心理学的社会性当然是一直存在的，即使是无菌的实验室也躲不开这一社会性。近来一些关于心理学实验的探问对研究心理学的学科问题特别有帮助。例如，在《解构发展心理学》(*Deconstructing Developmental Psychology*，1994)一书中，伯曼将经典的"视崖"实验拆解开来，让我们看到这个实验暗含的两个主题：一个主题是"婴儿是一种生物有机体"这种观点的影响，另一个主题是"实验本身就是一种社会实践"。"视崖"实验早已为大家所熟知，最初由吉布森(Gibson)与沃克(Walk)1960年发表在期刊上。后来又有别的研究者参与进来，使之成为一个系列研究。多年来，这一实验一直是心理学教科书里的经典实验。

　　吉布森和沃克的实验本是研究人类是如何感觉深度的，他们想知道人类处理和解释深度的视觉线索能力是天生就有的，还是后天习得的，以及这是不是人类这个物种特有的能力。在实验中，他们将一块棋盘放在干净的玻璃板下，创造了一个（对成人来说）像是悬崖的装置。婴儿们被放在"浅"或"深"的一边，妈妈们则在另一边呼喊着孩子，让孩子爬向自己。在最早的实验中，27个婴儿中只有3个爬过了"悬崖"，剩下的婴儿不是哭就是远远离开"悬崖"。吉布森和沃克认为，这表明大多数婴儿在他们刚刚能爬的时候就可以通过视觉区分深度，尽管到最后他们也没对这种能力是不是天生的得出定论。

　　伯曼认为，虽然过了差不多55年，其他学者对吉布森和沃克的原初实验有修改和重复，也有不少针对他们结论的批判性讨论，但所有的一切仍局限在"将实验当成一种真实社会情境来分析"的预设框架中（Burman，1994，p. 31）。为此，她详述了一个最近进行的实验。这个实验在"视崖"实验中加入了表情识别的变量，结果发现婴儿是否会爬过"悬崖"跟他们母亲的表情（如微笑、害怕、生气）直接相关。伯曼这样写道：

　　　　这意味着这个实验的研究设计忽略了动机因素，并且过度简化关系特定层面的复杂沟通，仿佛它只是一个关于个体感知能力的问题……此外，这个实验让我们看到，若将婴儿分离出来作为单独的分析单位，将会出现何种偏差。我们必须看到婴儿行动于其

间的整个包括物质实体和沟通交流的系统。(Burman, 1994, p. 31)

我们部分赞同伯曼的分析。伯曼的分析中最有意思的是她不经意地在社会或沟通层次一下子就抓住了实验室范式(从生物有机体的层次看事情)的破绽。作为社会实践,实验所必不可少的是它创造的本体,但伯曼抛弃了心理学的主体和客体。就主体而言,比起吉布森和沃克对婴儿的关注,伯曼更关注"婴儿行动于其间的整个包括物质实体和沟通交流的系统";就客体而言,她更偏好"被放置在真实社会情境的任务",而不是吉布森和沃克的深度识别任务。伯曼似乎忽视了心理学神话的一个重要特征。这个特征与把孩子视为生物有机体同样重要,那就是在作为社会探究的实验中创建一个心理任务。

在我们看来,创建一个心理任务(不管它可能有什么样的社会性)会使把人作为人来研究这件事变得不可能。因为人不仅有社会性,也有历史性。在此,我们借由历史性指称那些改变决定变革者的所有环境因素的革命行动(Newman and Holzman, 1993)。当心理学的探究范式将细枝末节的改变放在首要位置时,对人的活动的研究就变得不可能了。

正是从这种革命性的行动理论出发,我们才与伯曼深刻的解构主义洞见分道扬镳。我们曾用同样的方式批判了 20 世纪 70 年代比较人类认知实验室实践过的"生态效度"计划(Cole, Hood and McDermott, 1978; Hood, McDermott and Cole, 1980)中的社会—文化—历史方法。这些研究者(包括本书的作者之一霍尔兹曼，她之前叫"Hood")颇有说服力地论证了心理学研究是"人和环境的交界面"或"场景"(类似于伯曼的"包括物质实体和沟通交流的系统")，提出要用民族志的方法代替解释性的、充满偏差的实验方法。通过创造更有社会性的分析单元，我们能在使用民族志的描述时捕捉到人的社会性，以此消除科学的某些偏差。不过，这种消除了科学偏差的方法仍然是"嵌在客观描述之中的，而描述本身就是一种解释"(Newman and Holzman, p. 188)。在实验者看来，(社会)情境仍然是一种实验，只不过他们仍需面对科学的分析性、工具主义本质和实验参与者的行为、活动、经验之间真实存在的差异。

致力于"批判心理学"的德国心理学家克劳斯·霍尔茨坎普(Klaus Holzkamp)的观点和我们的有些差异，但还不至于针锋相对。这些观点在20世纪60年代中期就出现了，但是最近才通过布兰特(Brandt)和迈尔斯(Maiers)的工作被英语世界的读者知晓(Brandt, 1979; Maiers, 1991)。霍尔茨坎普关注的是应用心理学的政治意涵。他检验了实验心理学的"外部相关"，想看看心理学是否与实验室之外的人有着某种相关关系(这类似于生态效度)。通过这些检验，霍尔茨坎普认为，对理论的评价应当建立在其代表性的基础上。

霍尔茨坎普用"契约"描述心理学实验，认为被试和实验者之间有一个基本的约定，这个约定规定了被试要"将自己暴露在一种实验者为他/她设计的生活情境中，而这个生活情境是'实验过程'的一部分"。实验将被试当作"置身于**并非自生**的环境中的想象的个体"，"被试的**反应完全由**……实验条件来**决定**"(Brandt, 1979, p. 82)。

按照霍尔茨坎普所言进行推论：基于这个约定，被试"在实验中仅仅作为有机体存在，而不是按照人本来的样子行动"。实验者对约定如何严格限制了被试的行为视而不见（Brandt，1979，p. 82）。动物心理学和人类心理学之间的界线被清除了，因为心理学家可以在动物和人身上获得相同的结果。霍尔茨坎普如此解释人与动物为何会获得相似的结果："**实验中的人按照实验约定来行动，这使他们只是像有机体，而那些老鼠就'是'有机体**。"（Brandt，1979，p. 82）

在我们看来，即使研究证明人在实验中并非表现得"像有机体"，霍尔茨坎普的论证也不能被推翻。从实验范式的内部看，被试确实表现得像有机体；从外部看，他们就不是这个样子了。如果我们说被试在实验室里做了 A 或 B 行为，其实是误将实验室当作一个物理空间了。实验室研究是一种不具有生态效度的研究方法，可以被应用在对一切事件的研究上。这一事件既可以发生在有形的实验室中，也可以发生在日常生活环境中（Cole，Hood and McDermott，1978）。从维特根斯坦的关系视角（参见本书第九章）看，实验室研究是一种**生活形式**，说得再直白些，它是一种**异化形式**。人们"像有机体"是一种异化了的生活/形式的表现，虽然通常是不具发展性的那种。如此一来，心理学知识主张的漏洞就暴露无遗，它们损害了心理学自身的探究原则。

抛售个体差异

心理学的历史并不为大众所熟知，本科生和研究生的心理学课程也没有完整教授过这部分内容。（这种缺少历史的情况当然不是只有心理学才有，美国的教育文化里到处都有这样的问题。）不过，有大量文献细致地探索了这个领域的发展历史，探索了心理学与经济、政治事件的关系，以及它与文化之间复杂的相互影响。

在最近的 50 多年里，心理学和相关领域的历史研究如雨后春笋般冒了出来，多由心理学家、历史学家和记者站在系统和批判的角度上写就（Baritz, 1960; Cushman, 1995; Hilgard, 1978; Hunt, 1993; Kamin, 1974; Koch, 1959; Koch and Leary, 1992; Morawski, 1988; Napoli, 1981; Prilleltensky, 1994; Sarason, 1981）。这些文献大多依赖于学术期刊、流行杂志和报纸等文档资料，参考了美国心理学会、国家研究委员会以及其他与心理学建制发展关系密切的组织所保存的文献，包括心理学家和其他人的记录。心理学的先行者们事无巨细地记录了这一学科的发展历史，人们能够查阅的资料包括各种正式授课内容和演讲资料，美国心理学会的会议记录，以及心理学家、政府工作人员、军人、商业大亨、律师、慈善家和记者之间的通信记录和备忘录。

几乎所有资料都显示，让心理学走上历史舞台的是所谓"个体差异研究"和第一次世界大战。最早从 1890 年开始，美国心理学家就带着实用的兴趣为商业管理者、广告经理、公立学校、"智力障碍者"的培训学校和机构主管提供智力测试和职业选择的咨询（虽然为数不多）。在 1917 年美国参战后不久，美国心理学会主席罗伯特·耶基斯（Robert Yerkes，此人并不做应用层面的工作）就要求心理学会的执行委员会团结起来，鼓励成员参与军事工作。

他们预料到心理学专业将在征招和指派参与某些特殊战役的官员、将士的事情上大显神通。现有的比纳智力测量原本是为个别测量而设计的，在完成大规模选拔任务时速度慢，效率低。于是，委员会着手设计一种可以进行团体施测的标准化测验，这样就有了陆军甲种测验(Amy Alpha Test)。军方同意在军队中试测，并任命耶基斯主持这一测验计划。

先不说那些声称智力测验是他们的专长的精神病学家要来插上一脚，首先军方自己就对这些测验的价值表示怀疑，搞不清为什么这些东西会与人事问题直接相关，而不是与医学问题(也就是精神病学的问题)相关。但即使是这样，这个测验计划还是得到了顺利执行。它雇用了350多名心理学家和研究生，在战争期间，总共测验了近200万人。战后，这些心理学家中有不少人在43个军方医院中完成了一对一治疗病人的任务。他们测验并治疗病人，同时试着努力提高士气(Napoli，1981，pp. 26-27)。

这样的测验对军队到底有没有用？结果实在很让人怀疑。有8000人因为在测验中得分低而被宣布不适合在军中服役，我们也并不清楚军方是如何使用其他人的数据的。扎梅尔松(Samelson)在论证严密的《意识形态与智力测验》("Ideology and Intelligence Testing")中指出，军官如何依据智力测验的分数来给士兵们分派任务根本就是个悬案。军队的档案记录中有关测验结果的报告很混乱，错误百出(在一个营里，测验计分的错误率高达20%)，对人事安排的建议也说得不清不楚。况且，军队普遍相信要培养一个好士兵，有远比智力重要的东西。[有些军官认为："相较那些聪明的、在智力测验中得分更高的人，那些几乎没受过什么教育也并不聪明的人往往更能成为好兵。"（Samelson，1979，pp. 143-145）]

这些测验的效度实在大有问题。若把测验结果与军官的判断、士兵进入军营后在训练中的表现相比较，根本得不出什么确定的具有一致性的结论。战争结束后，心理学家验证测验在军队征招中的有效性的计划流产了，所以最后没有得到任何可以证明这些测验能够预测士兵的战场表现的数据。还有一个一点都不让人惊讶的事实，那就是测验结果和受教育年限有非常高的相关性。由此，扎梅尔松总结称，说不定仅记录教育水平也能达到同样的效果，根本不用像心理测试这般费时费力费钱。

军队的智力测验计划对于心理学来说却是价值无限的。一位历史学家曾毫不客气地指出了这一点："心理学没有给战争贡献出什么实际的东西，但战争对心理学的贡献可是显而易见的。"（Samelson，1979，p. 154）这一事业给心理学带来了声誉和狂热爱好者，拓展了它与军队、政府和工业领域里一大堆有钱有势的人的关系圈。它也推动了优生学运动的发展。这个时代领头的几个心理学家都是优生学运动热情的支持者。例如，耶斯基是优生学研究会的会员，曾在战争开始前被任命为国家优生委员会监狱事务方面的专家（Kamin，1974）。毫无疑问，第一次世界大战时心理学与军队的联姻建立并扩张了心理学新产品的市场，心理测验也被视为能明确测量"个体差异"的工具。

工业和教育领域的管理者是心理测验的热情买家。世纪之交，工业的惊人发展和义务教育制度的建立分别带来了两个前所未有的挑战：一是如何从劳动力身上获取更多利润；二是如何让家境贫困的移民儿童多少有点文化（至少要顺从）。虽然起初，工业和教育领域的管理者并不愿意向心理学寻求帮助，但是经过第一次世界大战，他们改变了态度，愿意接受应用心理学了。

以应用心理学为对象的社会文化分析表明，促使心理测验被大众接受的因素还包括：处处弥漫着的进步主义空气、政府的成熟、美国拓荒时代的结束、对科学的推崇（和科学与进步的联合），以及"在混乱中建立秩序"的需要。不少学者认为，彼时心理学特别热切地要与资本主义建立起紧密联系（Baritz, 1960；Napoli, 1981）。他们（主要是历史学者，近来文化分析学者也加入其中）主张心理学并非空泛的意识形态，唯有将它放回它今昔所处的复杂的社会—文化—经济—政治进程中，我们才能真正了解它的全貌。我们赞同这样的观点，并为此写过一些文章（Holzman and Newman, 1979；Holzman and Polk, 1988；Newman, 1978；Newman, 1991a；Newman and Holzman, 1993）。不过，我们想把讨论集中在几个特定事件的交集上，因为可以借此看到心理学如何在经济发展和增长的时期成为政治—社会自由主义的仆人。这将有助于我们理解心理学是如何作为一种彻头彻尾的商品为现今在经济、社会和政治危机中掌权的人提供服务的。

在 20 世纪的头 20 年里，提高产量和制止工会运动是工业领袖最关心的两个问题。他们认识到必须"像管理产品和生产过程一样管理人"(Baritz, 1960, p. 15)。例如，福特为了解决工业扩张带来的底特律的汽车工人流动率高的问题，1914 年把工人工资由每天 2.3 美元上调到了 5 美元。但是，工人领取较高工资的前提是要过一种良民生活。福特派人检查工人的性生活状况、是否酗酒等，希望提高生产力以及工人对公司的忠诚度，并的确如愿以偿。到了 1919 年，因为物价上涨，生活水准提高，福特不得不把工人的日薪调升到 6 美元。

一些公司开始效仿福特的做法，却发现并不总能取得成功，而且花销太大。巴里茨(Baritz)认为，福特真正的贡献是把人事问题带到了台前，提上了议事日程。于是，一些制造商灵机一动，不再花大力气控制和培训工人，转而致力于选出好的雇员："选出有他们的机器一半好的工人"就能成就好事业(Baritz, 1960, p. 35)。

雨果·闵斯特伯格(Hugo Munsterberg)和沃尔特·迪尔·斯科特(Walter Dill Scott)这两位心理学家被誉为工业心理学的创始人。他们都曾在莱比锡师从冯特，也都曾在美国的大学工作(闵斯特伯格在哈佛大学，斯科特在西北大学)。他们的贡献不只在于讲课和著作，还在于与"工业领袖"交往接触，创造了工业界对心理产品的需求。

闵斯特伯格首先调查了上百个管理者，询问他们认为雇员必须有的心理特质是什么。比起答案，这些管理者对这个主题的强烈兴趣给闵斯特伯格留下了更深刻的印象(Baritz, 1960)。随后，他将自己对于工业心理学的想法付诸笔端，出版了《心理学与工业效率》(*Psychology and Industrial Efficiency*)。与此同时，他开始为工业家工作。借用智力测验的技术，他发展了可应用于不同企业的选拔测验，包括美国烟草公司(旅行推销员)和波士顿货运公司(火车司机)。

斯科特是通过广告进入工业界的。自他接受一个芝加哥广告商的邀请，做了关于心理学如何有益于广告事业的演讲之后，一个大广告公司就向他发出了邀请，请他写一系列关于这一主题的专栏文章。彼时，斯科特还是西北大学的心理学教授。到了 1909 年，他就成了广告界的专家。在接下来的日子里，斯科特为包括西部电气公司、国家铅业公司和乔治·巴腾广告公司在内的龙头企业设计了选拔员工的程序和员工评价量表(Baritz, 1960; Napoli, 1981)。产学联合在全国各地持续地发展起来，这在所有人看来都是一个互利互惠、共同发展的机会。

战时的心理测验计划不仅使测验和选拔程序被广泛接受，也使心理学家站到了舞台上(斯科特因他战时的工作得到了"杰出服务勋章")。它还让心理学家有机会与政府和包括国家研究委员会在内的半官方组织建立联系。在国家科学院和工程基金会的支持下，创建于 1916 年的国家研究委员会正在努力"发现和动员举国上下的科学资源"(Baritz, 1960，p. 45)。多年来，它在建立心理学与工业和军队的深刻联系上一直扮演着领导者的角色。

70 多年后，这些努力水到渠成，工业/组织心理学终于在美国的商业组织中扬名立万。正如我们会在第六章中所看到的，美国的商业领袖们已经发现弗洛伊德学派心理学能够为广告如何吸引客户提供颇有"钱景"的启发。心理学和工业的联盟无疑将心理学知识合法化向前推进了一步。早期的心理学家已经建立起一套应答机制，证明了他们有能力解决历史洪流中特定权威人士的需求。这种应答机制中有一个关键因素，即一套由现在的认知、人格和社会技能等概念组合起来的专家知识体系。人们可以向握有这些专业知识的人购买(用货币或其他东西)服务，这些拥有知识的人也会出于兴趣组织起来解决社会问题和经济问题，如大众教育。

现在，教育学与心理学的联合已不再模糊不清，学习被理解为至少部分是(若不完全是)一种心理现象。在教育过程和教育体系中，教学方法、学习风格、课程发展、测验和评估环环相扣——它们全都被视为心理科学和教育理论交叉融合的实践运用。

心理学和教育学在 20 世纪早期也结过盟，但当时二者在上述问题上几乎没有什么作为。心理卫生运动曾着手改进疯人院的环境，并在政治意识形态水平上将触角伸进了教育和儿童照顾领域。这一社会运动打着为了更好的未来的旗号，将社会和人际问题归结于个体在儿童时期的适应不良，而这种问题可以通过某些机构得以矫正。这些机构正是实现社会控制的代理。与此同时，私立基金会开始在心理卫生项目上投入大量资金，尤其是教育类的项目(Danziger，1994；Rivlin and Wolfe，1985)。

心理卫生运动的目标(就像工业的目标一样)使心理学家将智力测验拓展到了人的"特质"或"特征"领域。测验和量表建构起评估和测量人格的手段，目标是选拔人员和评定适应不良的情况。新技术使心理学家获得了创造某种特定知识的能力。

为了确保测量到某些特定的人格特质，心理学家"提供了具体的类别，将普遍的社会要求(某种人要有特定的表现)转化为心理学术语。众多社会要求被聚合在一起，形成一个'榜样'，或者恰好相反的'警世'的抽象特质。这些特质已不再被认为是人与人互动产生的结果，而是内在于个体的东西"(Danziger，1994，p. 163)。

在 20 世纪的头 20 年里，学校变成了仿照工厂进行科层式管理的机构。1918 年，美国 48 个州都实施了义务教育法。发展中的城市工业化和不断增长的移民产生了将年轻人(尤其是在国外出生的穷人)迅速同化于美国文化的需要(Greer，1972；Rothstein，1994)。在这一时期，有文献把学校管理者比作工厂管理者，把老师比作产业工人，把孩子比作"被塑造和制造成满足生活不同需要的产品"的"生产原料"(Rothestein，1994，p. 49)。学校管理者努力实现总体的"工作效能"(Danziger，1994；Napoli，1981)。为了达到这个目标，他们需要杜绝"浪费时间"，合理规划使用物理空间，将学生分类，对比不同的教育方案、教育团体产生的作用，并证明他们的措施是有效的(Danziger，1994；Rivlin and Wolfe，1985)。

这些都正中心理学家下怀。心理学已经在军队心理测验计划(且不管它的作用如何乏善可陈)中确立了学科合法性，又在人格测验上看到了自己的光辉前途，现在它又想通过小小的量表在学校里插上一脚。早在 19 世纪 90 年代，心理学家就联合教师开展了大型人口普查类的儿童研究。虽然当时这些努力并没有产生什么科学发现，但是为后来心理学与教育学的联合埋下了伏笔。

为了满足学校管理者的需要，心理学家必须发展新的研究形式。

因为不管是实验还是智力、人格的测验，它们都不能应对这一挑战。英国督学 W. 温奇（W. Winch）搞出了一种新方法（Danziger，1994）。他将孩子们分组，把他们放在不同的教学条件下，测量他们之前和之后的表现。学校的环境便于分组和测量(大量儿童已经在一个受控制的环境里被分组了)，心理学家发现这里尤其适合系统化的操作。对心理学评估来说更重要的是，学校与实验环境有着相似之处。不久之后，小组工作就被带进了实验室。后来的治疗团体和今天已成为心理学研究主要支柱的、让人眼花缭乱的统计技术正起源于此。

无论是在学校还是在实验室里，人类行为都被简化为一种表现(输出)。它可以被转换为对某种特定的人类能力的度量，但这些能力又被极快地归纳为抽象的"学习"或"遗忘"。(出自实验室的)实验的方法和(来自智力测验的)数据的聚合结合在一起，本质上是全然工具性和实用性的。这个新造之物成功地满足了一个工业化的教育系统的管理需要。不过，在学校中工作意味着在学校系统自身的日程、规则和权威的约束下工作，这当然会使这种方法受到限制。在心理学实验室里，情况则非常不同：

在大学实验室的安全保证下，有些实验以相对世俗的方式被组织起来，想要发展出维持无所不能的科学神话的人造工具……(对那些颇有雄心的心理学家而言)在不同条件下，儿童在学校任务中的表现不过是概括化的"学习规律"的具体操作，而"学习规律"贯穿于整个人类行为。这样的观念让他们持续地使用那种已经被证明在实践中有用的实验样式，并重新解释实验结果。如此一来，他们便可以提供证据证明行为的本质规律是存在的。(Danziger，1994，p. 115)

在教育的效率/科学心理学的诸多开创者中，爱德华·李·桑代克(Edward lee Thorndike)是最成功的一位。与他的同侪一样，桑代克通过军队测验项目建立起个人声誉(他曾任军方的人事委员会主席)，曾为商业组织提供服务。1915年，他为大都会人寿保险公司开发了人事测验(Baritz，1960)。在20世纪20年代至30年代担任哥伦比亚大学教育学院教授期间，他与学校管理者有着很好的交情，并把大众媒体和学术期刊作为宣传丹齐格称之为"量化的玄学"之类的东西的媒介。桑代克相信测量是事物的一个基本属性。他说："凡存在之物皆有其数量。"(Danziger，1994，pp. 146-147)他的工作显著地推动了心理学中一个新领域的建立，即定量的教育心理学。

整合心理学范式

据一些研究心理学史的学者所言，那些日益增多的产品、复杂精巧的心理测验所带来的重要概念和方法论上的变化有助于整合心理学范式(以及心理学的神话)。首先，个体差异的概念重新被抽象化，我们再也不能从字面意思上看到个体到底是什么(Burman，1994；Danziger，1994；Soldz，1988)。对个体特征的认识不再建立在个体本身(在特定表现或更普遍的意义上)独一无二的品质上，而是依据其相对于群体平均值水平的位置。这意味此个体的特质与彼个体的特质一样，都是一种在个体过去经历中展现出来的机能样态，而个体与他人共有的品质是个体特质的基础。要对某一个体做出科学的有意义的描述，就是拿他跟其他人进行比较。

20 世纪前 20 年，心理测验的普及在巩固将智力作为一个客观的、可操作、可测量的人类行为维度的过程中扮演了至关重要的角色。尽管心理测验和"要了解实在就必须依靠测量"的想法并不新鲜，但它们都通过这一过程在科学化的大道上更进一步。虽然行为主义已经成为学院派的心理科学之主流，但在那些应用层面的"专家"或公众的认识里，智力是稳定的可测量的这一观念的影响从未消退。最近，赫恩斯坦(Herrnstein)和默里(Murray)所著的《钟形曲线》(*The Bell Curve*)一书大受欢迎，恰恰是明证。

实际上，智力以及智力测验的实践已经在全社会搭起一个竞技场。在这个竞技场上，"先天"与"后天"的争战从来没有停止过。测验的支持者和行为主义者几乎在一切事情上都针锋相对，从政治和道德立场到对人性构成的认识，再到他们各自的探究实践，皆是如此。不过，虽然存在不小的差异，对于两者来说都颇为重要且都在持续努力的是心理学如何在总体上进行学科建构，尤其着重于"学科建设"(与对人的研究截然不同)的问题。

智力测验为个体差异的研究带来了新的方法和评估这些差异的新观念，这些都在人格测验中得到拓展，并演化出行为主义"更加科学化"的实践(我们在后面会谈到精神病理学的研究)。行为、功能以及建立在表现之上的对个体特征的评估都处于严格受限的环境中(这些全是新的)。不管是心理测验的拥护者还是行为主义者,他们都从事着相同的研究,这些研究假设对人类的理解能够产生自人在受控制的条件下对标准刺激做出的反应。

以前那些测量头围、依据体形给人分类,以及对人们的书写和面部表情进行解释等探究背后都潜藏着一个身心相连的观念。也就是说,人们假设人格或能力会在神经结构或身体结构中体现出来。但是,智商测验和操作性条件反射实验并不承认这一假设(更不必说什么身心一体了),而是认为我们可以根据人们在特定情境中的表现揭示人类能力和行为的普遍规律。在当今这个重视效能评估的世界中,这种概念的改换所带来的影响恐怕很难用三言两语说清楚。

效能评估是如何占上风的?在从另一路径论证智力测验如何促成了现代心理学范式时,扎梅尔松提供了一些线索,尽管他并未像我们一样找到其中的关联(Samelson,1979)。他描述了20世纪20年代博林(Boring)和布里格姆(Brigham)这两位心理学家之间的争论。博林检视了布里格姆的研究,主张应当按照心理学家对智力的定义来对人群进行分类。他认为布里格姆把测验中的表现与更广泛的智力定义搞混了,而后者原本就先于智力测验,并不依赖于它。博林要求布里格姆抛弃他将智力定义狭隘化的做法,以免心理学家从智力测验中得到的结论受到批评,因为"智力的本质"是人所共知的。不过,据扎梅尔松所言,仅仅过了一年(在对布里格姆优生学的论调进行公开批判之后),博林就改变了他的立场，主张智力就是智力测验测量的那些东西(Samelson，1979，p. 157)。

博林改变了自己的想法，这也许只是个简单的机会主义事件。然而，在扎梅尔松看来，这告诉我们早期心理学家对于什么是心理学最有效率的工具确实有过争论。"心理学家使用它对各种重要现象(智力、攻击性、学习以及其他很多东西)下结论，当遇到经验数据难以得到合理解释的情况时，他们就会利用操作性定义重新处理那些在实验室里被创造出来的概念。"(Samelson，1979，p. 158)

操作性定义这种算不上正式的推论形式在20世纪50年代就被科学哲学家狠狠地批评过，他们指责心理学家紧紧抓着一个长期以来不被哲学家和唯物论者认可的哲学概念不肯松手(Polkinghorne，1983)。

在本书第一部分以及对当代一些研究实践和知识主张的解构中，我们的目标是将后现代主义中那些针对(结构化和商品化的)个体这一心理学的研究对象的批评集中起来并加以补充。正如我们所看到的，现代心理学在关注个体的同时转身背弃了他们。在某种程度上，它不仅对人最基本的社会性和历史性(包括心理学家自己的)视而不见，而且企图从研究中把它们剔除出去，因为心理学唯一关注的是由它一手建构起来的孤立个体。与此同时，已被构筑成形的抽象的个体心理学基本具有了可操作性、规范性和可比性，将它曾经参与创造的后现代文化里那些高度孤立、过度个体化、"一般"疏离的成员都剔除干净了。剩下来的那些心理学中的个体其实和古希腊众神一样虚幻，和现代科学里的特例一样玄妙。它们不仅虚假，而且根本没有发育完全。

心理学曾声明与哲学母亲一刀两断，与科学兄弟结成盟友，但个体概念和个体差异的研究范式的演变却与此背道而驰。而在努力模仿自然科学的同时，心理学接受和采用了后者的哲学预设。确切地说，早年心理学家发明的那些将研究对象物化的做法和让人眼花缭乱的技术（至今仍在使用，不过时而是高级版时而是普通版）与化学家、物理学家或者生物学家使用的方法没有一点关系。这些研究对象和技术并不适用于研究人文现象的自然科学的模式，它们其实是伪装起来的哲学，是披上心理学外衣的先验形而上学。

第六章和第七章将论述心理学如何建构起心理疾病以及如何理解人的发展。在这两章中，我们将陆续遇到实验被试、个体差异、控制组、统计差异、操作性定义等抽象概念，还会不断发现这些概念背后潜藏的假设。

注释

1. 参见英格尔比（Ingleby）的专著（*Critical Psychiatry*，1980a）；普列滕斯基（Prilleltensky）1994 年对应用心理学七个领域的伦理和政治性进行检验的著述；阿尔比（Albee）1986 年关于一级预防与社会改变的著述；阿尔比、乔夫（Joffe）和迪森伯里（Dusenbury）1988 年的著述；女性主义、南美洲、第三世界和马克思主义心理学家的意识形态批判（Burman，1990；Rose，1990；Sampson，1991；Sinha，1986；Ussher Nicholson，1992；Wilkinson and Kitzinger，1993）。弗朗茨·法农（Frantz Fanon）的著述以及布尔汉（Bulhan）1985 年与法农的讨论尤其有价值。

/5 心理学的热卖商品：精神疾病与心理健康/

　　精神疾病(情绪障碍、精神病理学)的研究、治疗与心理健康管理是心理学家涉入最多的人文社会领域。他们在这一领域中的工作不仅推动了个人主义与异化的盛行，让古代哲学的抽象概念与二元论重获新生，也为确立理性主义(将知识等同于系统化和因果解释)在现代哲学中的统治地位扫平了道路。

　　维特根斯坦对语言和心理学有着独特的兴趣，认为"我们的语言里藏贮着整个神话"(1971，GB35)。[1]在普遍意义上论及日常语言时，他直截了当地谈到临床心理学、社会工作、精神病学以及(在他死后才成为专业的)当代心理健康专业。正常—不正常、原因—条件、心灵—大脑、理性—非理性、内在—外在、自我—他人、压抑—表达、现实—想象这些二元话语镶嵌在平淡普通的"我"与"他者"的日常经验中。近几十年来自我的裂解，逐渐解构的文化中我们所扮演的社会角色的日益繁杂，这些都使我们的经验作为个体化的存有(自我认同)紧密地与"我们的心智"相联系，而不是与外在他者相连。我们仍旧依靠心灵专家来告诉我们如何看待自己。

　　心理健康专业那些快速变化的术语已经成为流行文化的一部分，这让我们看到这一专业的话语有多强大。被改变的不只是某些特定字词，更是话语的架构。比如，近年来"缺乏性障碍"代替了"疾病"。除了精神分裂症和抑郁症（它们现在都被神经精神病学和基因生物学把持着），倘若人们陷入某种痛苦或疾病，他们的情绪/心理状态往往被描述成缺乏（如"注意力缺乏障碍"）或损伤（如"过动""情感依赖"）。

　　没错，给我们提供了上述特定心理状态类型（不管它们是疾病、健康、障碍还是缺乏）并在美国雇用了最多专业人士的心理工业价值数十亿美金，但倘若我们回过头去看它的发家史，就会发现它的出身其实并不怎么光彩。

　　精神卫生运动与弗洛伊德对情绪、人格发展和行为的本质进行质疑，从不同路径挑战了疯狂与正常那由来已久的分界线。一直到一百多年前，精神卫生运动和医生才在欧洲和北美为疯人争取到了接受治疗的机会，逐渐取代了原来那种用铁链把疯人锁住，使他们与世隔绝的不人道的方式。虽然断断续续有过一些帮助这些疯人的尝试，但这一工作变成风潮并最终带来改变是 19 世纪才发生的事。

　　随着被认为疯了的人越来越多，收容（后来是治疗）他们的机构规模越来越大，精神疾病的治疗问题越发得到人们的关注（Magaro, Gripp and McDowell, 1978）。以美国为例，1860 年全国范围内的疯人差不多有 2 万 4 千人，20 年后，这个数字攀升到了近 10 万（而在欧洲，将穷人和疯人一并收容，关在一起是司空见惯的事）。尽管医院管理者协会（the Association of Medical Superintendents，疯人院的管理者）在

20 世纪 50 年代就提出疯人院收容的病人最多不能超过 250 人，但 1865 年开业的纽约州威拉德疯人院开业时床位就有 1500 个了。在接下来的 20 年间，随着遍布全国的州立医院也开始收容疯人(差不多收容了 10 万人)，疯人院的收容人数才有所下降(Magaro, Gripp and McDowell, 1978, pp. 26-41)。

疯人院表面上似乎是平静、安宁、秩序井然，并能够帮助病人恢复道德/精神功能的地方，但实际上，这里处处都是限制、剥夺和处罚。人们对疯狂有两种认识：一种认为心理障碍是由病变的大脑引起的，且不可能再修复；另一种则认为心理障碍是由环境压力造成的，一旦离开这种环境，进入一个有可能帮助人恢复理智的环境，那么病人就可以康复。但是，即便是持第二种观点的疯人院，它们的记录中除了平静安宁的环境外，也都还有其他东西。例如："要去除不正确的联结，重新恢复正常的联结：为了使人性化的监测系统得以运行……(我们必须)说服疯人们服从医生和看护的绝对权力……要在其他病人面前处罚那些逆反的病人……给予(情况好转的病人)有限的自由；介绍……雇佣他们参加农业劳动。"(Deutsch, 1949, in Magaro, Gripp and McDowell, 1978, p. 27)

众所周知，精神卫生问题之所以得到广泛关注，源于从耶鲁大学毕业的克利富德·比尔斯(Clifford Beers)1908 年出版的《一颗找回自我的心》(*A Mind That Found Itself*)。比尔斯本人曾因为躁郁症在疯人院里待了三年。按照科韦利(Kovel, 1980)及其他一些文献的说法，比尔斯在疯人院里遭受的虐待[这本书在曼哈顿州立医院的精神科医生阿道夫·梅耶(Adolph Meyer)的帮助下得以出版]就此曝光，这成了精神卫生运动的导火线，使精神医学与以美国公共卫生局为代表的国家权力搭上关系。精神医学在此期间也获得了重大发展，人们发现青霉素可以治愈由梅毒引起的麻痹性痴呆——医学界首次确认了一种严重精神障碍的病因并找到了治疗方法。在接下来的40年里，精神病患者继续在疯人院管理者和精神科医师的看顾下生活，并时不时在"监护式治疗"的名义下被当作实验室里的小老鼠参加越来越多尚处于实验阶段的侵入性治疗(包括冰浴、注射胰岛素、电击疗法以及额叶白质切除术)。

其时，心理学在疯人身上的作为实在寥寥。原因有二：一是精神病学垄断了这个市场，二是早年的心理学的确没什么可以提供的东西。要是它想在这个领域分得一杯羹，必须首先确立科学上的合法性，并且要能证明它对美国的经济和社会发展大有助益。如前所述，心理学想通过它在教育和工业领域中持续提升学术地位的努力来实现这一目标。

20世纪上半叶，临床心理学还是一只丑小鸭。在心理学的三个应用领域(工业、教育和临床)中，它规模最小，也最微不足道(Baritz, 1960；Furumoto, 1987；Napoli, 1981)。它没有像工业心理学和教育心理学那样集聚起足够的专业声望，也没有像它们那样给官员带来立竿见影的好处。临床工作者一般在州立医院、看守所和犯罪中心工作。在那里，他们给精神病学家当副手，主要工作是做心理测验。在他们的心理学同行看来，这种工作实在卑微得很，跟奴仆差不多。

古元(Furumoto)关于1890—1940年女性与心理学职业化的分析告诉我们,这一时期心理学家这一职业存在很强的性别偏见(Furumoto,1987)。他提供的数据显示,这一时期的心理学对于女性比其他学科更开放,取得心理学博士学位的女性比取得物理或化学博士学位的女性多,美国心理学会中女性所占比例也不容小视(1917年是13%,1938年接近22%)。但是,尽管接受了学术训练,女性仍然不能在女子大学之外的地方获得学术职位,只能从事"男人不做的"(Furumoto,1987,p.106)临床心理学工作。女性成为构成这个领域的"大多数"。此时男性心理学家对教育心理学或临床心理学没什么兴趣,他们更多地为工商业界服务(同时保留着他们在大学中的教职)。与政府、军队和工业巨头始终保持重要联系的是男性心理学家。因此,在第一次世界大战期间,没有一位女性心理学家参与军队的心理测验项目。

从一开始,学院派的心理学家与临床心理工作者之间的关系就有些紧张。这从临床心理学家在最大的心理学家专业组织美国心理学会中的地位就可以看出来。第一次世界大战后不久,一个临床心理学的分会就成立了,但只对那些对测验有兴趣的博士开放。1930年左右,临床心理学家撇开心理学会成立了自己的协会,直到1954年才重回学会。1946年成立的美国心理学会异常心理和心理治疗分会此时干脆解散,与临床心理学分会合并。

精神医学其时已处于垄断地位,但由于心理学对精神疾病的处置缺乏专门的工作模式,心理学专业机构虽遍布各地,却对精神疾病的治疗力有不逮。心理学在精神疾病问题上毫无作为,这其实一点也不

让人觉得意外。因为要想在精神卫生领域分上一杯羹，不仅心理学要
获得科学的认识以及对其实用价值的认可，心理学家也要重新解读"异
常"这一概念，否则不太可能与那些已经被认为是精神病专家的人竞
争，也不太可能在精神疾病领域中站稳脚跟。"神经症"的发明/发现解
决了这个问题，它加入了心理疾病—心理健康体系，给心理学创造了
一个"心理条件"，让它可以在这个问题上发展专业知识。弗洛伊德关
于人格的革命性认识和他发展的前卫疗法——精神分析——就为心理
学家提供了这样一个(一般神经症的)崭新市场。

　　关于弗洛伊德以及他的精神分析理论对美国文化、美国人的"心
灵"、心理学、精神病学、社会工作、教育学和文学研究等不同领域的
影响已有很多论述，我们不再赘言。不过有些文化研究者并不乐意夸
大这些影响。例如，在《建构自我、建构美国：心理疗法的文化史》
(*Constructing the Self*, *Constructing America*: *A Cultural History of
Psychotherapy*, 1995)一书中，库什曼(Cushman)这样写道：

> 弗洛伊德不动声色地开始了一项工作。这项工作会改变心理
> 治疗，影响流行文化，给广告理论和人事管理带来翻天覆地的变
> 化，最终将资本主义从第二次大萧条的灭顶之灾中解救出来……
> 美国的资本主义用弗洛伊德的潜意识概念替换了美国经济及其文
> 化—政治格局的实质。(p. 142)

　　1909年，弗洛伊德受邀在克拉克大学发表演讲。之后，精神分析

与幼儿性欲的概念开始通过报纸和杂志流传开来，后来还被请进了剧场，写进了电影(Cushman, 1995; Torrey, 1992)。心理卫生运动依据弗洛伊德的观点展开了在社会革新上的努力(Cushman, 1995; Kover, 1980; Napoli, 1981; Torrey, 1992)。在公众眼里，都市知识分子和文化社群对弗洛伊德学说最为热情。一些精神病医生离开精神病院，受训成为精神分析师，以迎合这些受过教育的客户的需要。另一些人则将弗洛伊德提出的概念改编进传统的精神病学中。在批评者看来，这些人是在将精神分析美国化和医疗化，磨去了精神分析锐利的批判面向（Cushman, 1995; Ingleby, 1980a; Kovel, 1980; Turkle, 1980）。

这个时候，心理学家又在做什么呢？大部分观点认为，从 20 世纪40 年代起，不论是在学术研究还是在实践应用层面，虽然心理学有时会以并不成系统的零散方式使用精神分析理论，但弗洛伊德对心理学的直接影响微乎其微(Magaro, Gripp and McDowell, 1978; Napoli, 1981; Rose, 1990; Venn, 1984)。在临床心理学家成群结队地进入心理卫生领域之前，弗洛伊德的理论就已经改变了美国的社会理论和流行文化，理解痛苦情绪和问题的疾病模式已经确立(无论是从美国流行的弗洛伊德的观点来看，还是从非弗洛伊德的精神病学的观点来看，都是这样)，心理学作为正当而有用的社会科学登堂入室。正因为总算有了一种需要他们的知识来医治和研究的疾病，心理学家最终才有了可以发展自身影响力的位置。与此同时，在心理学中潜伏下来的哲学与心理学一起发展壮大起来。当心理学接手"异常行为"这一新主题时，与这一主题相伴的、有关疾病的本体论也一同被接续了。不幸的是，这一本体论先天不足。

规训异常

"心理疾病—心理健康"这一现代本体论是弗洛伊德理论与"科学化—技术化"模式的特殊合成品。我们可以从它被构建的过程中看到心理学从哲学那里直接拿来的预成观念与潜藏在它竭力想模仿的科学之中的预成观念是如何互相作用的。也正是经由这一过程，"对异常的规训"有力地催化了(心理学化)个人主义的建构和人类主体性的商品化。

弗洛伊德本人虽在美国受到了极大的欢迎，但他的学说并没有马上融入美国人的生活。在 20 世纪的前 20 年里，弗洛伊德理论的不同面向在一些学科里取得了显著的进展，也有一些来自这一理论的概念于不同时期在社会上大行其道。奇怪的是，20 世纪 20—40 年代，这一理论并没有给那些被封闭在精神病院或大学里的研究人类行为的工作者和大学生带来多少影响。直到第二次世界大战以前，研究人类行为的科学家也没有对弗洛伊德理论进行过严肃审视，更谈不上将其应用在实践中了。说到底，是人们对社会和大众文化现象的讨论造就了弗洛伊德的深远影响(Magaro, Gripp and McDowell, 1978)，而非其他。不过后来，精神分析理论转而成为心理健康产业牢靠的基础。接下来就让我们看看这种改变是如何发生的。

精神分析理论最早得到大众的青睐是在 20 世纪 20 年代。这得归功于当时的性解放运动(Torrey，1992)。当这场运动到达高峰时，关于精神分析的文章数量也到达顶峰——1915—1922 年此类文章的年发表量是 20 世纪三四十年代的 3 倍(Torrey，1992，p.36)。弗洛伊德在城市知识分子中最受欢迎。托里(Torrey)认为，弗洛伊德理论之所以"从野草变成家花"(p.104)，也许是因为它加入了先天—后天争论的战场，而第二次世界大战前两个高度政治化的社会问题推动弗洛伊德加入战场：一个是优生学，另一个是犯罪行为。我们暂且按下心理疾病(或精神病、神经症、疯人院和精神分析)不表，先来说说两个幕后推手的故事。

优生学运动

正如托里所言，先天—后天争论绝大部分是在优生学运动的起起落落中被"弗洛伊德化"和政治化的(Torrey，1992，p.58)。从世纪之交东南欧和东欧移民潮初次出现到第二次世界大战期间，早在进入学术讨论之前，人们对人类行为的各种相互矛盾的解释就已经与人种、移民问题勾连起来了(在此之前，受美国人种主义危害最大的绝大部分是黑人和爱尔兰人)。

相信智力、人格和道德行为由基因决定的人大部分是优生学家，他们不仅对日耳曼种族的优越性深信不疑，而且支持对美国的"劣等"种族进行"清洗"。优生学运动的知名人物遍布政界、商界、工业界以及学术界。

优生学会和高尔顿学会是第一次世界大战后迅速兴起的两个最早的"科学"组织。它们有两个目标：一是讨论最新的科学研究，二是将研究成果提供给政府机构(包括众议院移民委员会)。这样的科学家与政治家联盟里有不少我们熟悉的心理学家，比如耶基斯、布里格姆和桑代克；还有国家科学院研究委员会这样的准科学组织。所有支持优生学的人都认为，对所谓"劣等"种族进行限制对美国人来说是好事(Kamin，1974)。

托里生动地描述了美国领导人赤裸裸的种族主义(尤其是反犹主义)以及他们对清理、限制移民的法律的竭力支持(Torrey，1992)。第一、第二届世界优生学大会(分别在 1912 年、1921 年举行)的组织者中不仅有哈佛大学、哥伦比亚大学、斯坦福大学以及其他一流大学的校长，还有亚历山大·格雷厄姆·贝尔(Alexander Graham Bell)、赫伯特·胡佛(Herbert Hoover)这样的名人。1921 年，美国副总统卡尔文·柯立芝(Calvin Coolidge)在当时颇为流行的杂志《好管家》(*Good Housekeeping*)上撰文警告说："再这样下去，我们的国家就要变成垃圾场了……日耳曼人已经在这里成功地繁育了后代。现在又来了其他种族，这样下去恐怕结果对谁都不好。"(Torrey，1992，p. 51)

亨利·福特[他与西奥多·罗斯福(Theodore Roosevelt)、托马斯·爱迪生(Thomas Edison)一起入选了 5 个"伟大的美国人"评比]在他买下的《德宝独立报》(*Dearborn Independent*)上煽动反犹主义，将犹太人称为"没有文明……没有统一的语言……除了'拿'之外在别的领域

再无伟大成就的人种"。众议院移民委员会跟风而上，指责犹太移民
"精神扭曲，不正常，污秽，非常不像美国人，而且很危险"。当时的
劳工部部长称新移民是"鼠人"，并推动议会制定了第一个移民法案，
依据来源地限制移民。3年后，更为严厉的《约翰逊—里德法案》
(Johnson-Reed Act)出台，这使意大利和犹太移民的人数在一年中分别
降低了89%和83%(Torrey，1992，p. 55)。

主张智力由基因决定、与人种有关的论调，其正当性来自心理学
家在第一次世界大战前及大战期间收集的数据。优生学家利用这些数
据，竭力主张创造一个"纯净的美利坚"。他们还将低智商与道德败坏、
懒惰、卑劣以及犯罪等联系起来，拿这些东西给数以千计的人贴上标
签，说他们不宜享有美国公民应有的权利，无法承担相应的公民义务。
这些言论颇有说服力，以至于到了1928年(逐渐纳粹化的德国在5年
前已使强制绝育合法化)，美国有21个州通过了强制绝育法，禁止智
力低下者、残疾人、盲人、无家可归者、强奸犯、酒鬼以及道德堕落
和放纵情欲的人生育后代。截止到1928年，约有8500人被强制做了
绝育手术(Torrey，1992，pp. 47-48)。

弗洛伊德关于儿童期的创伤决定人格和行为的理论与那些反对这
些野蛮政策和实践的人意气相投，增强了他们的力量。人类学家弗朗
茨·博厄斯(Franz Boas)、鲁斯·本尼迪克特(Ruth Benedict)、玛格丽
特·米德(Margaret Mead，早年受过心理学训练)极力反对优生学家的
遗传理论。彼时，如何在不断极化对立的世界政治背景中解释人类行
为成为热点。采取环境决定论的社会科学家也倾向于寻求自由，并因

此成为寻求个体自由的社会行动者。他们中有不少人是社会主义者、共产主义者或无政府主义者，还有一些人推崇弗洛伊德的人文主义。优生学家则不同，他们在关于政治和性的问题上趋向保守。

辉煌了不到 10 年，优生学就开始走下坡路，官方对他们的支持也越来越少。随着到达美利坚海岸的移民日益减少，"低等血统"的威胁几乎消失了(大萧条时迁出美国的人比移入的人多得多)，大批的穷人和失业者成了最为紧迫、最需要解决的问题。一些像亨利·福特和心理学家布里格姆这样曾经醉心于人种主义，为其摇旗呐喊的人也公开转变了态度(福特显然是个机会主义者)。第二次世界大战结束后，纳粹的暴行被认为是优生学导致的必然"逻辑"结果：先天—后天之争走到了令人毛骨悚然的种族灭绝这一极端。在接下来的几十年里，"后天决定论"不仅政治正确，也为美国的经济发展、在国际舞台上取得更大的权势提供了助力(Cushman，1995；Torrey，1992)。

神经症的流行——原因、康复与预防

弗洛伊德理论中的人文主义——比如他认为每一个个体(除了那些有严重精神病的人)都能从对童年创伤的再次经验中得到帮助——能在个体、社会和世界等各个层面上与人类进步的愿景联结，而在接受精神分析的知识分子追求个人成长的过程中，一股融合了马克思和弗洛伊德的有关人类文明的解放理论浪潮随之涌现。

由于纳粹德国的肆虐，大约 200 名精神分析学家搬到了美国。他们当中有不少优秀的马克思主义者，开始尝试将马克思主义与弗洛伊德的理论融合起来，并很快在美国的政治界和精神分析圈子里产生了影响。持有激进的政治立场和文化立场的《党派评论》(*Partisan Review*)于 1934 年创刊。一些知识分子领袖在《党派评论》上公开宣称，将人类从痛苦中解放出来是马克思和弗洛伊德的共同愿景(1952 年以后，这本刊物的立场转向谴责欧洲极权主义，拥护美国式的民主，只推广弗洛伊德的理论)。

那些对弗洛伊德深信不疑的知识分子通过他们一手创造的文化产品，将弗洛伊德的人类解放理想、潜意识驱动力以及他"发现"的时刻影响着人的被压抑的性等观点传达给公众，使弗洛伊德的影响变得几乎无所不在。诗人、戏剧家和小说家在了解了弗洛伊德的这些理论，以及/或接受了精神分析之后，开始将童年早期的创伤、俄狄浦斯情结、精神分析以及弗洛伊德理论中的其他元素放到自己的作品中。托里为我们罗列了一连串 50 年来受到弗洛伊德影响的文学作品、话剧、电影和电视(Torrey, 1992)：第一部戏剧是 1912 年在百老汇演出的《浪子回头》(*The Fatted Calf*)；第一部与精神分析有关的独幕剧是 1916 年的《被压抑的欲望》(*Suppressed Desires*)；西奥多·德莱塞(Theodore Dreiser)发表于 1919 年的《陶工之手》(*The Hands of the Potter*)将性变态者的行为归因于弗洛伊德正在研究的"巨大的力量"(pp. 30-31)……这个名单很长，莫斯·哈特(Moss Hart)、莉莲·海尔曼(Lillian Hellman)、田纳西·威廉斯(Tennessee Williams)、尤金·奥尼尔(Eugene O'Neill)等人都在其中。他们的作品中弥漫着弗洛伊德理论的各种主题，使弗洛伊德在美国社会中几乎无人不知，无人不晓。

从疯子和罪犯被一起关进收容院的那一刻开始，疯狂和犯罪之间的联系就没有中断过。优生学家曾努力让这一联系赤裸裸地摆在公众面前。但是弗洛伊德反转了这一情况，让这一联系变得人性化，使人们开始重新审视它。第二次世界大战前，精神分析师将大部分时间花在青少年中心和监狱中，开展精神治疗实践。在这一过程中，弗洛伊德提出的犯罪行为并非天生而是由社会力量尤其是家庭成员和幼年时的早期经验决定的观念被付诸实践，开始为人们熟知。还有一些精神分析师在实践中将犯罪行为的根源归结于心理创伤，认为犯罪是性欲受到压抑的结果，可以通过精神分析疗愈。

例如，1917年英国精神病学家威廉姆·希利(William Healy)在贝克法官辅导中心(the Judge Baker Guidance Center)率先主导了犯罪行为的"弗洛伊德式康复"项目。贝克法官辅导中心是哈佛大学的附属机构，是美国预防青少年犯罪机构中的翘楚。希利让社会工作者作为治疗小组成员全程参与。这一做法将"心理领域"开放给社会工作者，戏剧性地改变了社会工作职业的方向(Torrey, 1994, p. 149)。

在其他一些接受了精神分析训练的精神病医生中，伯纳德·格吕克(Bernard Glueck)与威廉姆·怀特(William A. White)将精神分析的治疗模式应用在监狱里的成人罪犯身上。他们的工作相当引人注目。

他们和希利都在轰动一时的利奥波德与洛布杀人案①中作证。托里称，这些心理学家挑战了行为完全应由个人负责的理论预设，将问题的焦点转向了整个社会，影响了美国人对心理学的认识，对推动弗洛伊德理论的正统化和合法化大有助益(Torrey，1992，pp. 153-157)。

彼时利奥波德与洛布杀人案是媒体关注的热点，甚至有两家芝加哥的报纸愿意出钱邀请弗洛伊德来给利奥波德和洛布做精神分析，并承诺只要弗洛伊德愿意，要多少钱都由他本人说了算。弗洛伊德拒绝了邀请(Torrey，1992，p. 154)。给利奥波德和洛布辩护的是鼎鼎大名的丹诺律师(Clarence Darrow)，他主要凭借的是精神病学的证据。在庭审及后来的日子里，丹诺一直强调利用科学和精神病学来处理刑事案件的重要性(庭审结束一年后，丹诺作为特邀演讲嘉宾走上了美国精神病学会年度会议的讲坛)。

丹诺以及作为证人的精神病学家认为，利奥波德和洛布不应对他们的杀人行为负责，因为这一行为是他们情绪不成熟的结果，而不成熟的原因是那些发生在儿童期的事件；凶手在精神上有问题，还兴许是同性恋；这是两个有精神障碍的人聚到一起后必然会发生的事(Torrey，1992，p. 155)。在总结辩护词并判处利奥波德和洛布终身监禁

---

① 利奥波德(Leopold)和洛布(Loeb)分别是芝加哥大学和密歇根大学有史以来最年轻的毕业生。两人的父亲都是富商，家境优越。1924 年 5 月，为了证明他们能够实施"一次完美无缺的犯罪"，两人绑架并杀害了 14 岁的鲍比·弗兰克斯(Bobby Franks，洛布的邻居)，用盐酸破坏尸体外观，弃尸于一处沼泽地附近的地下排水洞。他们焚毁了死者衣物，并打电话向死者的父亲进行勒索，假装这是一起绑票。这起案件后来被多位心理学家、精神病学家研究，也多次被改编成小说、电影和电视剧，在美国被称为"世纪犯罪"。——译者注

(而不是死刑)时，法官引用了辩护词中对这两个罪犯生命故事的相关分析。丹诺开创了把精神病学和法律结合起来的先例，证明了利用精神病学来辩护是有用的。其后，美国一些州开始对重罪犯进行精神病学评估，不少监狱还添置了治疗精神病的设备。精神病学和法律的结合使疯狂和犯罪不再被视为人类两种不同的"遗传杂质"，并且创造出介于精神病和守法的神经质之间的新事物：精神障碍型人格。

利奥波德和洛布案不仅改变了犯罪学，也使弗洛伊德理论得到了进一步发展和传播。托里引用一位历史学家的话说，利奥波德和洛布案给"普通美国人上了一堂精神分析的速成课"(Torrey，1992，p. 157)。

20 年后，大众媒体主导了另一场弗洛伊德闪电战，这回战役的焦点是父母和孩子的家庭关系。针对这个问题的精神分析主题首先出现在亨利和克莱尔夫妇(Henry and Clare Boothe Luce)主办的《时代》(*Time*)和《生活》(*Life*)杂志上，后来成为流行杂志和报纸上备受青睐、排名前列的主题(Torrey，1992)。精神分析学家、名人和普通民众纷纷撰写相关文章，发表在不同刊物上。一些详细解释了弗洛伊德理论的某些概念，另一些描述了成功的治疗过程。例如，喜剧演员席德·西泽(Side Caesar)就在《看客》(*Look*)杂志上发表了《精神分析为我做了什么?》("What Psychoanalysis Did for Me")。在这篇文章中，西泽写道："当清楚地知道童年发生的那些事情都已经过去时，我发现我可以开始新生活了……我的工作状态也开始有所改善。"(Torrey，1992，p. 119)

人们对儿童教育和预防神经症的兴趣越来越大。第二次世界大战后不久，不少精神分析师就主张将弗洛伊德的理论用在儿童教育上。当时虽然有人支持这种主张，但它并没有得到推广（Torrey，1992），因为这个领域已经被行为主义者占领了。

1946 年，弗洛伊德的追随者、儿科医生本杰明·斯波克(Benjamin Spock)的《斯波克育儿经》(*Baby and Child Care*)问世，改变了成千上万父母的教育思想和育儿实践。斯波克断言，只要知道婴儿在什么情况下感觉到什么、想到什么，父母就能预见他们的需要，从而预防儿童期的创伤。斯波克举例说，除非父母给了儿子可以解释为什么他的姐姐和妹妹没有"小鸡鸡"的好的理由，不然小男孩就会担忧他的"小鸡鸡"遭遇不测(他可没告诉读者这个"好的理由"到底是什么)。

斯波克用育儿技巧巧妙地包装并推广了弗洛伊德关于个体发展的观念，他的书中由心理驱动的软弱人类有机体与"社会世界"的冲突没完没了的观念先是影响了上百万人，最终被传播到全世界(《斯波克育儿经》创造了仅次于《圣经》的出版纪录，斯波克真算得上是国际金牌销售)。儿童早期的心理创伤决定着成年人能否有正常的社会功能，而创伤的危害可以减少的观念使弗洛伊德的理论有了些许进步色彩。神经症是天生的，但精神分析可以在人的成年期治愈它——更好的消息是我们还可以预防它。

建构顾客

在知识分子和文化的生产者，以及今天被称为助人专业的工作者发现弗洛伊德的理论对他们大有用处的同时，美国的商业领袖也发现了这一点。知识分子和专业工作者将"潜意识"视为一个解放性的概念，使用具有普遍性的、由生物性决定的"性驱力"概念去理解人的行为。这一认识具有治疗价值。商业领袖有着典型的美国人的实用主义和贪婪，为了经济目的牢牢地将潜意识和性驱力理论攥在手里。早在20世纪20年代，弗洛伊德的理论和一些概念就被用在商品兜售上了。从那时起，就有人将人的解放与消费主义画上等号。后来，弗洛伊德与广告的联姻使当代文化不可避免地受到了性驱力的压抑与想要获取商品的驱力表达的双重影响，由此建构起现代个体——被本性驱动着去积累、占有和消费物品的主体。

烟草业首开先河。弗洛伊德的外甥、为人熟知的"公共关系之父"以及这一领域的绝对权威爱德华·伯奈斯(Edward Bernays)1929年与美国烟草公司签了一个旨在推动更多女性吸烟的合同(Ewen, 1976；Torrey, 1992；Cushman, 1995)。在跟出色的弗洛伊德主义者布里尔(A. A. Brill)聊过之后，伯奈斯决定使用"潜意识"来消除人们对女性吸烟的成见。他们的新"发现"是这样的：香烟是阳具的代表，吸烟是口腔性欲的升华。如此一来，香烟这种男性象征就与女性解放扯上了关系，他们也由此创造出一个热门的公共话题。此外，伯奈斯还发起了一场活动，安排一群女性在纽约第五大道的复活节游行中叼着烟走完了全程。末了，他宣布这是伟大的成就：10名年轻女性在复活节游行中点燃了"自由的火把"，目的是"撼动全国，抗议女性受到不平等待遇"(Ewen, 1976, p. 161)。

库什曼认为，精神分析在伯奈斯的这场广告战役中起到了巨大的作用，因为它创造了现代的"消费者自我"（consumer self）。正如弗洛伊德所教导的，拒绝我们的感官满足并不健康，所以我们可以通过社会可接受的某种满足（如吸烟）来代替那些不被社会接受的渴望（如吸吮）。这样，吸烟就被建构成"面对现代文明压力的因应之道……在一大堆看似'自然'的欲望中只有一个首先被广告创造了出来并得到证明，这显然会推动人们对相关产品的消费"（Cushman，1995，p. 156）。

伯奈斯从这件事上得到了成功，于是寄望于大众心理学，希望通过它控制公众的意见，刺激消费。他看到了使用心理科学来"根据我们的意愿，在大众不知情的情况下控制和管理他们"的可能性（Ewen，1976，p. 83）。工业界的领袖对他们想要对大众施加什么样的控制一清二楚。他们想通过反复灌输消费的意识形态、宣扬消费主义来避免激进的社会变革，从商业上杜绝"阶级思维"的发生。

在《意识领袖》（*Captains of Consciousness*，1976）一书中，通过审视广告与消费者文化勾连的历史，尤恩（Ewen）让我们亲历了伯奈斯与商界、金融界领袖在 20 世纪 30 年代的对话。在这些对话中，这些人把广告形容为"美国化的基本过程"等，赞美消费是"一个民主化的进程"。百货公司的创办者爱德华·法林（Eward Filene）甚至认为消费比代议制政府民主得多，因为人们不仅通过消费选举出了"他们的工业政府"，同时"持续地参与其中"。尤恩写道："参与到工商业定义的市场中去（'参与'一词在任何时候都与'控制'或者'决定'无关），已成为大众政治行动的当代表达，即使这一行动确保了美国的商业贵族能够一

直左右这个国家的发展方向。"(Ewen，1976，p. 92)

　　早期资本主义公司如此这般使用心理学(尤其是弗洛伊德理论里的一些元素)的过程帮助我们看到，(心理驱动和认知化的)个人主义主体的社会建构是如何成为隐秘的社会控制中必不可少的一部分的。与此同时，与人类行为有关的专家知识的合法化使想要操纵大众心理的企图成为可能。每个人都是独立的个体，个人的行动因应了源于自身的情绪、想法、信念和态度，这些预设在我们的文化中根深蒂固。我们未加思索便全盘接收，于是它们摇身一变，成了客观真理。

重访心理学

　　在对 20 世纪上半叶美国文化的转变——及其弗洛伊德化的过程——做了某种程度的简化，并且肯定是有选择性的概览之后，让我们来再次审视心理学。大众文化已经完成了对异常的规训(以及人性教化)，这进一步强化了社会建构中个人化的主体这一神话。这一神话构架精妙，它的主要元素(具体化的心理课题、抽象的心理结构、二元划分和因果关系)已经深深嵌入我们的文化之中。弗洛伊德主张人是被迫进入社会的生物有机体个体，如此一来，个体的行动便可以被由人的条件累积起来的无处不在、无处可逃的心理冲突解释——这样的观念已全然渗入美国社会。人类行为的"初始原点"从天上掉入尘世，被牢牢锁定在了个体化的人身上，哲学以彻底商品化的面貌重生了。

　　现在，公众和国家都已经准备好迎接心理学那长盛不衰的热卖商品了。人们已经认识了一种叫作"心理健康"的东西，那么随之而来的就是唤起与之相应的心理健康服务需求。第二次世界大战期间，有100万人因为心理条件不适合服兵役而被拒绝入伍，这种情况引起了政府对心理疾病的关注；与此同时，人们在国会听证会上听到的那些联邦精神病院的恶劣情况也要求政府采取行动。

在这种情况下，1946年美国国会通过了第一个心理健康法案《国家心理卫生法案》，其中包括设立国立精神卫生研究所（the National Institute of Mental Health, NIMH），希望通过科学方法提升大众的心理健康水平，并为"与精神疾病的原因、诊断和治疗有关的研究、调查、实验和实证"（Magaro, Gripp and McDowell, 1978, p. 63）提供经费。4年后，国家科学基金（the National Science Foundation, NSF）成立。尽管国立精神卫生研究所和国家科学基金都不是军方组织，但它们从成立伊始就以不同的方式与国防部捆绑在了一起。

借着政府为大众心理健康提供新的经费支持的机会，心理学与政府的关系空前紧密起来。国立精神卫生研究所指导顶尖大学建立训练中心。这些中心不仅培训医学院的精神病医生，也培训心理学家。从20世纪50年代到70年代，联邦政府通过基金项目支持的研究日益增多，并越来越多地介入高等教育和专业培养，这也使心理学这一学科的发展呈现出惊人的态势。与其他学科相比，心理学之所以能得到联邦政府更多的补助，不仅因为它可以作为科学从联邦（和私人）基金中拿到钱，还因为它可以以助人专业和人文学科一员的身份获得经费支持（Gilgen, 1982）。

《国家心理卫生法案》的通过促进了心理健康—心理疾病行业的发展，也促进了心理学的发展：1945 年美国有 9000 位心理学家、精神病医生和精神病社会工作者；到了 1992 年，这一数字上升到 20 万(Torrey，1992，p. 204)。有意思的是，人们所知道的精神疾病的数量在这一时期也出现了可观的增长：第 1 版《精神疾病诊断与统计手册》于 1952 年出版，列出了 50 至 60 个分类；到了 1987 年，这个数字增加了 3 倍；1994 年，第 5 版《精神疾病诊断与统计手册》包含 200 多种精神疾病。随着精神疾病专业化程度的提升和种类的激增，美国接受各类心理治疗的人也增加了：1957 年接受专业心理卫生服务的人占全部人口数量的 14％，1977 年则超过了 25％(Gergen，1994，p. 159)。根据亨特(Hunt)的研究，按照目前的评估标准，每 3 个美国人里就有 1 个要接受心理治疗——不包括成瘾和戒酒治疗项目(Hunt，1993)。

精神分析理论的地位在这个扩张时期是怎样的呢？虽然它在转变我们关于什么使我们成为人的思考中扮演着重要角色，而且自弗洛伊德以来的心理理论和治疗方法无不受其影响(即使只是"形成了一个反应")，但精神分析作为一种治疗方式从来没有得到过大众的青睐。我们看到，即使在精神分析发展高峰的 20 世纪 50 年代，在占全部人口 14％的接受专业心理健康服务的人群中，也只有不到 1 万人选用传统的精神分析进行治疗(Hunt，1993)。

战后主要心理学专业组织的发展同样惊人。20 世纪 40 年代中期，美国心理学会有 4200 名会员，到了 20 世纪 70 年代中期，会员激增至 4 万人，增加了 850％(Gilgen，1982，p. 31)。1994 年，会员更是达到了 13.2 万人。有迹象表明，这一数字已到达顶峰，因为心理学博士学位授予量在逐年减少(Albino，1995)。美国精神病学会的发展也很惊人：从 20 世纪 40 年代以来，它的会员数每 10 年就会增加一至两倍。

早年有不少心理学家在学术机构中工作，现在则不然。根据美国心理学会的数据，全世界聘用心理学家最多的机构是美国退伍军人事务部(the Department of Veterans Affairs)。可见，心理学与军方始于第一次世界大战时期的友谊仍然紧密如故(Fowler，1995)。30%的美国心理学会成员受聘于学术机构(三分之一的人认为自己的工作是科学研究)，25%在医疗健康机构中工作，余下的则是自由职业者(Albino，1995，pp. 622-623)。联邦政府的医疗及保险给付制度、对心理治疗师的执照要求，以及对心理学科学研究的经费支持等，这些都进一步加强了心理学与政府之间原本就密切的关系。总的来看，目前大部分心理学家要么直接为联邦政府、州政府工作，要么受政府的各种代理机构支配，由这些机构决定他们的工作内容。

尽管近些年已经完成或正在接受心理学训练的女性数量直线增加，但跟古元描述的 1890—1940 年那段时期一样，女性心理学家仍难获得更高的职位(Furumoto，1987)。虽然会员中有 42%为女性，但美国心理学会对于女性心理学家数量增长一事的看法颇值得玩味，一如他们在五年报告中所说："会员数量的增长是件喜忧参半的事。"(Albino，1995，p. 622)为此，美国心理学会专门设立了一个智库小组来研究性别问题。这个小组在他们发表的专业报告中指出，女性会员的增加显示出心理学会在消除性别歧视上所做出的努力，但他们又担心"大部分公众对于一个由女性主导的专业的态度可能会带来的影响"。为了跟所谓"大多数公众的社会态度"划清界限（也就是标榜"我们不是性别主义者"），这份报告提到，一般人认为某一职业中女性从业者数量的上升会导致这个职业的薪资下降，但真实的情况刚好相反：当一个职业的薪资和威望开始走低时，女性从事这个职业的机会就会增加。因此，该报告警告心理学和心理学家"不要掉入未经证明的刻板印象陷阱，想当然地认为性别和专业威望有直接关系"。该报告还提供了正确的"已经证明的刻板印象"帮助大家理解心理学行业，以减缓它衰败的态势（少数族裔在美国心理学会会员中只占 5%，这个极低的比例也是可以被拿来好好说说的）。

这一报告的后几页详述了目前美国心理学会这一"法人"社团在 100 年的时间历程里如何做出改变的。"（它）已不再是 100 年前 G. 斯坦利·霍尔（G. Stanley Hall）和他的同事们一同创立的那个简单的科学和专业协会，我们已成为真正的建设者，主要的图书出版商，以及在科学、实践和社会政策方面强有力的建言者。"（Albino，1995，p. 631）在我们看来，美国心理学会这一身份认同源自历史，但问题是：即使是在诞生时，美国心理学会也不是一个"简单的科学和专业协会"。

分类、诠释与解释之迷思

如果说心理学与工商业、教育界的联合着实显示了它对以实用主义和商品化的方式献身于市场和政府的热情，那么临床心理学与心理治疗的变革就完全透露出心理学想在"科学化"的旗号下建立一个完全不真实的类别(分类系统)的努力。为了创造一门"关于主体性的客观科学",心理学努力生产新的理解模式,并以一种全新的本体论来修正旧有理解模式。(若不是这样,为什么要建立一门被称为"心理学"的独立"学科"呢?)

乍看之下,心理学的研究内容(如意识、意象、情绪)似乎将人类的主观性与非人类的无生命现象,以及医疗和生物现象(如肺、肝、大脑等方面的疾病)区分开来。但是,大部分人都知道,主观性并不是"展现"在某人身上的,而是属于某人"所有"。因此,严格地说,所谓"关于主观性的客观科学"其实是一门"关于非客观真实的主观性的伪科学"。也是在说,心理学(尤其是临床心理学和心理治疗)在本质上与宗教类似。它实际上起到了现代世俗宗教的作用,在结构和意识形态上越来越像前现代和前科学(前学术化)的宗教。临床心理学虚构的各种本体元素(各式标签)好似荷马笔下的奥林匹亚众神,区别只在于后者使用的解释工具不是现代科学而是世俗故事。这些故事创造出了先于犹太教和基督教的虚幻信仰,以此来解释万物。

弗洛伊德主义与科学技术的结合是心理学虚构的核心部分。尽管弗洛伊德的世界观(如同其他一些信仰)不是太积极,也不是特别有发展性,但他一生的理论宣示和临床实践无疑充满了对那些身处痛苦之中的人的人文关怀。有人认为精神疾病、精神病理学、神经症、精神分裂症及相关问题并不是科学要解决的问题,而是人文道德范畴的问题(Goffman, 1961; Ingleby, 1980b; Szasz, 1961)。这样的观点颇有道理。

公允地说，正是弗洛伊德推倒了那堵将"疯人"与世隔绝的墙，把"疯人"带回了文明社会(Deleuze and Guattari, 1977)。

弗洛伊德曾认为自己是科学家，自己的工作是科学的一部分。不过，他后来将精神分析作为理解人性和文明的一般理论，而非治疗神经症的技术。这一转变使他与医学拉开了距离，但却并未离开科学(Timpanaro, 1976)。弗洛伊德关于心灵内部结构的新本体论(自我、本我和超我)将由来已久的哲学上的认知主义知识论及其后继者现代科学、正在萌芽的心理社会科学扩展到了主观性和情感性的领域。它与已经被普遍接受的康德哲学范畴中理性的、诠释性的构架完全吻合。弗洛伊德对意识(如口头语言)和潜意识(潜藏的力量或驱动)的关注与结构主义完全一致，后者正建立在对现象(语言是用来描述它们的)与其背后推动之因由的系统关系的理解之上。

诠释是弗洛伊德进行分析的新方法，也被认为是理解主观性的独特、必要的方法。这种方法与科学的基本原理南辕北辙。弗洛伊德以为他可以用这种方法有效地替代以经验主义—实证主义为依据的解释方法，却完全没有意识到自己已经走在了背弃原本的科学世界观的路上。美国的精神病学和心理学则带着它们典型的美国企业家的创新力，努力把诠释方法和弗洛伊德理论的方方面面结合起来，打包整合进实证主义的范式之中，结果造成了主观性和情绪性的对象化(实际上是虚构化)、医学化。同时，通过相继与医学化的实证精神病学、实证行为主义心理学在临床上融合，弗洛伊德主义似乎解决了"诠释"这一方法的内在矛盾。

不过，并非所有的心理学家和精神病学家都愿意通过否认人类生活独一无二的主观性(比如否认意识)来解决矛盾。很多临床工作者(心理治疗师、社会工作者以及心理学家)选择不将心理学简化为医学、神经学、行为科学或生理学那样的系统，结果却是创造出了同样虚假的实体，他们也因此成为这一新的信仰中不同教派的人文主义牧师。我们正是通过这些临床工作者的实践，才能清楚地看到晚期现代主义神话所创造的结构。

若将"精神疾病的神话"与心理学这种诠释、分类和解释的自诩科学的学科放在后现代主义的视角下进行比较，前者不免黯然失色。讽刺的是，在对"纯粹"的临床心理学工作(未曾被其他系统或学科污染的心理学)的研究中，我们竟然发现其中充满了形而上学的东西(当然是从看谁都不顺眼的实证主义的角度来看)。我们认为，心理学的后现代主义化(对这一神话的解构是一种方法上的建构，这一建构是非哲学的、非科学的、去系统化的实践，不过仍是心理学的实践)需要疗治躲在精神疾病背后的哲学(正如维特根斯坦致力于疗治哲学的精神疾病)，需要将科学的心理学弃之不顾，需要创造出一种既非诠释，亦非分类，更不是解释的途径。

分 类

在此过程中，即便是那些未经深思就将心理学完全或部分简化为医学的人也逃不开形而上的问题。例如，将弗洛伊德"医学化"是什么意思？这个问题包含了其他问题：什么是医学？由于对医学的社会建构主义和活动理论的分析超出了本书讨论的范围，故而我们在此借用福柯对医学和疾病所做的社会—文化历史分析。在我们看来（详见本书第三部分），要治疗精神疾病背后的哲学，需要（是必要而非充分条件）拆解和重建它的论述——这就是为什么福柯的《临床医学的诞生》(*The Brith of the Clinic*：*An Archaeology of Medical Perception*，1975)如此有价值。

在他的这部早年作品中(1963 年在法国出版)，福柯逐一揭示了现代科学化的医学 18 世纪末 19 世纪初在伴随法国资产阶级兴起而出现的文化、政治和经济巨变中诞生的过程。这一让人目眩的历史，其焦点在于医学如何"取得了一种哲学的质感，而这种质感以前是只有数学思维才有的东西"(p. 198)，以及一种关于疾病的新论调如何在人们对疾病的感受和治疗方式改变时被社会性地建构了起来。

现代医学把疾病的发生归咎于个人因素，以前人们可不是这样看待疾病的。福柯发现，在 17 和 18 世纪一些讲到恒久不变的法则和本质的隐喻中，疾病被视为遵从必然的生命过程(就像一棵植物)而自然发生的现象。它也许只是"恰巧"生长在了个体的身体里。医学若要实现现代方法(解剖与临床应用)的转化，必须使疾病客体化。对福柯而言，这种转化反过来代表着感知和论述之间、看到与诉说之间一种非比寻常的认识论上的改变——他称之为"凝视"(the gaze)。从被动到主动，从看到显明的到看到隐藏的(虽可见但肉眼看不到)这一凝视的转化中，我们可以找到现代临床医学的起源。

福柯描述了感知方式在崭新的医学知识建构下的转变。例如，把病理现象从症状的丛簇描述建构为症候的规则；身体组织被拿出来检验；疾病被定位在身体的某些部位，其产生的原因和带来的影响发生在三维空间里（p. xviii）。与这种观看的新方式相伴而生的是那些被科学地建构起来的与疾病有关的话语。这种观看——对之前那些从来不曾被观察到或者不可言说的东西的揭示——客体化了疾病，开启了一个新的语言领域："可感知与客观性建立在可见的与可表达的两者联合的基础之上。这样一来，科学话语就被规定了新的用途：通过对一个人所看到的东西的言说，展现出对沾染着主观色彩的经验完全并且无条件的屈从。"（p. 196）

疾病的客体化话语只是发生在现代医学建构过程中的诸多转变之一，福柯还描述了在法国大革命期间及之后不久，诊所和医院如何被重新建构的过程。这些改变最终导致了医学体系的建立，建制化了健康、病痛、疾病和治疗的意义。这些新定义至今仍影响着我们，成了医学中心、医院及其他机构治疗疾病的基础。社会就此达成了共识。它们也正是疾病的政治化及其在哲学上的客体化之肇始。

在此期间，"健康管理工作者"和"医生"也有了区分。健康管理工作者是实践者，负责治疗工作。他们并没有对理论的需求，有的只是"局部的经验主义"，只知道如何依靠前人的经验来实践——其实这些就已经足够了。医生则在他们从临床得来的经验上补充了理论训练的部分。凭借着从事临床工作的优势，医生（以及临床工作者）占有了"作为知识的凝视，作为脱离了一切经验的真理掌权者的凝视，尽管这一凝视一直都在利用各种经验"（pp. 81-82）。

随着健康管理工作者和医生这一新的区分而来的是医疗和医学训练的重新建构。医院是人们治病的地方，医学中心则是培训医生的地方。这种体制上的重新建构与资产阶级萌芽、自由主义意识形态及相应的配置和社会共识步调一致，生发出来的是一整套存在于富人和穷人、个体和国家、医者和病人、医者和国家之间的契约化关系。

政府从为医院提供经费的责任中解脱出来了："富人和穷人之间存在着的责任和救济的系统不再靠联邦法律来维持，而是依靠契约的方式……它属于自由同意的秩序。"(p. 83)福柯告诉我们，在这个时期，医学中心也要为穷人治病，这就导致了道德难题。因此，医院和医学中心达成了一个秘而不宣的约定。福柯如此描述18世纪末出现的这个转变：

> 在追求知识的兴趣和照顾病人之间，当然应该注意保持平衡；不可损害病人的自然权利，也不可损害社会给予穷人的权利。在医院的领域里……医院囿于各种义务和道德的要求，而这些要求正来自一种不可言说但确实存在的把人们系于普遍贫困的契约。在医院里即便可以为所欲为，医生也不会进行理论实验，因为一旦他在医院里扎下根来，就会体验到一种决定性的道德经验。这种经验会用一种封闭的职责体系封存起他本来不受限制的实践。(p. 84)

医学中心又是做什么的呢？在这些治疗机构里，"对知识的兴趣"

凌驾于"病人的权利"之上吗？福柯这样问道："如果为了认识而观看，为了教学而展示，这难道不是一种默默的侵犯吗？当一个病人的身体需要的是安慰而不是展示的时候，这种侵犯越沉默，不就越过分吗？难道说，一个渴求缓解痛苦的人可以成为一种景观?"（p. 84）福柯总结道，这不仅是可以的，而且因为那正蓬勃发展的自由的社会契约，它必须成为一种景观："没有人能幸免，穷人尤甚，因为他只有通过富人的介入才能获得救助。要想治疗自己患上的疾病，必须有其他人用他们的知识、资源和怜悯介入，进行干预。病人只能在社会里治病，因此把某些人的疾病变成其他人的经验，这样做是公正的……"（p. 84）

富人从帮助穷人中获得了某些东西：通过为穷人治病付钱，他们提高了增加对那些可能会折磨他们的疾病的了解程度的可能性。如此一来，"对穷人行的那些善行就会转化成对富人有用的知识"（p. 84）。

福柯如此总结了富人、穷人共同参与的临床经验组织化的契约：

> 在这样一种经济自由的体制中，医院找到了一种方法来吸引富人。临床工作促成了契约其他部分的持续反转，它是穷人为了让富人向医院投入资本而付出的代价。这种代价应该被认为是远超过穷人所得到的，因为它是科学得到了目标利润、富人得到了生命利润后对穷人的一种补偿。病人本是到医院来寻求治疗的，不料却参与到了使私欲在医院里大行其道的表演之中。要感谢临床工作的凝视，它最终还是使富人的概慨得到了回报。（p. 85）

福柯认为，医学中心和临床经验(临床的凝视)使关于个体的结构化科学话语成为可能。如今话语的客体也可以成为话语的主体，并且不会丧失任何客观性。这种全新的话语不仅创造了新的本体论，也创造了新的认识论。可知领域不断扩展，将之前曾是不可知的东西(个体的、看不到的)收入囊中。生产知识的手段扩展了，人们通过凝视就能获得知识，而这一获取知识的方法(真理的来源之一)也在被激活的同时异化了。锁定**身体里**的疾病，其实是将疾病**从**身体里分离出来，从持续的生命历程里分离出来。医生的问题从"你怎么不舒服"变成"你哪里不舒服"(p. xviii)，这一改变在福柯看来暗合了医学中心所做的一切和它整个话语的规则。

在现代主义者眼里，肉体的疾病无论是在政治上还是哲学上都已经客观化了，虽然彼时康德的客观性范式仍处在建构过程之中。对所见之物的言说同时也是它的显现。与其他重构和再定义一样，客观疾病的话语对于将临床经验建构成一种知识形式至关重要。

两个世纪过去了，临床经验这种"由凝视而来的知识"变成了什么样呢？戈夫曼(Goffman)在他所著的《精神病院》(*Asylums*，1961)一书中，对20世纪中叶包括医院和精神病院在内的"全控"机构进行了社会学分析。他将医生(精神病医生)能够增加他们诊断合法性的现象称为"神奇之力"(p. 370)。既然身体已被视为有用的资产，那么心灵也不例外。精神病人"变成了某种精神服务可以为之服务的对象。但讽刺的是，在成为服务对象的同时，我们实际上得不到什么服务"(p. 379)。

当临床的凝视由身体扩展到心灵时，它就开始分裂了。关于精神的结构化的科学话语建造并构成了精神病学的知识。精神病医生通过讲述他们之所见来展示（心灵的真理）。这样一来，他们——跟牧师很像——就有了可观的诠释空间。精神病学的知识既不能被证实也不能被证伪；判断的标准是要画出一幅与精神病学家的建构一致的病人图像。在"全控"机构中，凝视"提供了系统化的方式来建构病人过去生活的图像，以此揭露疾病如何缓慢地渗入病人的行为直至整体行为……一些病理现象被冠以综合的名称，如精神分裂、病态人格等，它们为我们提供了理解病人那些'内在'特征的全新视角"（Goffman，1961，p. 375）。

不过，正如英格尔比和其他学者所指出的，这种实用主义的、政治化和主观性的观察模式被错误地认为是"纯粹"科学，是客观的（Ingleby，1980b）。

在将来自医学的临床经验和凝视应用于心理领域时，心智哲学与医学搅和在了一起。戈夫曼的分析帮助我们看到了被用于心理状态和心理过程的那些客观化的哲学前提（以及与之相伴相生的各种矛盾）。人们很难辨认出这些源自医学的前提。现代医学和医学化的精神病学已经教会我们将"心脏""肝脏""癌症""多发性硬化症""精神病""偏执狂""精神分裂症""自恋"这些词视为格根所说的现实的镜像（Gergen，1994），而不是结构化的科学话语元素。更厉害的是，心理客体的概念甚至比它附着其上的生理客体的概念还有力量。举个例子来说，在我们的文化里，极少有人会用"心脏病"或"多发性硬化症"之类的词来描述某人的特质，但却有很多人会用心理类用语去描述一个人。

(经验和凝视)这种诠释性的临床取径揭示了分类和诊断这些实证主义医学工具背后假定的真理：疾病是某种可交换的、确定的、可命名的、个体化的**东西**，它可以被解释，也可以得到治疗。疾病的这一概念在现代医疗体系中占统治地位，我们中的绝大多数人(包括医生和病人)都将其视为理所当然，天经地义(Feinstein，1967)。不过，比起心理学来说，由于一针见血地指出了科学和神话的相对价值之间的差异，医学对人类也算有过巨大的贡献。

本书第二章告诉我们，自前苏格拉底时期以来，类别分析就一直存在。它确认了构成世界之物。从恩培多克勒的土、水、空气、火四要素说以来，人类就一直在分类这条路上大步向前。时至今日，若用莎士比亚的口吻来说，那就是：我们相信天地之间还有希腊哲学不曾梦到过的东西。人类已经发明了对物质界和人文领域的事物一一分类的高度复杂的系统。我们相信万物组成世界，更重要的是，我们相信万物有系统类别，它们离不开分类这项社会活动。

然而，"分类"在哲学/方法论上一直有着无法回避的问题：社会建构起来的系统化(它对人类文明有过巨大的作用)总是被认为与所谓"真相"一致，被认为揭示了与"真相"有关的真理。本质，包括人类的本性在内，被(莫名其妙地)假设为如它们在分类下归属的特征般系统地存在和运作着。但是，什么是与真相一致的本质？在这种假设中，实际地景和地图有着怎样的关系？分类的这一基本矛盾存在于诸如照片与被拍摄的事物、语言与被言说的对象、分类与被分类的事物，以及语言与真相谜一般的关系之中。

维特根斯坦对这些问题的理解尤为有价值。他的《哲学研究》一书从检验奥古斯丁《忏悔录》(*Confessions*)中关于语言和对象的命名关系开始。

> 当他们(我的长辈)称呼某个对象时,他们同时转向它。我注意到这点并且领会到这个对象就是用他们想要指向它时所发出的声音来称呼的。这可从他们的动作看出来,而这些动作可以说构成了一切民族的自然的语言:它通过面部的表情和眼神儿,以及身体其他部位的动作和声调等显示出我们的心灵在有所欲求、有所执着或有所拒绝、有所躲避时所具有的诸多感受。这样,我便逐渐学习理解了我一再听到的那些出现于诸多不同句子中的特定位置上的词语究竟是指称什么事物的;当我的嘴习惯于说出些符号时,我就用它们来表达我自己的愿望。① (1953,PI,§1,p.2)

在关于这些摘录部分的讨论中,维特根斯坦将关于意义的图像理论进行了元理论式的理解:意义即命名,意义与真相一致。例如,他这样写道:"在我看来,上面这些给我们提供了关于人类语言的本质的一幅特殊图画。那就是:语言中的单词是对象的命名……我相信,如果你以上述这种方式来描述语言的学习,那么你首先想到的是像'桌子''椅子''面包'以及人名这样的名词,其次才想到某种动作或性质的

---

① 本段译文摘录自维特根斯坦《哲学研究》(李步楼译,商务印书馆 1996 年版,第 3 页)。——译者注

名称；而把其余各类词当作是某种自己会照管自己的东西。"①(1953，PI，§1，p.2)这一关于意义的理论自哲学(自我意识和抽象)出现以来，就在西方思想(以及关于语言的思想)中占有绝对的优势。在更现代的时期，意义的图像理论及其分类某种程度上让位给了意义的范式理论及其分类。在科学哲学和语言、语言学和心理学的诸多讨论主题中，实用主义在奎因的《经验主义的两个教条》中被直截了当地表达了出来：

> 作为经验主义者，我完全把科学的概念系统看作一种根据过去预测未来的工具。从概念上讲，物理对象是作为便利的中介物而涉入其中的——不是经由经验的定义，只是在认识论上将其简单地作为类似荷马史诗中的诸神那样不可化约之假设。对我来说，作为物理学家，我确实相信物理对象而不相信荷马的诸神，而且若不那样做就犯了科学上的错误。但就认识论的立足点而言，物理对象和诸神只有程度上的不同，而非种类上的不同。它们都只是作为文化的设定物(cultural posits)进入我们的思想的。物理对象的神话之所以在认识论上优于其他，是因为它已经证明了自己在将可处理的结构嵌入经验流这一工作上干得最为得心应手。(1963，p.44)

① 本段译文摘录自维特根斯坦《哲学研究》(李步楼译，商务印书馆 1996 年版，第 3 页)。——译者注

　　这里所说的"文化设定物"和"得心应手"都是有着复杂历史的文化假设。过去几百年科学分类的历史中满是图像化与实用主义论证的相互交缠。按奎因的实用主义观点来看，科学化分类这一"神话"既不比希腊诸神好，也不比他们差，只是有更严格的定义，更易被经验证明，在功能或实用层面上更有价值。现代哲学(认识论)从未成功地阐释清"真理"与"实在"之间的关系，不过，现代科学(和也许更为重要的现代技术)以它那业已得到证明的影响和转化本质的能力使这一哲学谜团变得毫无意义，至少是重新建构了它。当技术常常被视为科学的一个分支时，在某些至关重要的方面将科学视为技术的产物似乎也显得合情合理。例如，当代研究者使用的实践方法常被认为是从自觉的科学原理到发现和发明的完全理性的过程。但是，很多科学家、工程师和研究者会说，其实并不是这样一回事，灵光乍现、试验和出错，以及混乱(比如像混沌理论说的那样)的状况在发现和发明过程中一点也不少。我们的流行文化会把伟大的科学家描述成在方法上和理性上一直对发明和创造事业保持关注，知道如何实现他现在所做的一切的人。但是，根据当代科学家对他们自身努力过程的叙述，以及科学哲学家和史学家对科学实践的描述，科学工作实际上并不是这样的。在《近代物理科学的形而上学基础》(*The Metaphysical Foundations of Modern Science*, 1954)这一经典中，伯特(Burrt)这样谈到牛顿：

　　　　回顾此人的一生，在他达成那令人目眩的成就的过程中，我们或能找到那些关于他的强大思想所用方法的清晰陈述，这或许对那些天赋比不上他的人有特别的启示；又或能发现在他给出了决定性解决方案的这场前所未有的知识革命中，一种精确和一致的逻辑分析成了这场革命的最终传动器！但是，当我们翻动关于牛顿工作的页面时，失望之情不由涌上心来！关于他的方法只有一些司空见惯而且常常模糊的说明，就这还是凭借对他的科学档案的苦心研究，通过努力解释和补充得来的——尽管可以确切地说，与笛卡尔和巴罗（Barrow）这些卓越的先行者相比，他在这方面几乎没有遭遇到什么困难。这个伟大乐章最让人好奇和抓狂的一点是：没有什么令人满意的证据表明，这一乐章中那些不凡的代表中有谁对他正在做什么或者应该如何做一清二楚。（p. 208）

在实践中，科学和技术呈现出不同的样态，两者在实用性和功能性上的相似程度远胜过在认识论上的。到了 20 世纪，当现代主义转向后现代主义时，科学的真相才越来越多地被披露出来。对科学（活动和它深层的理论、原理）的科学分析揭示出"科学"这个词和科学活动之间一直存在的差异。从维特根斯坦到哥德尔、奎恩，再到库恩、格根，他们对科学的抽丝剥茧、细致审视渐渐消除了科学身上种种神秘的色彩。

若按奎因与福柯所说，硬科学和医学的分类就都是虚构不实的，也就是说，硬科学的各种类别和它**真实**研究对象之间的**关系**实质上是模糊不清的。我们多多少少认识到，至少有一种真实或者说实在是分类无法正确捕捉对应的。只是在塔斯基主义的意义上，"物质对象"和

"荷马的众神"对奎因而言似乎才有着同样的认识论基础。此外，在其他更为严肃的意义上，奎因的主张对我们来说并无特别的社会意义。科学和技术作为实践了的(历史活动)无关乎传统的认识论，似乎与任何事物都没有关系。尽管如此，星星和微生物以及或许更有价值的它们的运动规律都是重要的事物，不仅仅是被感知到的东西。以它们为对象的科学和技术活动(在实践上和关系上)是足够真实的存在，即使分类的方法说到底不过是这一过程中实用主义的部分，并非对事实真相的精确描述。换句话说，即便我们不能确定无疑地说天文学的分类是对天空的精确描述，那些星星和它们运动的规律，以及天文学那些有用的分类也依然存在。不过，即使我们完全不能理解眼睛与那些被看见的东西之间的关系，我们的眼睛也还是能够让我们看见这个世界。

从认识论的角度讲，由于曾对科技进步做出过贡献，自然科学和医学建立的复杂分类系统已不再神秘。但是，由于科学和道德—政治的缘故，精神病学、临床心理学和精神卫生专业的分类系统在这个问题上麻烦得多。正如人们在对精神疾病的分类进行的批判中所指出的，对人类主体性的分类完全没有客观性可言(Ingleby，1980；Newman，1991b；Szasz，1961)。精神病学和心理学的分类在它们试图仿效的实证科学的检验面前失败了，这些分类是人们发明出来的而非被发现的疾病系统(Szasz，1961)。它为政治问题提供了技术解决方案(Ingleby，1980)，"对它的主人而言就像石油对于石油输出国组织一样有价值"(Schacht，1985，p.515)。

虽然说奎因主张"物理对象"的"认识论基础"与"荷马的众神"是一

回事不会带来什么大问题，但要是说"精神对象"与"荷马的众神"是"相同"的，情况可就不一样了。如前文所述，在冯特之后，心理学几乎很快就从真实世界转向了自我意识创造出来的各种范畴。这些范畴替代了真实世界、人的主体性和有意识的生命活动。它弃绝了主体的内容（以及它的主体），转而偏好商品化了的众神手上那些很容易就能上手的套路——把人分类的各种标签。这些东西并没有在技术上取得什么成功，只是实现了商业价值的最大化。让人吃惊的是，尽管几乎没有取得任何成就，心理学还是卖了非常高的价钱，实现了供给和需求的最大化。总之，无论从哪个角度来看，心理学都比现代物理学更贴近远古宗教。

　　心理学是一种前经院哲学。它很早就认识到自己跟物理学一点也不像。它没什么不依赖它而独立存在的研究对象，于是就打着现代科学的旗号，以现代资本主义的商品形式造了一个，但骨子里仍然是我们所熟悉的那种古代拟人化宗教的观念形态。讽刺的是，心理学似乎走了回头路，它回归到了像人一样会犯错的"荷马的众神"和亚里士多德式的目的论，并在其中掺入了康德理论的核心因果律（现代/后现代科学却是向另一个方向发展），以此来解释人类的关系活动。于是，心理学的方法变得人格化了，尽管它那纯属虚构的学科内容根本没有将人的生命看得多重要。作为一种新的世俗宗教，心理学（尤其是临床心理学和心理治疗）什么也解释不了，它那具有解释性价值的"催眠效力"被中世纪思想家归结为酒的属性，以此解释为什么饮酒会让人沉睡。心理学过于自我循环、自我证实，而又往往逻辑不一，前后矛盾。更重要的是，它的商品化对致力于摆脱宗教和政府的资产阶级来说特别有用。

心理学没什么要研究的东西。这倒不是说人类主观(意识)的关系经验或独一无二的人类互动没什么可研究的，而是说这些活动和这些生活本质上与涉入其中的人们对它的研究密不可分。无论有没有被观察到，"星星"都是"发着光"的，然而对一个通过自身来观看的观察者(感知者)来说，除非某物被看到，否则他不能有意识地观看某物。对主体性的研究不可能达到成为一门科学的要求，于是心理学就铆足了劲儿在存在感和可以马上兑现的金钱价值上下功夫，结果却离科学越来越远。而在这样做的时候，它也"丢失"了自己的研究对象！在我们看来，科学心理学不过是披着现代化(科学化)外衣的古代宗教。

诠 释

要被人们认可为一门新的科学，只有一套新的范畴系统是不够的，科学不仅必须使用范畴系统去理解事物，而且必须进行解释以及/或者预测。心理学的实践者——临床医生和心理治疗师——决定保卫所谓"纯正"的心理学。他们是如何做的呢？他们改变了弗洛伊德的解释方法并投诸实践，将其作为一种聚焦于人类生活独特性的方式。把对人类行为普遍规律的发现用在"解释"之中，这刚好满足了演绎法的要求，因为这种规范形式是硬科学捍卫其光环的一种方式。但是，大部分现代临床心理学和心理治疗实际上都是(如前所述)将上述两种方式掺和在一起，再加入道德一锅乱炖。

弗洛伊德发明的精神分析创造了一种诠释方法，也就是凝视和/或神话。批评者和赞同者都认为这种方法使他的工作看起来更像是艺术（或文学）而不是科学。当然，让意义（不管是什么意义）站到舞台的中央并不是实证主义科学惯常使用的方式。为了让人类那些看上去莫名其妙、不可理喻的行为变得可以被理解（也就是合理化或理性化），弗洛伊德创建了一套外显情境（"现实"包括"心理现实"，也就是意识）和人的无意识情境的二元论。弗洛伊德说，病人的思想、感觉和行为能够通过凝视（也就是"借由人所说而得以显露"）和对人们未曾意识到的那些事物的意义的解释得到理解。

精神分析的主要概念是移情。通过移情，病人以分析师为对象表现出来的行为和感受能够得到解读。或者，它帮助分析师理解病人，将他们从过去经验里得到的重要感受转移到分析师身上。精神分析也使用了包括释梦和口误（slips of the tongue）在内的特殊技术，借此收集系统性的意义。每一个梦和每一个口误都来自潜意识的动机和渴望，这些都可以在经验丰富的分析师进行的治疗里显露出来。

对弗洛伊德这些方法的批评多如牛毛。来自左派的批评者有意大利马克思主义者、语言哲学家廷帕纳罗（Timpanaro）。他提出了有力的观点，认为弗洛伊德的解释方法无甚用处，因为它们没办法被证伪（Timpanaro，1976）。梦到有人死了，是做梦的人自身愿望的实现，是被压抑的想要那个人死掉的不成熟的欲望隐秘而微小的表达；梦到自己死了，是由原罪带来的想要自己被惩罚的愿望的实现。对此，廷帕纳罗问道：到底什么样的梦才不会被看成愿望的满足呢？（p. 218）他认为，弗洛伊德关于梦的理论(通过某些操作)根本无法被反驳，因此"从一开始就毫无科学性可言"(p. 219)。

通过文本考证，廷帕纳罗提供了与弗洛伊德在《日常生活心理病理学》(*The Psychopathology of Everyday Life*)一书中分析的口误不同的解释。他批评说，弗洛伊德在解读"潜意识语言"时并没有事先说明他解读的东西怎么就是"语言"，而且，单凭口误而不是"整体的症状表现"来对"潜意识语言"进行解释是有问题的，因为"任何医生都会感到这一做法很荒唐。从来就没有哪位医生仅凭单一的症状就能得出诊断结论"(p. 222)。

廷帕纳罗从整体上看到了弗洛伊德理论的非科学本质，并特别指出他的解释方法也是不科学的："精神分析从科学倒退到了神话。"它虽然"极大地丰富了现代人对于自己的知识"，但是用的是"卡夫卡和乔伊斯的方式……而不是达尔文或爱因斯坦的方式"；它是"资产阶级对自身的不幸和悲痛的自我供认，混合了一个行将倾覆的阶级尖刻的洞察力和意识形态上的盲目"(p. 224)。我们赞同廷帕纳罗的方法和结论，但不赞同他对弗洛伊德关于人和文明本质的阐释的认同。我们与他最大的不同在于对诠释方法的认识。作为老牌科学马克思主义者，廷帕纳罗认为诠释方法不可捉摸的原因是它那非科学的本质。我们则从这一方法背后潜藏的哲学和认识论的预设来认识这个问题：分类存在于事物之中；内一外的二元性；合理性(有意义)；与真理一致的理论(表层事物的内在意义)；人类行为有最终得到解释的必要性。弗洛伊德主义正是把这些哲学抽象(在我们看来就是形而上学)与医学化的实证精神病学混合了起来。

诠释和移情是信念之物，包含着在一个完全异化的文化里理解商品所必需的、信仰式的经济世界观(资本主义意识形态)。诠释和移情是"看到"一个完全异化之社会的诸多产品的主观路径，它已经脱离了这些产品的生产过程。但是，人类生命从本质上来说是关系性的历程。由于资本主义之中的实在同样不真实，因此，弗洛伊德的诠释方法不失为伪造现实的好方法——通过将移情作为"心灵的一般状态"(Newman，1983)。但是，它没办法对鲜活的生命负责。

解　释

如前所述，科学心理学关心的是科学解释的形式。西方心理学家自以为是地将心理学类同于在凝视基础上致知的医学，认为心理学能够也应该揭示出管理着人类机能的普遍规律。这些规律为心理学家照亮了发明一些新实践的道路。他们发明了心理测验、心理实验，认为可以用数据的相关性、模式和聚合解释现象。也就是说，个体的问题解决行为、人格或智力能够从他们通过特定任务的表现得到的数据与他人数据的对比结果中得到解释。行为是有规律可循的，而这些规律就藏在数字里。这种"统计的形而上学"(Kvale，1992)是心理学解释神话的一个版本。这种解释神话声称自己可以解释现象，但实际上并不能。所谓"规律"是空泛的，并常常是同义反复，最后什么也推导不出来。这就好比我们说"酒有催眠之力"，只不过描述了酒能使人入睡这样的事实而已。这种"解释"并没有让我们对酒的认识深入多少，但"可催眠的"这类看上去似乎科学有可信的表述自带的信仰式光环很容易让人目眩神迷(Newman，1991b)。在我们这个将《精神疾病诊断与统计手册》中的描述当成解释，且过度心理学化的文化里，人们要看清这个解释神话并非易事。更何况，心理学已经成功地模糊了概念的类别构造(如糖尿病)跟解释的类别构造之间的区别(Newman，1991b，pp. 128-129)。现今有多少人会认识到"成瘾行为"或"IQ"(不管是 82、102 还是182)和"x 在 0.005 的水平上是显著的"都是解释的神话呢？

解释人类行为和心理状态或心理活动之间那有规律的关系曾是古典哲学的任务，现在，这一任务被心理学接手。这个伟大的任务扎根在根深蒂固的哲学预设之中：首先，它假设行为和心理之间存在规律联系；其次，它假设这种联系有规律可循，且在某种方式上为规则所辖制；最后，这一预设最为普遍的形式是因果律，也就是假设个体的行为能够通过查找原因来进行解释。

让我们再来看看亨佩尔在《普遍规律在历史中的作用》一文中所说的历史普遍规律(同样适用于心理学)。这些普遍规律的肤浅[比如历史"事实"："科尔特斯(Cortes)在 1519 年征服了墨西哥"被赋予一种演绎律的形式，包括"当类似科尔特斯这样的人在行进时，他们……"这样的伪规律]同样出现在物理学这样的硬科学里(当然带着同样的问题)，揭露出实证主义者在多大程度上捍卫了解释的演绎律范式。"类似科尔特斯这样的人"就是这样的演绎律！此类运作几乎要让"催眠之力"愈演愈烈了。就像我们在《精神疾病诊断与统计手册》中看到的一样，人工创造出来的或暗暗描绘的"普遍规律"是心理学声称要达至科学化的关键所在。但是，这些伪规律并非心理学家观察到的生命模式(在某些情况下，物理学家通过对自然界的观察得到的物理定律)，而是他们根据单个"事实"以无关紧要、非逻辑推演的方式创造出来的发现。亨佩尔对演绎解释及戴维森对因果关系的坚持被当成对理解的定义，并被拿来加强心理学科学化的主张。但是，正如维特根斯坦所言，人们可以轻而易举地相信什么而无须科学地相信。我们也可以再补充一句：人们可以轻而易举地理解而无须科学规范地——以或因果或演绎的方式——理解(Newman，1965)。科学会很好地成为人们进行理解的模式，但它是适当的模式吗？更重要的是，它是理解"理解"这种生命活动的适当模式吗？

在我们的文化里，人人都知道地图跟它所描绘的真实地景之间是有差异的。只有天真的小孩才会奇怪为什么奥尔巴尼在地图上明明"挨着"纽约，但真要从奥尔巴尼走到纽约却需要花费那么长时间。若地图与它描绘的地景之间不能一一对应，那就谈不上有什么品质，因为它已经失去了作为表征指南的价值。但若两者越来越接近(如一幅120英里①长、50英里宽的纽约州地图)，地图的有用性就会成比例地减少。如果我们不那么在意认识论上的问题，那么确实可以说正是地图与它所描绘的景物之间的差距(鸿沟)使硬科学中的分类语言具有价值。但是，人类生命最基本的关系是不可以用模式或规律这样的东西来分割的。在那些假装描写真实人生的小说之外，生命并没有什么可供描述

---

①　1英里约等于1609.3米。——译者注

的模式，因为生命活动和对生命的探究这两者之间根本就不存在沟壑。冒充真实人生的小说在奎因看来是神话，它甚至不是我们常说的那种故事，而是迪士尼的童话里那些黑白分明的东西。（"纯粹"和接近"流行"的）心理学简直就是一种圣诞老人的科学。

个体差异、心理测验和操作性定义都是心理学使人们对它迷信不已的工具。它们生产的"知识"都披着解释的外衣，意思是能够解释因果。不过别忘了，弗洛伊德已经提供了在某种意义上可谓终极解释的东西：成年后的人格问题以及那些看上去不合理的人类行为，其根源在于内心冲突和童年期的创伤。通过（神秘的）诠释方法，人们多少能为这个可以解释一切的故事找到些证据。

从 20 世纪 20 年代一直到 20 世纪 60 年代，主导心理学的行为主义与弗洛伊德的理论或实践看起来并没有什么共同之处。行为主义者使用了一种简单的技术（即使这种技术有时看起来很聪明），而不是那些有着良好初衷的理论来激烈地对抗诠释的方法。它早期的拥护者和倡导者约翰·华生（John Waston）早在 1913 年就旗帜鲜明地提出了自己的原则：行为才应该是心理学的研究对象，而不是意识；心理学的方法应当客观化，而不是采用诠释的方法；心理学的目标应当是预测和控制行为（Hunt，1993）。在对行为进行严格控制的基础上进行的观察对达到这一目标来说是必需的。

当行为主义发展和扩大了它所研究行为的领域，从某种程度上说，它的探究实践就已经发生了变化。不过，它背后的原则仍然保存完整：所有的行为（他们认为行为就是所有的一切，这让"所有的行为"这种说法成了废话），无论是最简单的反射还是最复杂的人际互动，抑或是人们取得的那些成就，无一例外，都可以用条件作用、刺激和反应联结的概念来解释。

华生本人对所谓"不正常行为"颇有兴趣，相信"情感倾向"能从简单的动作习惯中轻松习得（Magaro，Gripp and McDowell，1978）。在他那些并不确凿的研究中，最有名（看上去挺成功的）的可能是以一个1岁的孩子为被试所做的利用条件反射原理形成恐惧反应的实验。华生先把一只白鼠（最初这个孩子并不害怕它）放在孩子旁边，然后在孩子身后用大锤敲击钢棍。孩子被吓了一跳，产生了恐惧反应。接着，华生把白鼠放在孩子前面，在孩子要伸手去摸时，又用大锤敲打钢棍。这样的过程一再被重复，没过多久，这个孩子不仅变得害怕白鼠，也开始害怕其他有白色毛发的东西（兔子、海豹皮大衣、圣诞老人的面具等）。但是，研究者并没有考虑到通过"去条件反射"消除这个孩子的恐惧。这是与精神病学的分类范畴和弗洛伊德的精神分析一样的，将情绪客体化的又一种方法。

若不是美国心理学会确立了对待"人类被试"的严格伦理规范，华生的这个实验会让如今的心理学一直尴尬下去。兴许是觉得这个实验的完整细节会让业内人士不舒服，亨特便在《心理学的故事》（*The Story of Psychology*，1993)中告诉了我们一些华生的逸事。原来，这个著名的实验并不是毁掉华生职业生涯的罪魁。他被解雇并不是因为实验中的孩子受到了罔顾道德伦理的粗暴对待，而是因为他在做这个实验期间跟助手发生了婚外情，遭到了妻子的揭发。后来，华生加入了智威汤逊广告公司，致力于创作除臭剂、雪花膏、香烟和咖啡广告，"帮助待在办公室、工厂和家中的美国消费者'忙里偷闲，享受时光'"（Hunt，1993，p. 280）。

20世纪20年代至30年代，心理学家曾尝试用条件反射技术改变精神病人的行为，但直到50年代斯金纳(Skinner)的强化理论出现，将行为主义用于心理疾病治疗才算有了引人侧目的进展。这一理论认为，只要找到强化联结，我们就能预测和控制所有人类和动物的行为。斯金纳本人从20世纪30年代起就借助自己的理论主张(和技术发明来证明)行为主义。在他的推动下，人们接受了由童年期的情感和创伤引发的不正常行为可以通过条件反射改变的观念。于是，行为矫正技术和代币奖励法得以流行。更重要的是，它提供了一条使弗洛伊德理论与实证主义的行为主义心理学和解的道路。

行为主义对人类行为的解释跟弗洛伊德的解释一样宏大。刺激—反应的简单规律(行为主义者虽然嘴巴上不承认，但实际上认为这就是一种因果关系)被推至前台，成为解释人类行为的依据。科学心理学那已颇有影响的迷信被行为主义炒得更加火热，使控制和预测的观点越来越被人们理解和接受。

动物行为实验获得了成功。将行为主义技术运用于复杂的人类行为同样获得了成功。受到这些成功的鼓动，斯金纳在《言语行为》(Verbal Behavior)一书中对行为主义大加吹捧。两年后，乔姆斯基从心理学和心理哲学的立场出发，为这本书所表达的斯金纳式的行为主义敲响了丧钟，认为它必将命丧系统的科学心理学之手。乔姆斯基的系统分析表明，斯金纳的这本书从字面上看与语言行为并没有什么关系，也没有在行为主义的基础上增加什么新东西。当然，行为主义并没有因此失掉大众对它的热爱，甚至成了"科学心理学"的代言人。不过，20世纪末，已有不少来自心理学内部的批判声音认为，弗洛伊德的诠释主义和斯金纳的行为规律都不能使心理学成为一门科学。越来越多的人开始质疑，到底有没有科学心理学这回事，或者说，心理学到底能不能成为一门科学。

注释

1. 哲学作品的惯例是在引用维特根斯坦的作品时只需注明标题（简写的）、段落、页码。在本书中，我们还在所引文献后注明了出版年份。读者诸君可在本书附录的参考书目中找到节选内容的完整题名。

/ 6 心理学与人类发展：理想(主义者)的结合/

科学心理学与发展之间的事跟我们之前所讲述的那些完全不同。首先，与个体间的差异和精神疾病相比，一个人的人格更难以捉摸。主流文化对人类发展和儿童发育的理解建立在哲学、宗教以及心理学实践的基础之上。其次，发展心理学的地位还不清晰。官方的说法是，虽然发展心理学比临床心理学、实验心理学、工业心理学、教育心理学等其他心理学分支学科出现得都晚，但它依然是心理学的一个分支。然而，在它诞生之初(甚至在它被命名为"发展心理学"之前)就有人认为，发展并非心理学的一个专业领域，而是研究人文社会现象的路径之一。

此外，心理学家构建的有关发展的知识在功利主义价值上也与个体差异和精神疾病的心理知识不同。经济、政治、文化和科学变革催生出这些领域的掌权者新的需要：选拔人才，预测学业成绩或工作绩效，控制行为和治疗最新被命名的精神疾病……正如我们所看到的，所有这一切均来源于不断变化的需要。市场需求塑造了心理测量学、工业心理学、教育心理学和临床心理学的产品。不管是不是虚构的，这些心理学的"领域"都来自**关于**某物以及**为着**某个目的而被使用的功利主义立场。

我们不清楚发展心理学是不是对待任何事情都使用同一个方式。表面上看，它的主题是贯穿人一生的、每一个人都经历过的事情。例如：孩子出生；以何种方式和程度被照顾；长大并成熟；成为成年人；死去……这个学科研究所有这些问题，但好像虽然什么都研究了，却又什么都没有研究。这就像知识的市场，看上去可以为所有人服务，却又不针对任何一个人。一言以蔽之，发展在工业资本主义之前就已经存在很久了，更别说心理学了。关于它，好像并没有什么明显的来自实践的需要，要它发展出一套知识主张来。与此相反的是，19 世纪末 20 世纪初对消费者的建造是需要心理学的。同样需要心理学的，还有为了生产力的最大化，选拔、测试和教育孩子，招聘和培训工人，以及用野蛮的方法治疗那些遭受精神痛苦和/或被认为精神不正常的人，等等。

正是在这种特殊的背景下，政府官员和企业家那些明目张胆的投机倒把和不择手段才没有成为关于发展的心理学专业知识形成的主要推动力。(在过去的几百年里，西方文化对于发展的态度更多是对与人性相关的根本问题的系统关注。)但这并不意味着，关于发展的心理学研究在意识形态或政治上的意义没有其他心理学研究那么强。我们将要谈论的是，正是出于同样的原因，关于发展的心理学研究更具有意识形态性，且更具有影响力。本章要讲述的是心理学如何构建了一个发展的以及童年期的虚假故事，这些故事又如何被用于构建整个心理学的神话。

当代对人类发展的研究是哲学未曾成形的孩子。相较其他任何社会科学领域而言，发展心理学已成为哲学家探问了好几个世纪的认识论问题的试验场。我们如何认识(看、思考、感觉)到我们所认识(看、思考、感觉)的一切？发展心理学的认识论是：(简单却不失精确地说)要理解成年人的认识，可以通过理解婴儿的认识来实现——这实际上重申了心灵哲学的基本前提。

对人类发展的心理学研究一度充斥着欺骗和反欺骗。关于思维的哲学思考在更深地潜入西方文化的同时，也(向那些愿意看到它的人)显示出它再也经不起系统研究的检视。颇具讽刺意味的是，当人们用20世纪的科学化研究介入对人类心灵发展的探寻之中时，却将那些(现代科学中的)古今杂烩的哲学思想如何阻碍了历史性的有深远意义的事实暴露无遗。

进化的必要

让我们来聊聊眼下正在发生的事情。有人说，心理学与新的革命性的理论研究范式建立了密切关系，它能整合碎片化的理论，将心理科学从杂乱无序、乱成一团的状态中带出来送往 21 世纪。这一新范式被称作"进化心理学"(evolutionary psychology)，经常出现在学术期刊[如《心理学探究》(*Psychological Inquiry*，1995)]或者流行刊物[如《时代》(1995)]上。在它的主要倡导者戴维·巴斯(David Buss)看来，进化心理学是一把解开我们从哪里来、如何达到现在这个阶段的谜题的钥匙，能剖示定义我们是谁的心智机制(1995，p. 27)。

简单地说，巴斯的观点是这样的：人类行为指明了内在心理机制的存在，所有的心理理论皆是如此。因为心理理论中必然包含潜在的机制，所以也必然包含人的本性(pp. 1-2)。巴斯提出了这样一个问题：这些操控人性的机制可能的起源是什么？面对积累了几个世纪的诸多答案，巴斯总结后认为无非三种可能性：神创论、播种理论(外星生物探访地球并播下生命的种子)以及自然进化的演变。巴斯排除了神创论，因为它并不属于科学理论；也不考虑播种理论，因为该理论并没有解释问题，而是把问题推向了另外一个层面(种子和外星生物的起源又是什么)；剩下的就只有进化论了。大多数心理学家都赞同此说：进化论能够最大限度地解释"我们是如何发展至今的"这类问题，因为这些有意思的问题与"心理机制的本质通过自然选择的进化逐步成形"有关(p. 5)。

巴斯认为，进化心理学的机制有一个基本假定，这一假定排除了错误的心理学二分法(比如，他认为先天—后天的区分就是一种什么都能往里装的分类筐)。他认为，并不存在所谓"生物"和"环境"这两种原因，因为实际上只有一种原因，那就是进化的心理学机制。这一机制根植于有机体之中，是在解决"在人类进化历史中周而复始出现的那些个体生存或繁衍的特定难题"的过程中逐渐形成的(pp. 5-6)。经过研究，他假设存在10种这样的机制。例如："更强大的女性空间位置记忆"是为了"在觅食/聚会中增加成功率"；"男性因爱生妒"是因为要"增加亲子血缘的确定性";"男性偏好年轻、有吸引力和一定腰臀比的女性"是为了"找到有高生育率的配偶";"自然语言"的功能是"交流和操控"(p. 6)。问题是,现今男人和女人的行为方式并不意味着他们(像社会生物学家所主张的那样)被有意识或无意识驱动着,要通过自然选择达成最大限度的适应。更有甚者,有人认为这些行为方式指出了人类"就是活化石——由我们的祖先一路传承下来的、在自然选择的压力下产生的诸多机制的集大成者。今天,我们仍然在运行和执行这些特定的机制"(p. 10)。

我们想要指出的是,这一范式和想象实在滑稽可笑。它同现代科学讲究证据和逻辑的标准有着诸多冲突。从哲学上看,巴斯的分析异常天真(如机制问题显然不等于起源问题)。不过,更有意思的还在后面。现在先让我们用莫斯《童年期的生物性:发展心理学和达尔文谜题》(*Biologising of Childhood*:*Developmental Psychology and the Darwinian Myth*,1990)一书中对发展心理学的观察来检视巴斯所说的"新范式":

> 发展心理学构筑于其上的根基早已是明日黄花。不仅它的经典陈述,包括它的当代形式,均依附于已经过时之物——哲学本质的观念……它在学科内容上也诉诸进化论的逻辑和相关学科,并没有什么自己独特的东西。这样一来,我们可以认为,发展心理学从 19 世纪晚期以来就没有什么长进,它就是社会和生命科学在不断向前发展的道路上遇到的一个黑洞。

莫斯通过强有力的论证指出，纵观发展心理学的历史，它一直追随的其实并不是进化论，而是前进化论(尤其是拉马克学说)的生物学假设。莫斯提醒读者注意：个体发展的过程是物种进化史的重复这一观点并不是达尔文进化论的观点。达尔文的学说没有提到进化过程必须固定、有序和分层发生，也不迷信习得的特征。莫斯告诉我们，达尔文自己的表述与那些将进化论的要素向前推进了一步的人并不一样。达尔文用非目的论的机制来解释变化，在关于自然选择的想法上，他与自己的后继者们并不相同。达尔文理论具有革命性的地方并不是遗传可能性，而是变化的观念(Burman，1994)。

莫斯总结了发展理论历史上那些代表人物[霍尔、鲍尔温(Baldwin)、弗洛伊德、皮亚杰(Piaget)、维果茨基和维尔纳(Werner)]的思想以及影响了他们思考的生物学等方面的见解。他让我们看到，持续性、层级性、发展性和过程重演的进化论假设如何影响了皮亚杰智力发展机制是生物发展机制重演的观点，以及那种(为心理学家普遍接受的)对感觉的"原初"觉知是人类思维最早形式的看法。

尽管莫斯深入批判了发展心理学及其前置的进化论假设，但他并不认为发展心理学会变成进化论学说(看来他不是巴斯进化心理学的追随者)。同时，他也不认为生物学在人类发展的研究中毫无用处。莫斯所做的，是提醒我们生物学已经越过达尔文主义走得太远了，他支持发展心理学成为**后达尔文主义**(post-Darwinian)。这种撇开19世纪(进入21世纪)的做法也许意味着"现代生物学的同化以及与19世纪旧观念的切割"，或者是"连同生物学一起的切割"(p.232)。

　　根据莫斯的历史分析，我们要如何理解进化心理学？若发展心理学就是进化心理学，那么它的新范式是什么？此外，如果当代发展心理学建基于 19 世纪的生物学理论，就当前心理学的解释神话来说，是什么让达尔文死而复生，成为复兴这一领域的必要条件？什么是自然选择的进化应该填补的空白？为了探究这些问题，我们需要检视关于人类发展的基本进化观念是如何被建构起来的，以及发展心理学如何强化了生物学与认识论的结合这一历史过程。

发展心理学与儿童的建构

何为儿童及儿童为何？

　　发展心理学之所以始于儿童，不仅因为儿童直到最近都是它的研究主题，还因为作为一门学科的发展心理学正是脱胎于"儿童研究"的。我们知道，正是达尔文的《一个婴孩的生活简史》(*A Biographical Sketch of an Infant*, 1877)开启了儿童研究的大门。这本书摘录了他对儿子进行观察的笔记。当然，在此之前也有过不少关于儿童的研究，且研究者多为女性，但是这些研究并没有出现在心理学的正史中(Bradley, 1989; Burman, 1994)。

　　达尔文感兴趣的是从动物到人的连续性，他特别想找到那些能够证明我们的心理能力和道德天赋是从动物祖先进化而来的证据(Morss, 1990)。早期发展很重要，它被看作"遗传的禀赋，是成年时可能出现的那些变化的基线"。不过，达尔文对儿童研究的兴趣是个偶然事件，并非刻意为之。大部分追随达尔文的发展心理学家(皮亚杰最为著名)之所以对研究儿童有兴趣，是因为他们想借此来探索自然规律。

要让儿童成为值得研究的对象(若仅从工具主义的角度来说)，首先得有儿童！换句话说，就是要先建立"儿童"这一概念，要将人生阶段中的一部分区分出来，把它定义为与成年期不同的儿童期。法国历史学家菲利普·阿里耶斯(Philippe Aries)把现代西方关于儿童期和家庭的观念联系了起来，认为这两个概念都是在 16 世纪至 17 世纪期间由社会构建起来的："那时，'家庭'这一概念已经不限于生物学和法律上的意义，而成了一种价值观念、一个表达的主题，以及情感的缘由。"(Aries，1962，p. 10)

通过对 4 个世纪范围内的日记和绘画作品的检视，阿里耶斯展示了发生在欧洲上层社会中那些与儿童有关的话语，以及当时的艺术家表现儿童的画作中的变化。这些变化告诉了我们当时人们是如何看待儿童的。例如，一直到 14 世纪，人们才能在画作中看到儿童的形象。在此之前，人们仅能在一些图片(如某些描述基督宗教活动的场景)中看到被描绘成小小人的儿童形象。中世纪，儿童、圣婴或灵魂在绘画作品中都被画成裸体，17 世纪以前的绘画作品中几乎没有一个平凡普通的孩子。阿里耶斯还大量引用了那个时代的日记。例如，他引用了为法国国王亨利四世治病的医生的日记。这些被引用的日记表明，当时人们对儿童并没有区别于成人的治疗方式，也不提供特殊的保护措施；儿童出现在包括性、醉酒、暴力和死亡在内的各种生活场景中。

阿里耶斯认为，"儿童期的发现"与发生在 17 世纪欧洲的那些削弱了生活的社会性(公共性)并促成(更私人化)家庭概念产生的各种文化和经济变化有关。

19世纪中期至20世纪早期的儿童观是浪漫的——儿童更"接近"原初天然,是还未被文明教化的不成熟的生物有机体;他们虽在通往知识和理性的道路上,但尚不具备什么知识和理性(Burman,1994)。因此,20世纪早期,不少儿童研究都把儿童跟猩猩、"原始人类"("野人")及疯人进行比较。科学家们想通过这些研究寻找身体和心理从简单到复杂、从同质到多样化、从一体到分化的进化适应性复演的证据。

被誉为"发展心理学之父"的美国心理学家 G. 斯坦利·霍尔认为,发展理论不是心理学的一个分支而是一种路径,这一"真路径"可以取代错误地建基于静态地看待知识和灵魂之立场上的心理学(Morss,1990,p. 34)。除了心理学史(和霍尔担任校长的马萨诸塞州的克拉克大学)外,霍尔在20世纪前20年的高度影响力现在已经没有几个人会记得了(在霍尔的努力下,克拉克大学赞助了弗洛伊德1909年的美国之行)。对于我们来说,霍尔的重要性在于他把童年期和发展理论放在了心理学的版图上。

作为复演论坚定不移的支持者,霍尔认为人类学习应自然地遵循文明进化的过程,而"教育的作用只是促进和缩短这个过程"(Morss,1990,p. 33)。因此,教育应该是"发展性"的。它应该帮助儿童经历文明教化的所有阶段(各种文化纪元),只有这样的课程才能满足他们(进化复演)的需要(Morss,1990),故他将这一源于欧洲的模式引入美国。与此同时,他大力推广心理普查,将其作为收集大量学生信息的工具,期望从中获取有关心理特征分布的知识。

　　很快，前文我们讨论过的那些更复杂的统计学方法进入了儿童研究领域，并借由人们对心理测验的"狂热"影响了这一领域。将"心理年龄"与实际年龄类比，人们能"看到"(福柯所说的"目视即知识")在可量化和可测量的区间中各种能力的分布情况(比如，大家熟悉的"发展指标"就是指在不同年龄段婴儿要能够抬头、爬行、1 次说 1 个字、掌握50 个词汇等)。伯曼提到，这一时期产生了现代意义上的儿童观，这对于儿童期观念的培养及概念化至关重要(Burman，1994)。儿童研究将进化论作为理论基础，辅之以依靠统计数据进行的分类、测量以及量化等新的心理学探究实践，生产出所谓"有关人类生长过程的自然演变"的知识。它使用年龄这一简单的基线为那些与一般标准不同的偏差下定义。伯曼在回应丹齐格的重要分析中加入了一个福柯式的反转。他说："标准小孩是理想型小孩，从按年龄分类的人群的比较数据中抽取出来的，是一种虚构，或者说根本就是个神话。在现实生活中，没有一个真正的孩子会以此为基础成长起来。拜凝视所赐，成套的测量装置创选出的想象、谎言和产品共同构建出这样一个孩子。"(1994，pp. 16-17)

　　在我们看来，儿童和童年期这类产品还谈不上是理念和形而上学的。现如今，"自然"和"正常"这两个概念已经与进化(而不是"变革"这样的概念)牢牢联结在一起，被定义为连续、稳定和线性发展的。万物皆在变动之中(自伽利略几百年前首次提出这一世界观后，人们已逐渐接受了它)，但是运动和变化发生在固定的间隔周期中。此外，"发展"

(仅仅被定义为"成长")这一概念已被适时重构，这使我们在提及它的时候必然要和年龄联系起来。这样一来，这些概念背后更深层的抽象含义就被固定下来了。

若"自然"和"正常"就是**进化**(evolution)，那么**变革**(revolution)就变得不正常了。维果茨基对传统发展观的挑战之所以如此独特和珍贵，部分在于他对以进化来理解发展的批判(尽管他在这个问题上并不是完全没有矛盾的)，以及他将变革视为常态的认识。他曾说："变革解决的只是那些历史已经提出的问题。"(p. 26)在这里，我们引用了他关于这个问题的一段完整论述：

> 在天真的思想看来，变革和历史似乎是不相容的，因为它深信历史是直线发展的。如果这个过程出现了某个变化，打破了原有的历史结构，使之出现了一次飞跃，这对那些天真的思想来说，就意味着灾难、失败和破败。因为在他们看来，历史只能在直直的窄路上终结。与这种思想完全不同的是，科学思想把变革视为全速前进的历史的火车头，认为它本身就是历史有形的、鲜活的化身。变革解决的只是那些历史已经提出的问题。站在这一立场上，我们便将一般意义上的革命等同于革命中发生的社会文化生活方方面面的变革。(Levitan, 1982)

维果茨基将实证主义者的进化观点(天真的思想)与辩证的历史唯物主义观点(科学的思想)进行了对比，认为我们应该采取历史的(变革的)而不是社会的(进化的)的发展观。虽然他用的是现代主义的语言，但其中之意却与后现代主义者对知识和世界观内在之历史性的强调不谋而合。

但这些思想并未为人所知，因为直到 20 世纪 60 年代，维果茨基的论著都还一直受到压制(只在一个极小的圈子里传播)，没有机会被更多的人了解。即使后来他的作品已经可以出现在市面上了，也很难说到底产生了什么重大影响。因为早在 20 世纪 30 年代，心理学的神话就已根深蒂固，生物学和行为主义的还原论(它们是同一枚硬币的两面)以及哲学的理性主义已经深深扎根于学术界和心理学研究。当时，弗洛伊德学说在很多方面都改变了文化地景(cultural landscape)，其中包括我们如何思考儿童以及童年期的本质。这个问题开始被整合进心理学的理论化进程中。我们之前提到的方法论也正大行其道，心理学家理解数据时会求诸各式方法、仪器、技术和统计学，而非理论。

这一时期在心理学中占主导地位的观念是将儿童视为一种能够被训练、塑造和社会化的被动有机体。社会上不断涌现新的关儿童的流行观念，显然更道德化也更具张力，但仍是被动和缺乏变化的。一个又一个现代孩童形象占据了主流地位却又须臾而过，他们时而性善时而性恶，时而天真无辜时而不值得信任，时而要依靠"他人"时而容易被"外人"伤害，时而需要自由时而需要管教……在关于孩子的社会建构中，流行观念和科学概念相互影响，当然，两者同样受到政治、经济和文化变化的影响(它们同时也影响着政治、经济和文化)。

最明显的例证来自生活形式的改变，也就是城市工业化、生活标准的提高，以及针对经济剥削的政治行动主义。20 世纪以前，对家庭和社会来说，儿童具有的主要是经济价值。在前工业社会，儿童(除了贵族之外)的生活就是在地里劳作；在工业革命时期，儿童的生活就是在矿山和工厂里工作。19 世纪末，西欧和美国通过成功的群众运动废除了令人憎恶的童工现象，与此同时，伴随工业化出现的经济发展和生活水平的稳步提高，以及显著降低了婴儿死亡率的医疗和公共卫生的发展，所有这些因素都创造出用全新的方式来理解儿童的可能性。

薇薇安娜·泽利泽(Viviana Zelizer)就美国这一变革时期及它对儿童概念形成的影响进行了社会学分析(Zelizer，1985)。在《给无价的孩子标价》(*Pricing the Priceless Child*)一书中，泽利泽提出，19 世纪 70 年代至 20 世纪 30 年代，在父母和整个文化中，15 岁以下的儿童在经济上的价值和他们在情感上的价值的重要程度已经被反转了。就在一个世纪以前，儿童还是必要的收入来源(对于工人阶级来说，他们保持着这种情况直到 20 世纪 30 年代)。例如，当时父母会因为儿童的非正常死亡获得补偿，补偿金额取决于儿童的收入能力。如今，则是人们花费数十万美元来抚养不会带来任何收入的孩子，更有养父母需要付几万美元来收养一个孩子。法院虽然常会为一个孩子的非正常死亡判决赔付百万美元，但这样的决定基于父母遭受的不幸、伤痛和情感上的损失。儿童的价值不再是经济的，而是情感的了。

泽利泽将这种突如其来的转变部分归功于社会的商业化发展。儿童开始占据一个独立的、**超商业化**(extracommercial)的空间："将儿童从金钱关系中排除出去……是儿童生活'神圣化'这一文化过程的一部分。

'神圣化'一词意指在对某客观对象的感受中注入情感或宗教意义。"
(1985，p. 11)

　　泽利泽提供了一些有意思的资料，告诉我们"经济上不值一钱"的
儿童和作为"情感非卖品"的儿童是如何被建构起来的。这些来自现实
生活的资料有些闹心，不过对现代人来说，它们要么已经变得无关紧
要，要么已经变得理所当然。在公众对儿童死于交通事故的反应、对
童工立法的抗争、对儿童生命的保护、对死于意外的儿童的父母的补
偿，以及收养和贩卖儿童等与儿童的生活和死亡有关的事情中，儿童
的经济价值和情感价值互相交织着。

　　泽利泽的分析在某些方面颇有建设性。首先，她关注的是普罗大
众，关注他们在参与到富有历史性的变化和活生生的生活中时所面对
的世俗问题。泽利泽聪明地避免了成为批判者(尤其是对资本主义的批
判)。她并未将工业资本主义视为万恶之源，也没有给它在意识形态上
的转变简单地扣上阴谋论的帽子。相反，伯曼在另一本还不错的书里
三番五次地掉到这样的套路中。例如，伯曼认为英国人对童工现象的
出离愤怒与"害怕经济独立会带来无视规则和可能不受欢迎的行为"有
关，而不是因为在这种情况下儿童被剥削了(p. 35)。她还认为义务教
育是对儿童的剥夺，因为它"将工人阶级的孩子界定为需要教育和社会
化的"(p. 35)。我们搞不懂在生活形式已经发生了彻底改变的情况下，
还有什么理由可以否定工人阶级的孩子需要接受教育、需要社会化？

　　泽利泽认为，儿童由纯粹的经济价值向纯粹的情感价值的转变强
化了建构儿童和童年期的工具主义的基础。心理学家(他们也是学富五

车的哲学家)要么通过孩子来研究成年人，要么通过孩子来了解人性的抽象法则，要么双管齐下。实践者们关心的是通过训练孩子和他们的家庭，生产出有用的(有生产力的、顺服的、快乐的)成人。至于父母，当然要将他们的精力投入"养育"自家小孩，也就是生产大人的各种活动之中。

我们并非要对儿童或童年期的概念加以褒贬。我们想说的是，作为生命的一种形态，被西方文化建构起来的儿童概念其实并不完整。童年期被视为生命的一个阶段或一个片断，是抵达所谓"成年期"这一终点的途径。发展(独立于它的产物)本身被视为必能使人进入另一(更好、更高级)境界的过程；要是它没做到这一点，那就意味着这个过程是有问题的，偏离了正轨。人们并不把它看作不断进行着、一直在持续的生命活动。发展(这一抽象概念)或与我们人类的祖先以及/或我们的未来以及文明一样"具有连续性"(这又是一个抽象概念)。然而，对于我们而言，发展(或成长)——这一人类的社会性和关系性活动——不断发生着且一无用处地进行着。①

自我建构的发展

皮亚杰改变了一切。这位瑞士生物学家、哲学家和心理学家 20 世

---

① 此处原文为"To us, however development – the human social, relational activity – is continuously and nonpragmatically emergent"。作者意在强调与实用主义式发展观不同的对待发展的看法，即这是一种并不实用、并不功利、不见得有任何目的的过程。——译者注

纪20年代到70年代所做的工作一直到20世纪60年代初都并未给美国的心理学领域带来什么深远影响。不过，当美国心理学具备合适的条件时，双方的蜜月期便翩然而至了。

借由皮亚杰，发展心理学从此步入坦途。关于人类发展和我们如何知道那些我们所知的一切的知识主张在复杂性和数量上都增加了。发展心理学确有一些新的、有创造性的东西，这使它在有着诸多分支领域的心理学体系中站稳了脚跟。皮亚杰的哲学思考相当出色，他的工作被不少获得了一些在心理学中已消失很久的哲学正统真传的人接受。首先，皮亚杰埋葬了"被动的儿童"这个概念。他眼中的儿童是活跃主动的。儿童并非知识的被动接受者，而是知识的发明者和建构者。更重要的是，他们作为行动者并非愚昧无知。在皮亚杰看来，儿童知道的东西只是跟成人**不一样**，而不是比成人少。

皮亚杰对于认知的新颖视角，他那一丝不苟、让人着迷的观察，以及新的反经验主义的研究方法等，我们说上三天三夜也说不完。发展心理学中所有的变化其实也仅此而已。实际上，皮亚杰的范式对心理学的神话贡献颇丰，他没有弃绝那些心理学的基本哲学前提——哪怕只是一丁点儿。皮亚杰的范式为心理学对儿童的社会建构添砖加瓦，加强(和放大)了在19世纪就已经被浪漫化了的将儿童看作"他者"的观念(从20世纪60年代开始出现的所谓"以儿童为中心"的教育和养育观念即其中一例)。正如我们所见，皮亚杰独特的儿童观混合了笛卡尔、康德和弗洛伊德这些人的思想中奇特的抽象概念。

关于皮亚杰的范式，我们要说的不只是他的大部分论著，还有他留下的那些遗产(尤其是在美国)的延续。时至今日,他的理论中的阶段论和结构性元素仍然主导着美国的研究。不过,在当代两种不同(且对立)力量——一种是后皮亚杰理论的"婴童即天才"运动,另一种是受后现代主义/社会建构主义和维果茨基影响的活动理论——的左右夹击下,学者将重点集中在皮亚杰的建构主义上。这也许能够挽救皮亚杰式的研究,使其不至于被以上两种力量攻破。

作为一种研究范式,皮亚杰主义也许会日渐衰落,但在此之前,它已渗透到了发展心理学、教育理论和教育实践以及更加广泛的文化中(尽管没有产生弗洛伊德主义那样的影响力)。举个例子来说,智力发展稳定不变和线性增长的观念已成为"发展"这一概念的一部分,就跟"童年期心理创伤"这个概念一样。在本体论上,皮亚杰同弗洛伊德一样看重个体,构建了自主的、个性化的主体。他们都预设内—外二元性和生物学的优势在结构和遗传上具有先验性。弗洛伊德的个体化的主体处在与"外在"(社会世界)不断的冲突之中,由此形成了个体的人格;皮亚杰的个体化的主体"同化"了那些"外在",由此形成了知识个体。皮亚杰理论中的儿童是主动的,不过是一种工具性的主动。儿童与外在的客观事物的互相作用是一个手段,最终指向内在心理图式。而在皮亚杰看来,智力的发展就是知识的增长。

康德的传统:知识的心理学化

知晓意味着什么? 判断儿童思维水平的标准是什么? 什么样的人

才算得上货真价实的知晓者？皮亚杰结合了西方哲学的理性主义、心理学的心灵主义和生物学的还原论。皮亚杰不仅把笛卡尔的"我思故我在"变成了由生物性决定的心理现实，还"成功地将康德的每种知识类型都从第一原则转变成一个科学研究的主题"(Gruber and Voneche，1977，p. xxix)。例如，皮亚杰观察了儿童关于客体的概念如何产生，以及对客体持久存在的认识如何发展的过程，并提供了非常详细的记录。他还写了一本又一本的书来探究康德留下的其他知识概念[如《儿童的空间概念》(*The Child's Conception of Space*)、《儿童的时间概念》(*The Child's Conception of Time*)、《儿童的物理因果概念》(*The Child's Conception of Physical Causality*)]。

皮亚杰所说的思考指逻辑思考。当他说儿童的思维与大人不同时，他所指的大人是特定的大人，即现代科学家。当儿童能够进行一整套的假设推理演绎时即到达了智力发展的最高阶段——形式运算阶段(一般来说，人们在青春期就会到达这个阶段，但并不是每个人都可以)。处于形式运算阶段的儿童能够认识到一个扁平的泥团在变成圆球形后，与之前的那个是"同一个"或"具有相同的量"。皮亚杰认为，儿童在这一过程中进行了三种心理运算：同一、补偿和逆转。只有通过这些心理运算，个体(或通过自我构建的知识)才能认识物质守恒的事实。

在皮亚杰关于思维以及心理运算能力如何增长的模型中，解决矛盾冲突扮演着一个重要角色。处于具体运算阶段的孩子在看到两个同样的圆球时，会说它们是一样重的，但如果我们当着他们的面，把其中一个圆球变成蛇形，他们会说这个蛇形的泥团比那个圆球形的泥团在量上更多(或更少)。皮亚杰如此解释这一现象:在这样做时,儿童否定了他之前看到的和之后看到的东西之间的矛盾,或者说,他否定了他看到的(两个泥团看起来并不相同)和他"知道的"(没有人加入新的胶泥,也没有人拿走原有的胶泥)两者之间的矛盾。在皮亚杰看来,智能的最高形式是"日渐增长的对冲突的觉知,想方设法解决这些冲突的意愿,简言之就是逻辑性的增长"(Gruber and Voneche, 1997, p. xxi)。将思维等同于逻辑,把冲突归咎于思维错误,这样的哲学前提由此被编织进了心理学关于发展的认识以及心理学的神话之中。

弗洛伊德的后辈:"自我"的智力化

皮亚杰主义中的儿童同样是自我中心的。皮亚杰颇有创造性地改造了弗洛伊德的"自我"概念,将其由人格结构中的要素变成了早期认知的一种特征。不能从别人的观点看问题的儿童无论在思维还是语言上都是自我中心的。例如,学龄前的孩子会排排坐、肩并肩地玩耍,但互不说话。他们所说的东西虽然有社会性的部分,但相当肤浅,其中没有想要了解他人观点的那些对话具有的特征。直到 7 岁以前,儿童的语言都是自我中心的。他们说话的目的并不是与人交流,而只是说给"他们自己"听。

皮亚杰坚持认为,自我中心的语言足以证明以自我为中心的思维方式的存在。他这样写道:"大部分儿童话语的特征指向某种以自我为中心的思想本身……而且这些思想是无法被语言准确表达出来的,因

为它们并不是在只是想要与人交流、与别人分享自己的观点的欲望驱
动下发出的。"(Piaget，1955，p. 206)

按照皮亚杰的说法，儿童的自我中心会在某个阶段衰退，然后在
另一个阶段重新出现(然后又会经历一个衰落期)。儿童那些自我中心
的思想未经分析，是前逻辑式的。它们来自"按照儿童内在的观点而不
是按照事物本身的关系"被图式化的事物(Piaget，1995，p. 249)。因
此，儿童想法和观点的狭窄不仅基于他们的自我中心，还因为这些想
法和观点并不包含事物的普遍规律和性质。

让我们来看看皮亚杰著名的"三山"实验。这个实验将特定年龄的
孩子放在三座高度、特点各不相同的模型假山前，同时将一个娃娃玩
偶放在从另外一个角度看这些假山的位置上。实验要求孩子首先说出
他或她看到了什么，然后再说这个玩偶看到了什么。自我中心的孩子
不能"说出这个玩偶看到了"什么(不能在感知到的物体身上执行必需的
心理运算——如不能改变空间中的物体)，不能根据这个玩偶提出相应
的观点(例如，在空间中变换对象后就不能够对认知的对象进行心理运
算)，只能在描述玩偶看到的东西时简单地重复之前说过的那些话。

皮亚杰儿童自我中心思维的观点依赖并延续了二元论和因果论的
哲学前设——他的分析建立在内—外/个体—社会世界的二分上，以及
认为心理领域有着与外在物理世界对应的因果机制的基础上。皮亚杰
内—外二重性本质上是精神分析，为了解释自我中心到社会语言以及
自我中心思维到逻辑思维的转变，他不得不引入"需求"的概念。如此
一来，儿童的世界就有了两个——内在需求的世界和客观现实的世界。

年龄较小、自我中心的儿童的动机仅仅是满足内在需求，思维的发展是在后来对外部现实世界的逐渐适应中达成的。维果茨基对皮亚杰这种形而上理论的批判颇为精当。他认为：

> 皮亚杰借用了弗洛伊德追求快乐的原则优于现实原则的理念，采用了追求快乐原则的整个形而上学的部分。于是，追求快乐的原则从生物的一种辅助或附属特征变成了一种独立的关键力量，成了推动整个心理发展过程的原动力。(1987，p. 77)

维果茨基并不认同弗洛伊德和皮亚杰的二元性，认为将满足需求和适应现实分开来看的假设本身就有问题。由此，他揭示了皮亚杰所谓"主动的儿童"身上的被动性：

> 皮亚杰认为，事物并不会影响儿童的心灵。但是我们看到，当儿童的自我中心语言与他的实践活动相联系时，他的思想也与实践活动发生了联系，可见事物的的确确影响了儿童的心灵。"事物"一词指的就是现实。然而，当它被动地反映在我们的感知之中，或抽象地被认知时，我们心里却不认为它是现实的，因为我们所说的现实是我们在实践或生活中遇到的那些东西。(1987，p. 79)

自我建构的消解

前文提到，皮亚杰范式的后继者包括新皮亚杰建构主义和社会构建主义。20 世纪 70 年代，随着发展心理学家对"社会世界"的日渐关注，皮亚杰研究中脱离社会的儿童越来越受到质疑。新的实验和观察技术(如录像、影片和其他可以观测眼动、吮吸速度等生理活动的设备)使得儿童可以被前所未有地细致观察。社会互动(通常情况下被认为或被理想化为仅存在于母亲和孩子之间的交流)的重要性被重新认识。发展心理学的前提假设也得到修正，将儿童生活在社会世界中这一事实考虑在内。下面让我们来看看，这些新路径中的知识主张和研究实践是否能够让心理学成功地摆脱掉它的哲学前设的影响。

在《解构发展心理学》(*Deconstructing Developmental Psychology*，1994)这本书里，伯曼用批判的眼光分析了发展心理学在过去 25 年的历程，描述了发展心理学如何试图弥合个体的生物性和社会性之间的鸿沟，又如何最终仍陷入失败。伯曼认为，这一失败的部分原因是发展心理学无法抛弃其进化论的理论框架。在她看来，当代的发展心理学者把儿童定义为一种生物有机体。这种有机体"具备全套对行为的反射系统，其功能是诱发人们对他们的关心、养育和注意。这被解释为……对个体和人类具有'生存价值'(因为人们认为儿童是人类这一物种的未来)"(Burman，1994，p. 35)。只要是诱发照料者做出满足儿童需求行为的，儿童任何行为的差异，哪怕再细微，都会被发展心理学者视为儿童乐于进行社会互动的证明。例如，母亲很快就能学会针对婴儿哭泣的不同方式做出不同反应。因此，儿童被认为早就"预置"了从生物个体向社会个体转变的程序。

伯曼指出，研究者并没有消除生物性—社会性/内部世界—外部世界的二元性，反而进一步强化了它。那种认为发展发生在"对社会世界由少到多的涉入和认知中"的观点召唤出"个体从孤立过渡到社会化的图景，同时加上将'世界'等同于'社会'，这样一来，儿童之前所在的世界便被认为是前社会或非社会的了"(Burman，1994，p. 36)。

皮亚杰理论通过儿童勾勒出可能掌管着人类智力发展的普遍预定法则。"外在世界"是必需的，它可以被儿童操纵，只有这样，他们的内在心理结构才有可能转变。如此，儿童的发展便是个体化且自主的自我构建事件了，与他人的社会互动只是到了儿童中期才成为发展的重要因素。

相比之下，新皮亚杰主义和后皮亚杰主义都认为，儿童原本就有社会性的**倾向**。不仅儿童的照料者能够及时对他们的心理状态和细微的行为变化做出反应，儿童同样能够观察和解读照料者的行为(参见《解构发展心理学》)。伯曼在书中提供了确证这一问题的研究设计和对数据的解释)。儿童心理发展的驱动力不再是康德的知识分类或弗洛伊德的内在心理冲突，而是我们与生俱来的社会性——这是生活在一个社会世界中的必需品。这一新的"发展"概念需要共同意向性(mutual intentionality)、主体间性(intersubjectivity)和关系(relatedness)这类新的心理研究对象。对于这些新构建的心理研究对象，近年来发展心理学家们已经发展出各种知识主张。例如，他们认为这三个新的心理研究对象都内隐在儿童参与社会互动的先天倾向中。儿童和母亲在身体动作上的同步就是关系的原初形式，它为后来儿童话语的发展提供了基础(Kaye，1982；Trevarthen and Hubley，1978)。

话语本身也得到了发展心理学家的极大关注。近年来他们试图在话语的社会建构主义和构造论的框架下解释发展。而在大部分此类研究中，话语被视为个体与社会交互的舞台或手段。同时，这些研究为了使大人与儿童必然建立起主体间性的理论言之有据，往往采用叙事或对话的视角[巴赫金(Bakhtin)在此事上可谓功不可没]。那种一度盛行的，认为儿童只会在受到刺激、表达己意或处理信息时使用口头语言的观点已经过时了，取而代之的是：当与在他们的幼小心灵看来重要的成年人进行口头互动或对话交流时，儿童其实正在学习如何"超越"自己的"内在世界"。

颇有影响的美国维果茨基学派学者詹姆斯·沃茨尔(James Wertsch)在20世纪80年代进行了一系列他称之为"微发生学分析"的研究，主要内容是让一对母子完成拼图任务。沃茨尔对母亲和孩子如何合力完成拼图的问题颇有兴趣，认为只有主体间性达到一定水平才能产生有效的共同认知活动(Wertsch，1985a，p. 175)。

在他的实验中，一对母子在做拼图任务时失败了。沃茨尔分析了他们的对话，做出了以下解释：

这段对话初步显示出孩子在"超越他的内在世界"这件事上并

不是很成功。他显然从来没有理解，这些拼图碎片代表着卡车上的车轮。在整个与母亲的互动中，他一直把这些碎片当成甜甜圈或者饼干，而不是车轮。完成拼图任务显然有更合适的情境定义，但这个孩子没有能力全盘接受或部分接受。他的母亲不得不改变策略，让孩子能够在自己的框架内理解拼图碎片。（1985a, pp. 172-173）

虽然母亲把这些碎片称为轮子，但孩子却一直认为圆圆的东西就是甜甜圈和饼干。在这个实验中，我们认可沃茨尔关于母亲在建立与孩子的共同认知活动时使用了各种符号机制（"卡车车轮""没错，他们确实像甜甜圈""这个和那个很像"）的分析。从文化的角度讲，在这个由实验者定义的任务中，说这些拼图碎片是车轮可能比说它们是甜甜圈或饼干更合适。但我们不认可沃茨尔将这一切诉诸内—外/个体—社会的二元冲突，因为他断言这个孩子不能超越其"内在世界"，并采用了诸如"全盘接受""部分接受""不得不"和"自己的框架"这样的表达。沃茨尔想要建立起主体间性来满足共同活动的要求，但在我们看来，他的"甜甜圈"和"饼干"居于这个孩子疏离又分立的内在世界某个不为人知的深处的说法实在相当可疑。请问有什么证据表明这个孩子身上有所谓"自己的框架"（或者随便什么框架）呢？为什么我们需要假设存在一个解释"交流行动"的框架？我们平时在与人对话时，真的会想要"解释交流行动"吗？

沃茨尔还把母亲视为孩子言语或发出的声音的私产。母亲创造性地使用语言，但这一举动被定义为鼓励孩子产生出新的情境定义——拿沃茨尔自己的话来说，即"用不同的话语"帮助孩子"进行不一样的思考"(p. 176)——通过迫使孩子放弃自己的"内在世界"而采用成人的世界与语言的方法，产出更高水平的主体间性。我们不同意这一说法。按照本书第三部分会谈到的关系性的、非工具式的、活动理论的展演分析方法，我们认为，沃茨尔实验中的妈妈回应的并不是孩子语言中的内在含义(内在世界)，而是谈话双方共同的非释义性活动，是制造谈论/对话/叙述的创造性意义。只有当我们预设了个体与社会二元性存在这一前提，主体间性才会是共同活动所必需的东西。要是撇开二元性，主体间性**即**共同活动。因此，即使是在沃茨尔(自称的)活动理论式的、具有社会文化性的解释中，我们仍然能够发现一种解释偏见，一种对个体化的本体论的委身，以及一种对个体的强调和凸显。

　　心理学建立的发展神话(以及心理学的把戏)中的这些元素同样也出现在将临床视角融入发展的研究工作中。这一工作(毫不让人惊讶地)止于通过母亲—孩子的对话来解释语言的发展。颇负盛名的发展心理学家、精神分析学家丹尼尔·斯特恩(Daniel Stern)的研究正属此类。

　　斯特恩告诉我们，在精神分析中，语言的习得在儿童与父母分离以及个体化的过程中十分重要。但斯特恩的观点是语言"有助于和睦团结、亲密无间"(1985，p. 172)。言语、对话、交流、构建共享意义，使还未社会化的儿童社会化(伴随着个人意识的显著丧失和潜在的神经官能症)。斯特恩[支持多尔(Dore)的观点]认为，当存在强制遵守"社会秩序"的压力时，为了重建一个妈妈认可的"个人规则"，儿童就会有动力开口说话。根据多尔的观点，这时妈妈开始要求孩子以务实的社会目标来组织个人行动：自己的事情自己做（捡自己丢出去的球），实现角色功能（自己吃饭），按照社会标准规范自身行为（不乱丢玻璃），等等。这使儿童开始害怕，担心自己必须以（朝向社会要求的）非个人标准行事，而这些非个人的标准会引导他与自己的内在秩序渐行渐远。

无独有偶，若我们再来审视那个皮亚杰—弗洛伊德式的自我中心的儿童（你应该还记得，他们为了适应外在现实而被迫压制自己的内在需要），就会发现，不论是斯特恩和多尔眼中的儿童，还是皮亚杰和弗洛伊德笔下的儿童，他们全都披上了"理性"的外衣。

另一个由发展心理学建构的心理学名词是斯特恩强调的"自我意识"。正如第一章所指出的，人们对于儿童如何形成自我意识这个问题很有兴趣（对"自我意识"这个概念是如何形成的这一问题则兴趣寥寥）。斯特恩身处预定倾向论阵营，认为主体性是一种再自然不过的现象，儿童一早就有自我意识倾向。实际上，儿童自我意识的发展从出生直至一岁半要经历四个阶段（萌发的自我意识、核心自我意识、主体自我意识和语言自我意识）。在每个发展阶段中，儿童的主体感觉都会被重新建构。

在《被遮蔽的意识形态：斯特恩的儿童的政治作用》（*Ideology Obscured : The Political Uses of Stern's Infant*，1991）一书中，库什曼对斯特恩进行了意识形态批判。库什曼认为，自我是被社会建构的。斯特恩关于儿童自我意识发展的主张带着欧洲中心论的成见。就此来说，斯特恩的观点只是不自觉地维持了现状，因为现存文化的主要特征是那些与他界定的自我意识在本质上并不相同的自我意识。我们认为库什曼是对的，但他应该走得更远一点。库什曼"政治正确"的批评指出了斯特恩特别的自我如何通过强化神话般的个体化的主体来维持现状，但并没有对自我本身是否做着同样的事、维持着同样的神话进行质疑。关于**自我**的哲学前设是被社会所建构的心理学神话的核心。在我们看来，对斯特恩的儿童进行批判的关键在于将"自我"解构为一种由社会建构的、带有政治偏见的意识形态概念。

对儿童的动机和意图的推断本身就面临科学和哲学上的风险(斯特恩和多尔都掉进了坑里)。为了避免这些风险，一些发展心理学家采用了被伯曼称为"当作是"(as if)的立场。也就是说，他们主张成年人对待孩子要"当他们完全是新的社会伙伴，认为他们可以参与到这个社会系统中来"(1994，p. 39)。他们用"把儿童看作有能力参与社会的人……他/她就会变成那样的人"这样的观点来解释发展(p. 39)。

伯曼评论了她认为使这个观点更有说服力的一本书——肯尼思·凯(Kenneth Kaye)的《婴儿的心理和社会生活》(*The Mental and Social Life of Babies*，1982)。她帮助我们看到，在发展理论中，解释论、进化论、二元论和因果论的预设有多么根深蒂固。凯在书中一开始就断言："就其发展从一开始就依赖于自身与成人交流的模式来说，婴儿生来便有社会性。"(Burman，1994，p. 40)当婴儿开始对互动模式有所期待时(比如，他们会期待妈妈做些什么)，母亲和婴儿可以说形成了一个社会系统。这些期待并不是被基因安排好了的，而是经验的产物。这个社会系统是母亲与孩子共同建构起来的。

伯曼列举了凯对哺乳时的互动模式这样一个社会系统最早期形态的分析。婴儿在猛吸一阵奶后会暂停一下，这时母亲"多半会轻摇一下乳头(或者检查一下奶瓶里还剩多少奶)"。凯认为，这些互动模式组合起来，"构成了相互适应、轮流上阵的早期形态"(Burman，1994，p. 41)。在这种状态下，母亲把婴儿视作一个次序建立者——通过建立轮换次序来掌握和设定互动模式，婴儿也"开始接替母亲的次序并夺取她在这一社会世界里的位置"(p. 41)。

伯曼在很多地方都与凯有分歧(且抛开伯曼字里行间那些明显的性别与文化歧视不说)。一方面，她保留了试图超越的生物—社会立场，即母亲摇动乳头或奶瓶、婴儿吮吸又停顿成了被赋予某种社会功能的生物行为。此外，互动模式成了进化的产物，因为"我们认为，这些特征的点点滴滴都是有机个体与生俱来的"(Burman，1994，p. 42)。于是，人类的社会性在进化的框架下得到了理解。伯曼接着指出，凯并未挑明早期发展与后来的发展之间存在因果关系，因此不会将任何基本单元(如轮替)"变成其他任何事情的构件"。我们在伯曼的基础上要补充的是，通过前述方式，凯再生产了理论的简化形式，并想要借此找到一个能够解释一切发展的原理。凯坚持认为肯定有一种模式能够涵盖所有的情况。

伯曼让我们看到，心理学对身处社会之中、有参与社会能力的婴儿的建构并没有让我们远离达尔文的影响。进化仍然是发展的驱动力，这点显然对于我们理解由心理学构建的发展的神话十分重要。不过，如果我们想了解心理学的神话是如何被社会建构起来的，还要考虑其他一些关于这些身处社会之中、有参与社会能力的婴儿的问题。

包括伯曼在内的很多对心理学的发展观提出批评的学者，都指出心理学的发展观有意识形态和政治上的偏见。正如我们在讲述发展心理学的故事时所展示的，它的研究实践与知识主张中泛滥着内置于心灵主义、理性主义、因果论、二元论、解释、诠释的性别偏见、阶级偏见和文化偏见。我们的分析关注的是发展心理学在方法论上的问题，而不是它在本体论上的问题。之所以这样做并非因为我们认为后者不重要，而是因为本体论的问题已经推动一些后现代主义者对发展心理学哲学和方法论上的错误进行了最有力的和贯彻始终的批判（Burman，1994；Morss，1990；Burman，1990；Gilligan，1982；Morss，1993，1995）。

发展了什么？

在讲述心理学如何被构建和发展的故事时，我们必须说明，不论是那些叱咤一时的杰出学者(拉马克、达尔文、霍尔、皮亚杰、弗洛伊德、斯特恩、沃茨尔、凯)，还是那些成功挑战了他们的人(莫斯、库什曼、伯曼)，他们都没有涉及关键的问题。对发展心理学而言，关键的问题是：到底是什么被发展了？发展心理学的分析单位是什么？或者(如果你喜欢这种表达方式的话)人文社会的发展路径是什么？有没有可以解构的发展单元？

没有什么文献对可以称得上是个体的分析单位进行检视。人们假定个体(幼儿、孩童，在某些情况下甚至是母亲)得到了发展，这些主角把发展心理学背后至关重要的哲学假设"得到发展的是个体"隐藏了起来。不管我们对个体生命生于社会长于社会，是社会的参与者这样的事实如何言之凿凿，也丝毫不能动摇这一假设。

　　个人主义是如何被揉进"发展"的概念中的？为了解决这个重要的问题，我们需要一些新的工具。幸运的是，我们得到了由维果茨基和维特根斯坦发明/发现的工具。在下面的章节中，我们会用到它们。

　　当下，我们想进一步讨论现实与界限。人们总是对那些被称作现实的东西深信不疑。一切对现实的质疑，如它是否是被给定的、是否客观，是否没有功利目的、是否不负载某种价值观念，又或者是否"确由"社会建构，是否是一种相对的而并非绝对的真实，等等，都有一个前提，即认为它是存在的。界限则被认为是（包括人在内的）客观事物的涵容，（人和）物在界限中都有始有终。

　　我们文化中的成员倾向于接受那种将个体视为发展主体的观念，部分原因是我们接受了现实、特殊性和界限。人们将特殊性理解为人与人不同，人与人之间必须有界限。但是，什么是界限？多年来，人们始终觉得身体就是人的界限所在。非科学的心理学是去哲学化的心理学，也就是说，它已经从现实、真理、解释之类的不解之谜中解放出来了，当然也抛弃了（有界限的）特殊性的假设。心理学的神话很大程度上受益于"发展"这一概念带来的种种暧昧不清的迷思。但正如笔者在本章开头就指出的那样，人的发展并不是被心理学决定的。恰恰相反，近百年来科学心理学的发展受益于人的发展，只不过现在的发展心理学正在弃人的发展于不顾。我们要说的是，去哲学化的、非科学的心理学中或许并没有发展的一席之地。为什么？问题出在一元论这里！非科学的心理学是一元论的。

第三部分

方法的实践：非科学的心理学的全新认识论

"我的症结是什么?"你一次又一次地问。

如何让你停止这样的追问呢?

把你的注意力放到别的事情上吧。

——路德维希·维特根斯坦

在尚未完全理解维特根斯坦所说的"由此及彼"的实践(方法的后现代主义实践)的情况下,对哲学、心理学以及更常见一些的我们和其他学者所持的现代主义进行更多的批判(讦告)实在没多大意义。在过去差不多四分之一个世纪里,我们在生态有效性方面确实进行了彻底、激进的反实验室运动。创造出了发展性环境的那些无止境的活动已经"超越"了我们在此要向读者呈现的"学习"(通常好几十年,但有时是几秒),这种"学习"是作为发展的知识论先行者(并非暂时的)被呈现出来的。据我们所知,维果茨基所说的引领发展的学习需要一种活动理论的(方法)实践,这一实践可以建立和维持一种有助于成长的环境。因此,那些试图客体化或系统化我们的结论,想用它们来构建知识理论的环境或实践的做法——用知晓和学习主导或决定发展的实践(与统一、辩证的维果茨基式的实践相对)——多半不会成功。

当然,这不是说学习这件事只有在我们的社群或者在结构上与我们相同甚至相似的环境里才有可能。我们的意思是说,任何想要增进发展性学习的努力都不能漠视环境的重要性,否则难以获得成功。在一个建基于身份的环境中(如专门化的、各有分工的大学)进行以关系为基础的实践，这一实践及其产物最终会被贬损为以身份为基础的物化知识。实践总是发生在某种环境中，就像故事总是发生在某种脉络中。若环境是基于身份的，人们会对实践(故事)做出与环境相关的解释。因此，不管治疗师或讲故事的人抱有多么美好的意图，真实的东西还是会从他们身边悄悄溜走。要持续不断地建构没有"他者"，没有二元对立的环境，唯有如此，关系性的活动才能不依赖概念化的他者，而是依赖活化的关系，或是实践—批判的关系性活动。最终必将获胜的不是方法，而是一种持续不断的**方法实践**。

我们与其他学者共同构建了一个维果茨基和维特根斯坦通力合作的环境，他们的工作与我们关系性的、活化的方法实践互相影响，交相辉映。将维果茨基和维特根斯坦的思想在一个发展的环境中结合起来，会帮助我们创造出一种新的知识论，一种朝向人类生活，与对它的理解紧密相连的临床实践/文化—展演路径。

非诠释性社群

联合了维果茨基和维特根斯坦的这个(引导发展的)学习环境到底是什么呢? 它是一种社群,但不由地理特征决定,也不被共同的任务或意识形态定义。它是对维果茨基工具**及**(其)结果理论的改叙,并非旨在实现某种结果的工具,而是一个支持发展,有着如同它所支持的发展一样的非工具性、非实用性(工具—结果)的活动的社群。

借用马克思的说法,我们可以说这个社群是**自为**而非**自在**的。这一自为的**工具和结果社群**并没有与世界隔绝,更重要的是,它也未曾与历史隔绝。毕竟,人类历史本身就是一个社群及(其)结果。的确,在与历史相联系这一点上,我们的社群比那些典型的目标导向的社群和机构(如自我维持的学术机构/社区和心理健康治疗中心)具有更大的可能性。

人们可能会认为,这种目标导向的社群和机构与他们所在的工具主义社会更接近。不过，我们不这样看。首先，从历史中抽象出来（或与从历史中抽象出来的社会相关联）的社会越来越多地生产出对社会生活扭曲的、疏离的理解。（如马克思所说）各种各样的异化在我们对商品化社会的详尽观察中发挥着关键作用，越来越多的、程度越来越深的异化使社会与它的历史日渐分离。在这种情况下，世界在我们眼里并没有变得更清晰，反而越来越面目模糊，让人困惑。倘若我们完全切割掉历史，社会必定变得令人无法理解。因为即使是异化的理解，也需要意识到社会被异化了，否则这种理解就会从根本上迅速回归基要主义的自在社会的曲解。如此一来，社会就会完全站在历史认同的对立面上。事实上，后现代的美国社会和国际社会正是这样的例子。

在我们的社会逐渐衰退的历史关头，举足轻重的是与我们一直身处其中的历史/社会二元对立密切联系的历史因素。因此，**自为**的工具与结果社群演变成后现代时代更广阔的文化背景下越来越具象的亚文化。然而，我们的目的并非改变世界（我们没有任何目的，无论是隐藏起来的目的还是其他别的什么目的），我们的志趣在于成为这个世界：不是"掌管它"，而是"被它掌管"。要是有一个改变人类发展的全新理解，一种新的知识论，那它一定具有此类工具与结果式的特征。

西方科学350多年的超凡成功显然得益于它关涉某物的非同一般的能力（它当然需要一种解释万物为何的精密本体论的发现——这多亏了伽利略和牛顿）。人类发展的下一步需要一个对无所关涉的理解，或（更准确地说，更消极一点地说）是对连关涉的关涉都不存在的理解。无关性（若仍抽象地说）是一个在性质上不同于以往的新的**方法**实践，在我们将要开始的旅程中，它类似于太空旅行中的失重。

很少有人注意到，即使是最具说服力和最富有洞察力的后现代主义者、女性主义者、后结构主义者、社会建构者，他们对我们外在的处境和所在社群的批判都是自我发展的。因为如果他们对现代主义的批判是正确的，正如我们所深信不疑的那样，即现代主义是物质与意识形态全然二元对立的，那么这样一个社群岂不是应该尽可能地逃离被物质和意识形态过度决定的命运？我们就是这样认为的，所以用了25 年的时间，试图通过一些"实验性"的工作创造出一个外在的处境。这个处境就是一个社群，这个社群具有生态效度。它不仅不具任何解释性，而且没有任何假设。虽然越来越多来自传统社群的人对我们的工作贡献颇丰，其中一些人甚至得出了与我们相似的"结论"，但实践—批判的历史和(工具与)结果的方法论将我们与他们区别开来。我们的方法论当然贯彻了我们的理论预设(包括必然存在于我们之中的对整个社会的认识)。我们从来没有在哪本书里或明或暗地表达过那种靠着理性行为就可以减少现代主义体系带来的负面影响的观点。

那么，我们的工具与结果社群的关键特征是什么呢？是发展、治疗、哲学化和展演。

发展的社群

一个发展社群(自为的工具与结果社群)是彻底的反工具主义者，用马克思的话来说，它是"一种实践性—批判性的革命活动"。不过，它并非工具主义式地谋求变革，而是持续不断地、无止境地发展自己。在发展社群里，系统哲学及其工具主义的手段被有意识地拒绝了。

哲学家唐纳德·戴维森抓住哲学和因果的关系垂死挣扎。他曾这样论述道："原由是世界的胶水，它将我们对世界的描绘拼合成完整的图像。没有它，这幅图像就会离散成精神和物质的对折版画。"(Davidson，1980，p.91)发展社群对图像、概念、胶水之类的东西有种后现代主义、维特根斯坦式的谨慎。在戴维森和其他致力于寻求真理的哲学家仍然孜孜不倦地想要找到解决他们自己(和一般意义上的现代主义)创造出来的要命的二元对立问题的方法时，发展社群却走上了一条完全不同的道路。想要治疗并最终解决这些问题，用维特根斯坦的话来说，就是让这些问题消失不见。

我们的发展社群并非不谈论因或果。我们只是不把它们看成黏合剂，因为我们的社群既不与概念黏合，也不借用概念来黏合彼此。在我们这里，什么黏合都没有。哲学家总是想创造出某种可以被估价的东西(包括创造行为本身)，但是，虽然评估(以及那些需要这样做的复杂的概念化的东西)无疑在现代主义这一**相关性**的游戏中起到了至关重要的作用，但在我们看来，现代主义这种估价者式的认识论不能保证人类和个体的持续发展。若我们采用一种主体性和活动的逻辑，这一方法的实践必将使真理的参照、同一性、特殊性(及其逻辑)和其他同样被用于评估的方法工具被弃用。

这些方法工具不仅给我们画了一张又一张错误的地图，更重要的是，画地图本身就已将我们引入歧途。对(客观)真理的寻求主导了西方 2500 多年的发展史，现在它却成了我们持续发展的主要障碍。那些怀疑论者、批评家、狂热的反对者和自认为是的评估者肯定会大声地说："啊哈！如果没有客观的标准，教条主义、威权主义或专制(父权)统治就会大行其道。所谓'无领导结构'可能是最不民主、最独裁的。现代科学通过引入客观标准来取代各行其是的主观性而开启了启蒙运动。这就是为什么美国是一个共和国，而非一个民主国家。"

我们同意这些话。但是，客观标准仍存在着严重问题。客体性的规则制造出了一个严重限制社会和个人成长，正日益瘫痪、日益晦涩的时代。格根将其称为**身份政治**(Gergen，1995)，我们称之为**身份心理学**。难道(真理)声称的客体性真的比主观或客观的主张中的主体性更加民主，因而更具发展性？客体性的时代有没有可能(通过从人权到计算机的一切发现)孕育出一种需要重新思考主客二元性本身，有着全新意涵的主体性？我们难道不应该想想，(最早成形于古代希腊)在人类发展史中绵延 2500 多年的认识论体系是不是有可能使我们裹足不前？要是我们连这样的问题都不会问了，客体性岂不就一支独大了。

相较于对主体性的客观研究，我们的发展社群对客体性的主观研究更热心。不过，这两者对我们的吸引力都比不上寻求在实践中发现基于关系和活动的发展逻辑(一种方法实践，一种全新的认识论)，创造出新的生活形式以及维果茨基所说的，在其中所有学习都会带来发展的、不断更新变化的最近发展区。维果茨基说，唯有学习名实相符。

一种治疗社群

（在自我意识抽象之后出现的）从古代希腊开始的，包括知识、信念、描述、对真理（和虚假）的言说、指代、指涉、"关于"（谈论某物）、判断、评价、认知等在内的一系列复杂的相互关联的东西在现代主义时期达到顶点。西方文明简单地定义了认识论（无论这个定义是什么），认为它是所有与知晓有关的东西。在现代主义时期，"理解"几乎沦为与认知以及各种各样的认知工具相同的东西。现代主义不断发展的结果，就是"理解"完全成了对于某物我们知道什么。如前所述，现代科学的辉煌之处正在于它精确地（或似乎）发现了"有关"某物的正解，而关涉性（aboutness）的统治地位来自现代物理学本体论所带来的效用性和技术性后果，此二者不可分割。也就是说，关涉性关非天经地义，由来已久，是人类文明中一直存在、处处适用的"道"，而是现代物理学及其技术（至少是对两者关系的假设）的产物。

科学社群——这一自为的工具和结果社群的早期版本——曾主宰现代社会与人类文明。尽管好莱坞曾将科学家描绘成疯狂地想掌握全世界的人，但是，科学从未掌管过世界。相反，是世界控制着科学。苏联式社会主义的失败不在于它没有能力控制世界，而在于资本主义那令人惊异的将社会主义内在的人文主义弃之不顾，只将其形式化为己用的能力（如福利国家）。在历史上，一些与科学社群联系在一起的破坏性活动（和艺术）进一步塑造了反发展的认识论。例如，从 17 世纪直到原子能的发现这三百多年的时间里，现代科学与军事的联结存在着将**知识**与**控制**过分等同的趋势。

19 世纪晚期诞生的心理学全盘接收了现代科学世界观，其中当然包括对知识与控制的过分等同。不过，即便是建立在现代科学形象之上的心理学，也逐渐展露出另外一种认知态度，尤其是在临床心理学领域。我们认为，弗洛伊德本人在这个问题上十分矛盾。一方面，他对现代科学的世界观和认识论的执着左右了他的精神分析方法。他的解释方法经过了精心设计，和物理学一样均以解释、描述、事实参照以及同一性—特殊性为基础。尽管科学界有人将精神分析视为形而上学，认为它毫无道理，但也有不少人（当然包括弗洛伊德）认为它的核心是客观科学的。

"谈话疗法"或"临床疗法"的**实践**在最初的形式中，或者说在后来的新弗洛伊德主义和后弗洛伊德主义的形式中，都是揭示出两人（或多人）谈论情绪生命的**活动**。这种活动本身似乎就具有发展性的价值。在"科学"（客观）解释这些生命活动的同时，不少人（其中大部分是从业者）认为，谈话疗法的价值本身有时似乎比解释所包含的"事实"或"见解"更大。但是这不就违背了精神分析一直倡导的科学规范吗？为什么谈话中的关系活动会比发现来访者的认知真相更有价值？称职的从业者常会有这样的体会，那就是来访者或病患"单单"从与治疗师或治疗团体谈话的简单关系活动中就能"变好"（怎么都会好转一点点），而这些谈话活动是建立起生命的另外一种新的关系/形式。

物理学家和物质之间的谈话肯定不会使物质产生什么变化——不

会有阳性反应或其他别的什么，因为科学认识论的认知形式"不允许这种情况发生"。毕竟人类创建物理学的目的不是让物质"感觉好一点"，而是更深刻地认识它们，从而更好地控制它们。也许我们应该想想，这种治疗性的关系活动本身的价值在于情绪上的"理解"（knowing），而不是一种在控制中进行的认知式"理解"（understanding）。也许治疗性的理解根本就不会产生什么认知上的理解，不能带来对来访者认知的深入。重要的不是如何让治疗更科学，而是反思那种包裹一切的科学范式。要知道，治疗所蕴含的理解也许是不能用所谓"科学性"来标定的。

要解答上述问题，我们也不必诉诸 19 世纪的内省知识理论。这一理论赋予个体理解自我的特权，认为个体拥有关于自我的特殊知识。不，我们这里所指的是一种关系活动，它产生的理解既不是内省的，也不是认知。它不是关于某物的知识，不是一个揭示了某个个体深层真相的洞见，也不是关于这个个体的某种特定短语或描述。相反，它是一种与创造理解的关系活动密不可分的理解，不需要为了评价而引入任何**抽象概念**。即便心理学和心理治疗越来越科学化、客体化，有越来越多的控制并获得了越来越多的"成功"，这种临床工作传统也会继续蓬勃发展，并吸引那些训练有素的理论家的目光。他们对这类特别的、非科学的理解深感兴趣。它是后现代主义思想的一个重要来源。

与 20 世纪 60 年代典型的治疗社群相比，我们的社群并没有更开放、更和蔼、更亲切。我们只是在认识论上与他们不同。他们是认知控制的，而我们着眼于治疗的发展性。在操作层面上，我们不会把力气花在真假对错上，追寻的是：如何从现在发展到我们共同选择的目标之境？在从"此处到彼处"的过程中，如何得到需要的东西？我们要知晓的(知识)只是这种发展所需要的，而非其他。因此，只有当社群的发展成为想要获得某种知识的行动发生的外在先决条件时，这种被称为"学习"的行动才会带来发展。人类对自然的研究会产生控制的需要，但在我们看来，人类对人类生活的研究"需要"的是发展，以及一种实践地、批判地根植于关系活动和生命转变之中的全新认识论。

哲学社群

哲学(首字母大写的 Philosophy)奄奄一息——或者只是我们认为它命不久矣。因此，非系统性的哲学思考站到了批判的位置上。提出问题是我们的发展社群的主流，而不是"答案"，甚或给出答案的活动。对细微的事物提出大哉问，这样的哲学活动在人类历史中不断重新定位着我们。提出如此这般的哲学问题使我们对人类独一无二的活动理论的生命(历史)有了越来越清醒的认识。

马克思说，人类(与蜜蜂和蜘蛛)的不同之处在于人类能制订计划(如设计一个建筑物)并且实现它。我们认为，人类的"独一无二"存在于我们制订计划("心理"活动)、修建房屋或桥梁("物理"活动)以及将两者联系起来("概念"活动)的历史真实之中。这些不同的行动并不抽象，而是活生生地存在于我们的历史和生命之中，"定义"出人类的独特性。这一"定义"是实践性的，不是僵硬死板的空谈。去哲学的哲学化持续不断地玩着维特根斯坦式的语言游戏，致力于时时挑战在更广阔的、静止的现代主义文化中语言的"自然趋势"，使其成为一种"高于我们"并且关于我们的自在之物。这一语言游戏努力提醒我们关注语言活动，以及语言作为一种活动的持续变化。

在对认知科学的最新质疑中，塞尔(Searle)有力地指出，心理活动和身体活动只是被错误地二元化了，以至于当它们在语言上被具体化时——也就是当它们的活动或过程被忽略时——它们是不能被同时提及的(Searle，1992)。塞尔以意识之名强有力地回应了数十年来人们对行为和认知科学的质疑，他写道："人们可以在接受显而易见的物理事实——世界完全是由力场中的物理粒子组成的——的同时，而不否认世界的物理特征中有着意识的内在实质状态和内在意向性这样的生物现象。"(Searle，1992，p. xii)

哲学化使我们的语言不能被建制。我们不需要后现代主义者提醒我们"太初有行动"(而不是"太初有道"①)。对我们来说，发展并没有什么起点，这允许我们创造意义，而不只是发现或使用意义。字典仅仅在作为通往结果的工具时才有价值。工具—结果意味着在人类最为重要的工具—结果行动中创造、发展意义。如此一来，我们发展社群的语言就不是更多私人化而是更少私人化，因为作为活动的语言在结构

①　此处原文为"In the beginning was the deed"(rather than "the Word")，源自《约翰福音》第一句："In the beginning was the Word, and the Word was with God, and the Word was God."一般译为"太初有道，道与神同在，道就是神"。——译者注

上是民主的。这不仅包括权威的意义生产者和真理讲述者——各种专家、哲学家和科学家——也包括所有可能参与其中的人。我们在第三章中提到的实用主义者罗蒂就谈到了一个虚构的世界，在这个世界里：

> 人们不再认为牧师、物理学家或者诗人、政党比其他人更"理性"，或更"科学"，更"深刻"，文化中没有某个特定个体可以成为其他人渴慕的榜样（或者不能成为范例）。这样，那些好牧师或好物理学家只需要遵守本人所在体系的标准，而不用再遵守那些跨学科、跨文化、去历史的标准。当然，这样一种文化里依然会有英雄崇拜，但人们对英雄的崇拜跟孩子对众神的崇拜可不一样，不会因为谁更接近永恒而将其区别对待。这种英雄崇拜仅仅是对超常的男人和女人的赞赏。他们之所以在不同的事务上做得特别出色，并不是因为他们掌握了某个秘密，赢得了某个真理，而仅仅是因为他们在做人这件事上很出色。（Rorty，1982，p. xxxviii）

我们的社群寻求成为这样一个世界，持续不断的语言游戏（去哲学的哲学化）将帮助我们得偿所愿。

展演社群

最近发展区之于维果茨基正如**生命的形式**之于维特根斯坦。我们时常将我们的社群描述为我们在其中玩耍（在维果茨基的意义上）语言游戏(在维特根斯坦的意义上)的地方。最近发展区是一种人们共同地、关系性地创造发展性学习的生命形式,团体中的任何个体都无法仅仅依靠自己实现这种发展性学习。当代一些传统的维果茨基学者认为,最近发展区中发生的是较为经典的认知学习。这类改良主义的观点将维果茨基的最近发展区变成了促进标准化的学习的重要技术手段,并没有承继维果茨基要创造一门新的心理学以及对心理的一个新的研究单位——是社会单位而不是个体化的单位——的革命性想法(Newman and Holzman, 1993)。对维果茨基这位具有革命性的科学家来说,发展性的学习单位不是身处团体中的个体(这一组织中的特定成员),而是这个自为的团体。

我们相信这样一个作为自为团体的关系性的单位说到底并不是一个真正的单位(在这个问题上,我们可能与维果茨基观点不同)。有没有可能到最后,什么发展单位都没有?有没有可能"仅仅有"整体的发展?团体的发展必须持续不断地进行(团体)生命形式的创造与再创造,也就是说,团体活动必须包括团体的不断创造。但是,除非有一个允许此种情况发生的环境(社群),否则这一切都不会发生。这样的环境(社群)一定是非解释性的。

根据我们对维果茨基的理解,自为团体本身必须"比自己高一个头"。这是什么意思?为了持续不断地创造出最近发展区,使外在环境不会不知不觉地把活动解释死(甚至最好的活动也有这样的趋向),什么才是我们必须做的?我们必须在关系中展演。综合维果茨基与维特根斯坦的观点，生命的每一个—形式—状态①（per-form-ance）都需要发展性学习的社群。只有在表演中——对于我们大多数人来说，它是一种在早期幼儿阶段之后就日渐萎缩的人类技能——我们才能变成（比我们高一个头）并非自身的某人和某物。持续变化的最近发展区中的**生命形式**使我们的社群环境充满了戏剧，也就是表演。正如批判者惊慌失措地看到的那样，我们永远是并非自身的样子。我们在表演，我们恬不知耻地不真实着。真实又从何而来呢？

社会治疗

在过去的 25 年里，我们一直通过社会治疗实践和发展着这种非科学的、非解释性的、关系的、活动理论的和不真实的路径（Holzman，1996；Holzman and Newman，1979；Holzman and Polk，1988；Newman，1991a，1994，1996；Newman and Holzman，1993）。它是发展临床心理学(我们以不那么传统的方式借用了传统的分类)，同时准确地说，也是一种反心理学，因为它那种发展—临床的实践挑战了心理学虚构的根基。主流的心理学范式(及其建制)实在是反发展的——尤其是它关于发展的概念和建构。我们在第七章中对心理学关于发展的神话进行了解构主义的探索，揭示了它在起源及终点上的困扰，以及两者之间那平滑的轨迹，由此产生的等级化和精英本质的结构，对完美儿童和童年期进行

---

① 本书作者将"performance"（表演）拆分成"per-form-ance"，表达出对生命形式与表演的看法，非常巧妙。——译者注

的建构，对进步"观念"的聚焦——认为发展是意识形态的，而不是心理科学的一个有效或有用的概念（Burman，1994；Bradley，1989，1991；Broughton，1987；Cushman，1991；Morss，1990，1992，1995；Walkerdine，1984）。

虽然我们不接受科学心理学对发展的定义/建构，但这不代表我们会拒绝发展这一人类活动。在我们看来，人类的发展是在特定环境下的活动性、关系性、实质性的转变，是已有的环境，是一个整体。举例来说，孩子在来到人间的最初两年里发生过很多次实质性的变化（更准确地说，他们参与到了这个实质变化的过程中）。（在很多耳聋孩子的例子中）他们之所以可以开口说话（或者唱歌），并不仅仅是因为获得了某种技能或行为，而是实现了实质性的、情绪的、智识的以及社会性的整体转变。语言在文化中至关重要，当年轻人能够（在历史中）制造意义和（在社会中）使用文字时，可能性的世界、学习、社会关系、想象力和创造性的大门便都向他们敞开了。

没有完美无缺的童年（Bradley，1991）。在此，我们有个方法论上的观点——人的改变是整体性的（发展、创造历史）。孩子学会说话，成为社群中的一员就是极好的例子，虽然这个例子很不起眼，稀松平常（一些发展心理学家和语言心理学家常常对它有误解）。没有一个例子告诉我们，儿童只有在完全掌握了语言之后才能进入语言社群。父母和其他人会把儿童的牙牙学语当成他们的话语元素加以回应，而不会要求他们只能在"得到所有的证书"后进入语言社群。儿童之所以能够掌握某种语言，正是因为在此之前他们就已经被视为具备语言能力的人。

我们如何解释这一语言发展中貌似悖论的问题？它带来的后果又是什么？为了将不会说话的人包括进来，语言社群不得不发生改变(将焦点从语言运用转移到语言活动上来)。为了对一个只有两岁，还不能像成人那样恰当地使用语言进行交流的孩子做出回应，语言的环境(包括成人约定俗成的那些东西)必须改变，这样一来，语言的创造性过程——相对语言运用而言的语言创造活动——才会成为主角。为了让孩子被纳入其中，整个环境从已由社会决定的样貌重新形塑为生命活动的一种形式。在这一点上，支持成长的或有成长性的儿童所在的环境正是如此。

作为整体的学院心理学正是在组织这门学科的方式上暴露出了反发展的立场。自从发展心理学(连同它那反发展的偏见)成为科学心理学的一个分支或专业，我们大概就知道了有些心理学(所谓社会心理学、学习心理学和人格——令人吃惊的是，它们把人类的某些方面以及对人类的研究包含在内)是不具发展性的。这让我们做何感想呢？

发展与临床心理学的长期分立正是另一个例证。我们的社会对精神疾病、精神病理、情绪障碍的理论研究与治疗，无论是从现代主义者关于发展的观点来看，还是从我们和其他后现代主义者的发展观念来看，显然都不具有发展性。尽管自弗洛伊德以来，新的治疗方法不断涌现，但心理治疗的基本模式及其他临床实践极少认为发展是治疗的重要因素。即便情绪发展最终被考虑在内，但它也只是被视作治疗的结果或产出。主流治疗模式在处理情绪和伤痛问题时将焦点放在"疾病"上(正如我们在本书第六章中看到的那样,心理学和精神病学从医学和科学中得来的东西适时地证明了它们存在的合法性)。缓解疾病的症状和找到所谓"深层原因"是人们最常用的两种方法,人们可能认为,这样病患就能够在情绪上成长了。

但是,发展是非科学的社会治疗的临床实践/文化—展演路径之核心。它并不是要构造一个或多或少必须与"社会世界"发生联系的独有的、个体的、自我的工具主义的渐进过程(心理学关于发展的神话就是这样的),而是对当前境况的质的改变。这种改变持续不断,创造着新的情绪意义,表演着生命新的情绪形式。社会治疗并非试图根除异常和障碍,或者改变行为模式(帮助个体暂时感觉好些,或恢复功能),而是要重启情绪发展,将其作为治疗的**前提条件**。为了减轻情绪上的痛苦,进一步的行动是必要的,但我们这里说的行动可不是什么内心觉察、解决问题或行为改变。

在我们看来,后现代社会危机的一个特征就是(在本书意义上的)人类发展已经开始踟蹰不前,正在被收集、储存和检索的信息取代并受其压制。在面对发展的停滞时,可以说科学心理学从来没有自省过。这会使发展停滞的状态持续加剧。心理学——包括流行的心理学——已经成为人们日复一日、年复一年时刻都在经历的情感、认知和"道德"生活的日常指导。科学心理学(包括它的学术和专业实践)的意识形态、形而上学、还原论及反发展的倾向弥漫在芸芸众生的日常生活中,进入了人们的思考、言说以及其他行动中。要是真有一种心理治疗方法能够真正地帮助人们,那一定是发展的、非科学的文化—展演方法。

它必能帮助人们展露出人类实现整体转变、创造出新的意义、变成"并非我们自己的那个人"并持续不断地发展下去的能力。

除此之外，我们必须对科学心理学和日常生活的心理学中那些反发展假设和前提洞若观火，必须对那些它们创造出来困扰我们所有人的东西了如指掌。用维果茨基的话来说，这就是必须弄明白"事实的哲学"（Vygotsky，1987，p. 55）；用维特根斯坦的话来说，这就是必须清楚"埋藏在我们语言中的整个神话"（Wittgenstein，1971，GB35）。

/8 维果茨基、维特根斯坦以及对人类生活的文化理解/

维果茨基和维特根斯坦对各自所处历史时期的文化、政治、社会和知识冲突进行了反思，各有所得。他们两人都是圈内人，但也被当作局外人(有人会说他们是身处圈内的局外人)[1]，都受到学术界和大众文化的修正和滋养。他们的思想值得我们深入了解。维果茨基和维特根斯坦不满足于现有的知识论工具，又被主流科学范式的各种假设、成见及后果困扰，因此有意识地投入有关人类活动独有的科学、方法论和实践的研究中。维果茨基对人类发展的认识，维特根斯坦对哲学与语言的观点都与我们非常接近。

维特根斯坦

> 思考有时容易，但大多数时候都很难，同时却也让人兴奋。当它抢走了人们所珍爱的观念却只留下一地鸡毛，让人感到只有困惑且自己一无是处时，这是它最不讨人喜欢的时候。在这种情

况下，我和其他人要么从思考中退缩，要么经过一段长久的挣扎开始重新思考。我相信你明白这是种什么样的状态，并且我希望你有很多的勇气！尽管我自己还没有这样的勇气。我们都是"生了病"的人。［维特根斯坦给拉什·里斯（Rush Rhees）的信（Monk，1990，p. 474）］

然后我就想，如果学习哲学的全部目的是让你能言善辩地讨论一些深奥的逻辑问题……诸如此类，但如果它并没有改进你对于日常生活中的重要问题的思考，并没有让你比任何一个……记者更小心地使用一些为了他们的目的而使用的"危险"字词……那么，你学习哲学有什么用呢？［维特根斯坦给诺曼·马尔科姆（Norman Malcolm）的信（Monk，1990，p. 474）］

我们的目的并不是用一种闻所未闻的方式完善或修正人们使用字词的规则体系。

因为我们想达到的清晰是完全的清晰。但这也意味着哲学问题会完全消失。

我真正的发现在于找到让我有能力在我想的时候停止哲学工作的东西。它带给哲学平静，使哲学不会再被那些将自己置于困境的问题困扰。与前者截然不同，我们现在可以通过例证展示一种方法；那一系列例证都可以被拆解。不仅是单个问题，所有的问题都得到了解决（困难被摈除了）。

尽管确实有很多方法，就像有很多疗法一样，但一种哲学的方法并不存在。（Wittgenstein，1953，p. 51，§133）

维特根斯坦或许是 20 世纪最有影响力的哲学家。自 1919 年到 20 世纪 50 年代，他的著作颠覆了西方哲学，而且可以说在一定程度上毁灭了它。当某些思想从根源上挑战一个领域时，就总会有人想要将其系统化。一些当代学者力图系统化维特根斯坦的思想，将其放入现有正在起步发展的哲学运动光谱中(这实在有点讽刺)。不同的思想学派都宣称维特根斯坦与己一脉——即使不是本派灵感的独一来源，也至少是主要的影响者。正如本书第三章所言，19 世纪 20 年代的逻辑实证主义者(被称为"维也纳学派"，由哲学家、数学家、科学史学家和科学家共同组成)将维特根斯坦的早期代表作《逻辑哲学论》奉为圭臬，"日常语言"哲学家们(与 J. L. 奥斯汀有关)更是将自己归入维特根斯坦门下。然而，维特根斯坦不愿成为庞大系统的建造者。他奋力活出的生命样貌，他的哲学活动也希望避免创造出一个以己为名的系统。

维特根斯坦的一生即使不是精彩的(据说，他在死前曾说："告诉他们，我有过一个非常精彩的人生。")，也是矛盾不断和充满戏剧性的。他于 1889 年生于维也纳(从 19 世纪 70 年代到希特勒崛起之前，维也纳是欧洲大陆文化和知识交流的中心)，在成年后的大部分时间都待在英国剑桥。剑桥这个地方古板得让他无法忍受，他不太开心，因此会时不时地离开剑桥，去往更有田园气息，远离学术辩论，不那么自命不凡的地方，如爱尔兰、挪威、美国和苏联。作为卡尔·维特根斯坦[Karl Wittgenstein，1808 年拿破仑法令要求犹太人的名字中要有基督教姓氏，他的爷爷摩西·迈尔(Moses Maier)使用了其雇主的名字]和莱奥波迪·卡尔马斯(Leopoldine Kalmus，也有部分犹太血统)所生的八个孩子中最小的一个，维特根斯坦在当时维也纳最有影响力、拥有巨大财富的家庭中长大。这个家庭给年幼的维特根斯坦提供了丰富的文化和知识资源，使他成功地融入奥地利上层资产阶级/贵族。

维特根斯坦在年轻时就将个人财富转赠给了兄妹，余生仅依靠最低标准的物质资料生活。他曾被纳粹、反犹主义及奥托·魏宁格(Otto Weininger)的恐同(性恋)作品吸引。纵观其一生的思想和著作，我们能看出他因为自身的同性恋取向、原罪和犹太人身份所受的内心折磨，以及他对过一种有意义和有道德的生活所负荷的内心责任。他虽讨厌学术界的自大浮夸和狭隘(他一得空就躲到剧院看美国音乐剧)，但也有可能像剑桥大学教授那样自负。

1919 年《逻辑哲学论》甫一出版，维特根斯坦就认识到了其中的教条主义和错误。从此以后，他的哲学著作越来越避谈理论，在哲学研究中也舍弃了理论和假设——这就是哲学本身作为一种方法，一种**摆脱哲学的哲学方法**。在《哲学研究》这一他最有名的晚期著作的前言中(该书在他过世后才出版)，维特根斯坦批判了《逻辑哲学论》和书中"老旧的思维方式"与"严重的错误"——在学术界，这种学术上的坦诚着实罕见。年轻的学生们被维特根斯坦对于(舍弃)哲学的热情和才华吸引着，蜂拥而至。

蒙克(Monk)为维特根斯坦作传，传记名为《天才之为责任》(*The Duty of Genius*，1990)。这个书名取得甚好，因为维特根斯坦不止一次表达过他对要用自身的天才创造出有意义的事物的责任(有人曾说这是一种执念)。虽然他曾再三建议自己的学生离开大学，他本人却从未真正那么做过。在传记中，蒙克详述了不少维特根斯坦生活和工作中的逸事，其中一则是维特根斯坦对莫里斯·德鲁利(Maurice Druty)建议说，如果在空气更加健康的工人阶级中工作，那他会生活得更好，因为"剑桥没有他需要的氧气"。对于他自己为什么要一直留在剑桥，据记载，维特根斯坦是这么说的："我没有这个问题，因为我能生产自己的氧气。"(Monk，1990，p. 6)

至今已有近 6000 篇(部)对维特根斯坦的哲学作品进行评论的文章和书籍(Monk，1990)。一些与维特根斯坦关系亲近的人，甚或与他只见过一两面的人也写下了几百本关于他的回忆录、传记和选集。维特根斯坦的工作和生活为诗歌、音乐、绘画和小说带来了大量灵感。他也一度成为电视纪录片、戏剧的主题。其中有部电影前不久刚获了奖[已故英国电影制片人德里克·贾曼(Derek Jarman)拍摄的电影《维特根斯坦》(Wittgenstein)]。维特根斯坦所处的历史时期充满冲突、磨难重重却又极其重要。在这个时期，旧的生活方式正在消亡，新的生活方式正在取而代之。源自资本主义宏大愿景的 18 世纪的启蒙运动和 19 世纪的进步主义在面对资本主义的现实局限时全都缴枪投降，而在魏宁格的作品中隐现的法西斯主义和德意志民族主义开始登上历史舞台。这是一个有着最野蛮、最堕落的人类行为和信仰的时代，也是一个最具进步性和创造力的时代。人们对维特根斯坦那持续不衰的痴迷，有可能正缘于他的生活就是这变化着的欧洲和世界的微观缩影。

维特根斯坦的哲学著作具有治疗的倾向，他采用的方法是临床的而非实验的，更不是抽象、系统的哲学方法。这一点已被不少解读他的作品或为他写传记的学者认同(Baker, 1992；Baker and Hacker, 1980；Fann, 1971；Janik and Toulmin, 1973；Monk, 1990)。在对《哲学研究》的分析性评论中，贝克(Baker)和哈克(Hacker)以治疗用的术语讨论了这部作品的某些章节(Baker and Hacker, 1980)。开篇，他们这样谈到奥古斯丁的语言图像：

> 奥古斯丁的图像中无意识地隐藏着许多关于意义的复杂论述，而这展现出一种知识上的疾病，它会引起很多症状。即使一个哲学家身上没有出现所有的症状，我们还是可以诊断出他正受着这种疾病的折磨，因为它会显示出一系列综合征。与奥古斯丁图像的正常形态进行对比，能帮助我们识别出这些症状。发展正常的形态或许有治疗作用。(p. 34)

一些哲学家将治疗视为维特根斯坦哲学的中心目的。在对维特根斯坦晚期哲学的解读中，彼得曼强调了其具有的疗愈性特征(Peterman, 1992)。彼得曼给哲学治疗设定了标准模式，并把对维特根斯坦作品的评价与这一模式联系起来。按照他的说法，维特根斯坦的作品整体来看是一个兼具伦理性和治疗性的方案：《逻辑哲学论》强调伦理维度，《哲学研究》强调治疗性。贝克同样认为维特根斯坦的哲学化比大多数评论者认识到的更具持续的疗愈性，而且更关联着人们具体的生命脉络(Baker, 1992)。这就是说，它关注的是个体思想的动态变化，而不是思想的抽象结构。还有一些心理学家开始以相似的方式研究维特根斯坦，发现他的作品里有着对情绪、感觉和信仰的洞见。这些洞见启发后继者深入人类发展历程中的主体性和伦理维度（Bakhurst, 1991, 1995; Chapman and Dixon, 1987; Gergen and Kaye, 1993; Jost, 1995; Shotter, 1993a and b, 1995; Stenner, 1993; Phillips-Griffiths, 1991）。

当我们以这种方式看待维特根斯坦时，随之浮现的是关于心理学、哲学以及它们之间关系的若干问题。正如本书前文所述，哲学和心理学曾是密切相关的学科（两者是母与子的关系）。但是，在 20 世纪的大多数时候，它们却是分离的，因为正统心理学与哲学决裂，转而依附于医学和自然科学传统（它也在最大程度上将自身的哲学根源弃之不顾，并对自然科学的内在矛盾视而不见）。在当代心理学的诸多领域——如批判心理学、现象心理学、女性心理学和社会建构主义——中，哲学和心理学再一次风云际会。不少哲学家的著作得到了严肃的审视，维特根斯坦正是其中之一（其他哲学家有胡塞尔、海德格尔和梅洛-庞蒂）。但是，鉴于心理学有过的目光短浅——和它那扑朔迷离的本来面目——我们必须诘问，难道发现和探究治疗性质就能透彻阐明维特根斯坦的所有工作？进一步说，"治疗哲学"对于解构和重建心理学能做出什么贡献？此处所谓"治疗性"究竟是什么意思？什么样的病痛需要被"治疗"？谁要被疗愈？"疗愈"又是何意？维特根斯坦本人如何看待哲学和心理学的关系？

对于我们来说，这些问题绝非分析维特根斯坦哲学所带来的让人兴致盎然的附属品。以我们的思考方式来看，用哲学治疗的术语来说，维特根斯坦的作品可以被视作对他自己的生活和哲学实践的真实反映。更重要的是,维特根斯坦的反哲学哲学(反基要主义)提供了至关重要的方法,即以一种新的人文主义的发展临床实践/文化—展演手段来研究情感生活。他自命的任务是治疗哲学的疾病(我们的任务更类似于治疗疾病的哲学)。维特根斯坦曾说,我们都是病人。病因很大程度上归咎于我们**如何**思考(以错综复杂的方式与我们思考的内容联结起来,甚至在更深的根源上与我们的**思考**活动或我们**是否思考**有关),尤其是我们如何看待思考这项活动和所谓"心理过程"和/或"心理客体"——我们(指我们文化的成员)在这些方面所做的远比我们中大部分人想到的多。这些让我们陷入了知识—情感那令人疑惑不解、难以澄明的狭小陷阱中。我们被其折磨、迷惑,产生"心理痉挛"。我们努力为思想、话语和言说寻求因果关系、一致性、规则、类比、共性、理论,以及解释、阐述(通常发生在我们未起心动念甚至刻意不想那么做时)。维特根斯坦却问道:如果我们寻求的东西一个也不存在呢?他这样描述他的方法:

> 在哲学中,人们不得不以某种特定方式看待一个概念。我提出或者发明了其他看待这个概念的方式。建议你想想从前你不曾想到过的可能性。你认为只有一种可能,或最多两种,但你可以想想有没有其他可能。此外,我让你看到,想让那个概念与这些狭隘的可能性相一致是多么荒唐。如此一来,你的心理痉挛便缓解了,你可以自由观看语言表达的各种可能,描述各种语用的差

异。(Monk，1990，p.502)

为什么提出和创建这些可能性具有治疗性？我们认为，"以不同方式看待"某一种特定概念能将我们从联结语言和思考的由多种因素决定的社会表征中，从因社会惯用而未加思索的表意再现中解放出来。一旦自由地看待语用，我们就可以看到并描述多种语言使用方式(甚至以不同方式看到和描述语言)。尽管语言和思想的关系本质百年来一直是哲学、心理学和语言学争论的主题，但在我们看来，纠结于其中的结果却是极度窄化了两者之间关系概念化的认知/分析路径。现在，越来越多的语言学家、语言哲学家和心理学家著书立说，挑战这种潜藏在这些概念之下的已然客体化了的语言学(Billig，1991；Davis and Taylor，1990；Duranti and Goodwin，1992；Shotter，1993a and b)。

在早期探究西方文化中思想和语言关系演变的著作中，我们聚焦于关于语言的主流概念如何(在一种拜物的风潮下)成为不仅决定了我们如何说，还决定了我们如何思考和/或看待思考的方式的东西(Holzman and Newman，1987)。思想、信仰、观念等与人类认知相关的概念系谱，奠基于拜物的语言概念，被看作有规律可循的和内生性的(即使对一些分析家来说，它们是外源性的或是由外部建构的)。但语言既不是可用规律来归纳的，也不是私人的东西，尽管人们很可能以这些方式来描述它。一旦这些描述成为对语言的定义，原本与人类创造出的各种活动和劳动密不可分 (过程和成果皆是)，作为人类活动的语言就被扭曲为无处不在的、有害的且(从哲学角度)时不时让人匪夷所思的商品化产品。一旦被拜物化，语言就从它那充满创造性的行动的过程/结果中分离和抽象出来，不得不以另一种方式与生活产生联系，重新觅得二者的意义(以一种指涉的、指称的、表征和外延的方式)。如前所述，在当代文化中，移情就是这样一种支配技术。

随着现代科学的发展，将语言看作指涉和表征(甚至将心理生活基本上看作认知活动)成为建立这种语言和生活联系的主要方法——还是那个真理一致论。("在下雪"这个句子只有在确实下雪的情况下才是真的。)事实上，用语词(至少是某些语词)给客体命名看上去挺有道理的，甚至是自然而然的。不过，这种理解模糊了语言的使用方式。很明显，人类用语词做的事可不只是命名客体，更不用提人们还使用短语和句子呢！更成问题的是，晚近现代主义对语用的理解模糊和歪曲了语言，对其中的创造、发展和学习视而不见。在晚期的作品中，维特根斯坦意识到唯有将语言视为行动，才能遏止哲学上那将思想和语言分离，以及将语言与其可能如是的本质相分离的混乱。

我将一而再再而三地提到我所谓的语言游戏。还有很多比那些高度复杂的日常语言符号更简单的使用符号的方式。语言游戏是孩子开始使用字词时的一种语言形式，对它的研究是对原初的语言形式和原始语言的研究。如果我们想要探究真理或谬误，验证假设是否与现实相一致，得悉主张、假设和问题的本质，那么，我们就应当好好地研究语言的原初形式，因为其中没有那些在思维高度复杂的过程中出现的混乱背景。当我们观察这些语言的简单形式时，那掩盖在日常语用上的心理迷雾便会消散，清晰、透明的行动和反应就会呈现出来

(1965, *BBB*, p. 17)。

不剥除意义("心理迷雾")的抽象化和物化，也就是说，在不揭露语言的行动本质之前，我们无法看到或展现语言行动。维特根斯坦找到了解决问题的方法。他发展了一种方法，将所谓"心理活动"和"社会活动"之间的鸿沟暴露无遗，揭示出西方哲学(包括科学心理学)的认知倾向是如何在我们的思考(或者/以及那些被称为"思考"的东西)中发生作用的。在一个又一个的例子中，他让我们看到，思维在多大程度上被各种概念、假设以及关于语言的前提(以及思考的方式)所左右，它们皆来自将语言作为基本和被动的心理现象(而非一种活动)的拜物主义和认同。维特根斯坦的治疗方法——放大语言由法则管控，在一切情境、外延中都保持不变的这一假设过程，借此显露出此种假设的荒诞不经——清除困惑，阻止个体询问或思考那类会首先将其置于困惑中的问题。他的方法对于应付日常生活矛盾的普通人来说非常实际，并且具有治疗效果。

维特根斯坦被称为"日常语言哲学之父"，这样的标签歪曲了他的整体方法论，模糊了他的工作的治疗实质。在此，贝克(哲学界极有分量的维特根斯坦的阐释者之一)关于维特根斯坦和他的分析者、跟随者、批判者的著作颇有助益(Baker and Hacker, 1980; Baker, 1988; Baker, 1992)。这些著作质疑了哲学家不停为维特根斯坦贴标签，将他归于某一学派下，为他的言辞编录，并将他与其他哲学家相类比的种种做法，认为这些企图将维特根斯坦系统化的做法毫无价值。贝克强有力地抨击了想要在维特根斯坦对一些字词和短语的使用上寻求一致性和普遍性，从他的作品中得出哲学化结论的做法，因为这样做除了破坏维特根斯坦的大计外什么用都没有（Baker，1992）。贝克主张"慎之又慎"地关注维特根斯坦"哲学研究的一切治疗性概念"。他还补充道，维特根斯坦并不提倡表态"任一明确立场"，也不同意"给我们语言逻辑一个大纲地图"，而"总是寻求解决特定个人面对的特定哲学问题"（p. 129）。贝克借用医学进行了类比：

> 他（维特根斯坦）并不把自己当作公共卫生官员。官员的主要任务是让天花从地球上绝迹（在哲学上就好比通过"私人语言论证"永久摈弃笛卡尔二元论）。相反，他像普通执业医师一样治疗病人在撞上语言限制时生出的各种包块。（1992，p. 129）

维特根斯坦的重心不在日常语言，他持续关心的是语言——尤其是哲学家书写的用来讨论语言的语言——如何使日常生活变得面目不清。我们不会在日常交谈中觉察孩子如何学讲话，知晓某物意味着什么，爱、愤怒、害怕这些感觉是什么，我们的经历如何与现实"相连"等，但它们确实存在，且在我们的日常生活中发挥着约束而远非促进发展的作用。维特根斯坦的主要"咨客"是哲学家，正是这些人的专业话语中包含着这类哲学问题。正如本章引言所说，维特根斯坦对于语言是如何通过对普通人的影响而使我们的生活面目不清的问题甚为关切——对他而言，哲学更类似于"将房间打扫干净"的活动。

我们将维特根斯坦的工作看成对哲学家的治疗。他们对哲学问题的执迷是他们的问题(我们有时会说，他们这样执迷简直有精神疾病)。普通人虽然对哲学问题缺乏兴趣(我们有时会说，他们这种兴趣的缺乏似乎有神经症)，但他们陷入的知识—情感的混乱可一点也不比哲学家少。得益于已经复杂化的社会网络和沟通机制的涉入——尤其是语言机制——哲学病态的各种版本都渗透到了日常生活中。对于维特根斯坦来说，语言机制正是这些病态的载体。被笼罩在"心理迷雾"中，语言的活动很难被看到。而且，当意义创造活动——对语言产生及人类发展必不可少——越来越多地被使用语言的行为主导时，要看清语言的活动就更加困难了。语言使用本身反过来又被它与思考之间的拜物化关系所钳制(Newman and Holzman, 1993)。

我们可以从审视维特根斯坦"对精神疾病的心理治疗"的一些例子中得到启发。治疗精神疾病指的是他努力治愈哲学家对解释的执迷，以及他们对形而上的需求(秩序、因果、一致性这类东西)。我们节录了维特根斯坦著作中的一长段，希望尽可能地呈现他创建哲学(探究)环境的方法。在《关于心理学哲学的评论(第1卷)》(*Remarks on the Philosophy of Psychology*, vol.1, 1980)中，维特根斯坦写道：

> 903. 对于我来说，没有什么假设能比"大脑里没有什么与联想或思考相关联的过程"更自然了。换句话说，我们不可能从大脑的运作中解读出思维过程。我的意思是，假设当我说话或者书写时大脑启动了一个动力系统，它与我说话或书写时的思维相联结。但是，这个系统为什么必须持续向中心的方向迈进？为什么这个

秩序不是从一团混乱中产生的？这类似于以下情况：某些种类的植物通过种子繁殖，种子总会生产出同样的植物，但是种子中没有与产生它的植物相一致的东西，因此不可能根据种子推断出那些植物的特性或结构——这只能通过种子的历史完成。因此，一个有机体的形成甚至可能来自无组织的事物，这并无确定的原因。这也适用于我们的思考，以及我们的对话与书写。（Cf. Z608，p. 159）

904. 因此，特定的心理现象完全有可能不能通过生理手段探知，因为生理上没有什么与之相应的东西。（Cf. Z609，p. 160）

905. 多年前我见过一个人，现在又再次见到了他。我认出了他，记住了他的名字。不过，为什么必须有一个解释这个记忆在我的神经系统中的原因？为什么此事或彼事，不管什么事情都得以某种形式储存在神经系统里？为什么必须留下痕迹？为什么不应有与任何生理规律都不一致的心理规律？这些扰乱了我们的因果概念，不过它们早就应该被搅得坐立难安了。（Cf. Z610，p. 160）

维特根斯坦在这里讨论了西方思想和哲学中的因果性、一致性和本质。显然，当我们说话和记忆时，必定有某种神经和认知进程，但并不能由此推论出神经活动与我们所谈论和记忆的东西或我们的言谈或记忆活动有因果上的联系（一致性）。维特根斯坦并没有夸张地呈现围绕因果论的常见的思考过程，因为这种情况非常普遍。他用种子和植物的类比揭露了在关于本质和内容的问题上那些根深蒂固的观念多么荒谬。（凡橡树必曾是榛果，这样旧的宗教观念仍然影响着人们的日常思维。）

在下列节选[来自《关于心理学哲学的评论（第 1 卷）》]中，我们可以清晰地看到维特根斯坦的治疗方法：

912. 如果有人说"他似乎很疼"，没人会怀疑这是假的。为什么在同样的事情上，人们要是说"我似乎很疼"，却一点也说不通？我也许可以在试音时说这样的话，类似的还有"我似乎打算……"等。人人都会说："我当然不那么说，因为我知道自己是不是痛苦。"通常我们对自己是不是"似乎痛苦"并不感兴趣。我们可以根据从别人的事例中得到的印象做出结论，但不能依样画瓢地从自己身上得出结论。例如，我不会说"我在痛苦地呻吟着，我必须去看医生"，但会说"他在痛苦地呻吟着，他必须……"(p. 161)

913. 可能有这样一些语不成意的句子，如"我知道我很疼""我感受到了疼痛""我不会对自己的呻吟心烦意乱，因为我知道自己正处于疼痛之中"，或者"因为我感觉到了自己的疼痛"。

这倒是真的："我不会对自己的呻吟心烦意乱。"(p. 162)

914. 我可以通过对他人行为的观察，推断出他必须去看医生；但是我无法通过对自己行为的观察得出这样的结论。有时我也那么做，但不是在类似的情况下。(Cf. Z539，p. 162)

915. 以下反应对我们大有帮助。当别人痛苦时，我们会本能地照顾或治疗他们疼痛的地方，不只是当我们自己这样时才这么做。因此，对别人的痛苦感同身受是一种本能反应。同时，对自己的痛苦并非感同身受不是一种本能反应。(Cf. Z540，p. 162)

916. 但是，"本能"这个词在这里究竟是什么意思？或许行为模式是前语言的，因为语言游戏以此为基础：是思维模式的原型，而不是思维的结果。(Cf. Z541，p. 162)

917. 做出如下解释似乎可以说是"上下颠倒"：我们照顾另一个人，因为他与我们的情况类似，我们相信他也有疼痛的体验。反过来说应该是：我们从自身行为的特定篇章中学习到了——用语言游戏的方式来说——"类比"和"相信"中有什么功能。(Cf. Z542，p. 162)

维特根斯坦让我们看到，当语言被当作偶像崇拜时；当从一个结构到另一个结构，一直存在一种"愚蠢"的一致性时；当我们试图从一个语言情境推衍到另一个语言情境，如从人们由如何谈论他人的疼痛到谈论自己的疼痛时，会发生什么事。在这些情况下，语言一致性的假设只是一个代词替换另一个代词，从"他"变成"我"，这是非常荒唐的概念和陈述。维特根斯坦所说的不是乔姆斯基学派的衍生语法，他要展示的是这些语言是从生命活动中异化推衍而来的，是一种误导。他清楚明白地告诉我们，这些都是不同的语言游戏，来自不同的社会—文化生活，以及不同的日常活动。语言从一个情境到另一个情境是一致的推定。例如，从"他"的痛苦推及"我"的痛苦这一平日里看起来完全正常的过程现在看起来实在可笑。维特根斯坦揭露的这段过程的治疗效果在于，我们得以透过分析荒谬，清楚看到自己平日如何被系统地物化了的语言假定限制住了。

我们的目的是描述我们实践的文化—展演治疗、社会治疗中的维特根斯坦成分，以及维特根斯坦哲学治疗在社会治疗上的功用。我们解构/重建的目的是双重的：更清楚地看到对语言行为的揭示如何展现出创生意义的行动，并且展示出这种揭示(它本身是一种行动)的实践—批判潜力，以在这个被异化的、几乎摈弃了意义创造从而消除了人类发展的后现代历史时期重新推动人类的发展。

维果茨基

在第一次社会主义革命随后的这些年里，作为当代主要的马克思主义理论学家，维果茨基在重建心理学、教育学以及创建我们现在所称的"特殊教育"的过程中扮演了重要角色。作为当时满怀激情地寻求建立一种能服务于新社会的新心理学的苏联学者中为人熟知的领导者，维果茨基一直致力于他继承的两种哲学—科学范式的方法论基础——二元化和分类的西方科学传统，以及新近出现却几乎立刻就被奉为圭臬并陷入二元化的马克思主义。

不幸的是，这一不仅在科学、文化、教育上，还在社会关系甚至生活各个方面上进行实验的时期不过昙花一现(Friedman，1990；Newman and Holzman，1993；van der Veer and Valsiner，1991)。维果茨基 38 岁时死于肺结核。他的著作在他还在世时就受到来自学者/空谈者的攻击，在他去世后依然如此。直到 1962 年《思维与语言》(*Thought and Language*)的英文版出版，人们才回想起那些 20 世纪 20 年代他与皮亚杰关于儿童语言和思维问题的生动辩论。《思维与语言》一书收录了维果茨基近 200 篇学术论文、文章和演讲稿，讨论的问题包括学校教育、诗歌、文学、戏剧、艺术创造和想象，以及儿童戏剧、绘画、书面语、记忆、情感、思想延迟、失聪、失明等。此前，它们没有以任何语言被出版过。最近 10 年，发展心理学家、社会心理学家、教育心理学家、社会语言学家、沟通和话语方面的学者重新对维果茨基的工作(通常被称为社会文化心理学或文化历史心理学)提起兴趣。[2] 苏联解体后，人们对维果茨基和苏联心理学的知识及政治历史的兴趣越来越浓(Joravsky，1989；Kozulin，1990；van den Veer and Valsiner，1991)。

维果茨基在人类发展方面有重大的实质性发现。正如我们所见，这或许要归功于关于人类心理学科学发展的方法论上的关键突破。维果茨基的工作既是基础性的，也是反基础性的(他在这一方面与维特根斯坦挺像的)。他检视所有现有的心理思想和大部分西方哲学思想、马克思主义哲学，努力建立一种新的科学并播下全新的心理学的种子(有时我们称之为反心理学)。维果茨基的著作中包含不少关于方法论的论述，因为他认为方法论与科学密不可分。在我们看来，他努力避开诸多旧有的范式和新的教条制造出来的陷阱，想要创造新的东西：

我不想用拾人牙慧的法子来发现思维的本质。我想知道科学是如何建立起来的。在学习了整个马克思的方法论后，我想在心灵研究上更进一步。(1978，p. 8)

以及：

实践在科学行动最深的根源之处。从最初到结束，它一直在不断地建构后者。正是实践提出了任务，成了理论的至高评判者。它是检验真理的标准；同时，也正是它指示我们如何建立概念并制定法则。(1982，pp. 388-389)

维果茨基的心理学和维果茨基的方法论之间的关系成了维果茨基的阐释者和追随者常常论辩的主题(Bakhurst, 1991；Davydov and Radzikhovskii, 1985；Kozulin, 1986, 1990；Newman and Holzman, 1993；van der Veer and Valsiner, 1991)。在维果茨基对马克思哲学的贡献这一问题上，他们有不同的观点。

我们认为，维果茨基是一位无人能出其右的马克思主义行动理论家：他将活动而非行为作为独特的人类发展的关键特征。正如我们所理解的，活动和行为存在本体论上的差异，这表现在实际变化着的整体与"变化中的"部分(用伪科学的一般规律来说)之中，以及质的改变和量的积累之中(Newman and Holzman, 1993)。人不仅能对刺激做出反应，获得社会性和有效的技巧，也能适应具有决定性的环境。在这

一点上，维果茨基追随了马克思的脚步。人类社会生活的独一无二之
处，正在于我们转变了这种决定性的情况。正如马克思所说："环境的
变化与人类活动或自我改变的巧合，只能被认为和被理性地理解为**革
命实践**。"(Marx，1973，p.121)在其他著作中，马克思将革命实践视
为"革命的、实践—批判活动"。它持续地改变着那些正在由它改变的
东西，"从实践上颠覆现有的社会关系"(Marx and Engels，1973，
p.58)。

维果茨基的贡献在于他对我们需要新的方法论（其实无法与研究
对象分割）来探究新的研究对象（活动）的认识。他一生都在探究作为
科学的心理学的本质到底是什么。**科学活动**跟所有人类活动一样，都
显露着自身的矛盾——它必须创立(而非虚构)自己的研究对象：

> 寻找研究方法成了理解独特的人类心理活动这一事业中最重
> 要的问题。在这种情况下，方法既是研究的前提条件，也是研究
> 的产品；既是研究的工具，也是研究的结果。(Vygotsky，1978，
> p.65)

这种方法同时作为工具和结果的新观念十分激进，具有里程碑式
的意义——我们也称之为"方法的实践"(Newman and Holzman，
1993)。如你所见，维果茨基挑战了将从柏拉图到康德(以及在康德之
上)的所有相关知识的理论包括在内的整个西方的科学—哲学范式。因
为一直以来，方法都是一种独立于实验的内容和结果的东西，也就是

那些从内容到结果的东西。它是要应用的东西，一种为达到目的而使用的具有功能的方式，基本具备实用或工具性的特征。(结果的工具而非工具—结果)这种二元化的方法概念假定了一种关于知识的理论，这一理论需要有知识的客体对象，以及获得关于这一对象的知识的工具(方法)。

维果茨基和马克思一样，都认为方法并非只是用于实践的东西——方法本身就是一种实践。方法既不是达到目的的手段，也不是获取结果的工具。不存在所谓"知识客体"，也没有与正在实践的方法活动相分离的知识。结果(产品，对象)与工具(生产过程)密不可分(这无法定义，也不能命名，或许还不可知)。它们一体成形，进入实在，形成辩证的整体关系(正如维特根斯坦的语言游戏，规则在游戏开始时就已经存在)。在维果茨基的时代和我们的时代，占主要地位的科学范式并非一元论的、辩证的工具—结果论，而是范式化的、旨在目的的功能性工具方法论(关于两者之间区别的进一步讨论，参见 Newman and Holzman，1993)。

维果茨基对占主导地位的二元化、工具化、简单化的科学范式在方法论上的突破一直不幸(无意识地)被当代维果茨基学派的大多数学者忽视。他们的研究更多被看作调解理论，而非活动理论，关注的焦点是对已有(就结果而言)工具的挪用。二元论和过度的认知偏见在这种为结果服务的工具化方法论中埋藏得很深，以至于心心念念想要克服它们的维果茨基本人有时也会低估它们的作用。但是，我们若因此忽视维果茨基的方法，就会否定他作为实践—批判的心理学家(反心理学家)的革命性。

维果茨基最好的论著是有关儿童的话语及其与思维发展关系的讨论,他对皮亚杰关于童年自我中心话语和观点的批评包含了大量深刻尖锐的分析。毫不令人惊讶的是,他同样针对皮亚杰的方法论提出了批评。正如我们在大多数发展心理学的教科书里看到的那样,不少学者习惯于将维果茨基放在与皮亚杰对立的立场上。不过,也有学者试图调和这两种观点,展现这两种观点的兼容性(Bearison,1991)。在我们看来,这两种方式在方法论上都存在误导。

维果茨基逐渐接近着他的目标,致力于为一门新的心理学寻找方法论。在这个前提下,他如此解读皮亚杰的工作:

> 要研究皮亚杰的学说,我们需要尝试对其理论和方法论系统进行批判。在这样的工作框架下,实证的资料充其量只是理论产生的基础,或方法论的具体化。(Vygotsky,1987,pp. 55-56)

维果茨基怎么看待皮亚杰的方法论?他认为皮亚杰的方法论是非历史性的、非文化性的、抽象的、形而上学的方法论。甚至可以说,皮亚杰的研究追求的是普同性、理想化的"一成不变的儿童"。对此,维果茨基说:"心理学的任务不是发现一成不变的儿童,而是发现会随时间的变化而变化的具有历史性的儿童。"(Vygotsky,1987,p. 91)

七八岁之前,皮亚杰研究的儿童都是自我中心的(正从自我中心向理性和社会性转变)。他或她的语言是非社会性的,"朝向自己的",而非交流性的。它们实际上没有任何功能，仅仅是对一种以自我为中心的思维的反映。儿童最早的思维是私人的、个体化的、孤立的存在，这表达了与"外在现实"相对立（同时也是二元分化，并且先于它发展）的"内在需要"。在维果茨基看来，儿童是历史性的存在，牙牙学语就是一种社会历史活动。当儿童学习说话时，他们的发展、他们自身就是历史。儿童的语言自始至终是社会性的，自我中心的语言也不过是社会性语言的一种形式，"通过协作这种社会性的活动进入个体心理功能的领域"（Vygotsky，1987，p. 74）。儿童最早的思考既是智性的，又是情感性的——在他们那里，"内在需求"和"外在现实"本来就纠缠不清。由此推论，自我中心的思维并不先于现实的思维——前者的发展实际上依赖于后者的发展。

维果茨基展示了皮亚杰的论述中隐藏的弗洛伊德式（形而上学）框架。皮亚杰假定儿童最开始只满足于内在需求驱动，随后才被迫适应外在现实。这种对儿童世界的切分体现出精神分析预设的个体（私人）和社会的二元对立。从本质上说，皮亚杰采取了"与快乐原则相联系的形而上学。这个原则原本是辅助性或生物性的从属原则，现在变成了一种独立的重要力量，成为思维发展整个过程的主要原动力"（Vygotsky，1987，p. 77）。

在之前的著作中，我们延续了维果茨基的批判：

于是，逻辑上的必然推论使皮亚杰进入了另一种抽象——纯粹的思维。既然需求和满足与适应现实的过程毫不相干，那他必须处理一个空洞无物的现实思维，一个完全无关儿童需求和欲望的思维。维果茨基则不同，他紧紧抓住马克思的历史一元论以及儿童的历史性，认为需求和适应必须被当作一体两面。"儿童身上并不存在任何目的在于追求纯粹真理的思维形式，也不存在离开地球，脱离需求、愿望和兴趣的思维形式。"（Newman and Holzman，1993，p. 124）

维果茨基的分析大大削弱皮亚杰学说的正当性，因为儿童的思维和语言都不是皮亚杰所认为的自我中心的，也不是非社会性的。余下（解构/重建）的任务是切断语言和思维之间预设的联系，因为（从后来的大多数学者对比皮亚杰和维果茨基有关语言和思维的观点来看）皮亚杰认为语言反映思维。然而，维果茨基（像维特根斯坦一样）拒绝个人与社会的二分，以及由于这种二分而出现的语言和思维的因果/线性关系。（例如：一个人还可以怎样发展？"内在"必须通过外在表现出来，不是吗？"外在"之物——文化、规则、价值观等——都必须被"内化"，不是吗？）对于维果茨基来说，语言和思维并不是两种独立的过程。透过字义，我们看到语言和思维的一体两面：

> 语言的结构并非思维结构的简单镜像。因此，它不能像衣架上的衣服般叠架在思维之上。语言不仅仅是发展了的思维的表现。在转化成语言的同时，思维也被重构了。它并非在语言中得以表达，而是在语言中得以完成。（Vygotsky，1987，p. 251）

语言完成思维("思想在语言中完成")这一观点当然远远超越了维果茨基与皮亚杰辩论的内容。主流的西方哲学—语言学—心理学范式建立在语言表达思想的假设之上,并且是如此根深蒂固,即使是抱持"是人类而不是语言创造了意义"这类社会性的、建构主义观点的学者也鲜少认识到这一先在假设。维果茨基并没有颠倒这一"关系"的次序。他拒斥对语言和思维的二分和僵化的观点,由此断绝了"重新联结"它们的必要性。也就是说,他从根子上拒斥那种超越决定的语言概念,那种认为语言就是指代、命名、代言、表达的概念。语言完成思维(语言与思维是一个整体)将语言视为一种社会性、文化性的关系活动。

维特根斯坦后期的工作支持了维果茨基的观点。在实践上,他挑战了语言是思想的表达这一主流范式,也挑战了这一范式中包含和/或暗含的(思维和语言的)二元论、对应性和一致论。他批判了将思维和语言视为因果联系以及认为两者之间存在生理—心理对应性的观点,认为它们实在形而上学得荒谬。维特根斯坦问道:"为什么不管是什么东西,都必须以某种形式被储存起来?"他的语言游戏——一种展露语言活动和生活形式的方式——认为语言是思维的完成,这成为推动维果茨基发展的(反)心理学成为非阐释性的临床实践/文化—展演路径的方式之一。

维果茨基想要创建一种可以完成以下两项任务的科学:一是阐明人类/人类文明的历史发展[是何种活动使劳动成为联结人与自然的基础? 它们会带来什么样的心理转变? (Vygotsky,1978,p. 19)],二是解决新社会主义国家遇到的各种挑战。正是这一雄心壮志使他一生将关注点放在学习/教导和发展的关系之上。维果茨基和他的同事在实践中致力于教育和补缺。他们聚焦于文盲问题、苏联这个新的国家内部众多民族的文化差异问题、数百万流浪儿的问题，以及无法完全参与新社会建设的人得不到照料的问题。在这一过程中，维果茨基靠着(非工具主义的)工具—结果方法论，获得了许多关于儿童发展和学习的发现，这为发展的、文化—展演的心理学奠定了(反心理学的)基础。有意思的是，回观维特根斯坦的探究路径，我们会发现他和维果茨基都揭示了人类生活工具—结果和关系性的特点。

维果茨基认为他所处时代的教育理论和教育实践都有待改进。他拒绝学习和发展关系的主流观点，即分离主义的观点、同一论和不确实的交互影响论(Newman and Holzman，1993；Vygotsky，1987)。对于他来说，学习和发展既不是单一的过程也不是彼此分离的过程。他确认此二者是一体的，并断言学习引领发展。他批判性地创造了"发展水平"这一抽象概念，并将教与学建基于其上(70年后仍在发挥效用)。他说："若教导只是利用了发展过程中已经成熟的部分，而自身并不是发展的源泉，那么教导就是完全不必要的。"(1987，p.122)辩证一体的学习—引导—发展的发现消灭了学习和发展二分的偏见，也去除了(一般化和抽象化的)"纯粹发展"的完美理想。一个人能学习多少和能学到什么正是以这一完美理想为基础的。

若没有最近发展区这一不同凡响的发现，学习—引导—发展的革命性就尚不完备(从维果茨基认为的完备来看)。人类的心灵、发展、学习，以及思考、语言、记忆、问题解决等其他心理过程通过参与并内化社会—文化—历史活动形式被创造或生产出来：

> 儿童文化发展的每一种心理功能都会先后以两种面貌发生：
> 第一是在社会层面，第二是在个体层面。首先在人与人之间（人际
> 心理）发生，然后在儿童内部（内部心理）发生。这个现象广泛存在
> 于所有自主注意、逻辑记忆和概念的形成过程中。所有更高层次
> 的心理功能都根源于人与人之间确实存在的关系。（Vygotsky，
> 1978，p. 57）

最近发展区是个体能"和他人"做什么与个体能"靠自己"做什么之
间的差距。维果茨基既不是第一个也不是最后一个发现儿童（和成人）
可以通过与他人的合作"做到更多"的学者，但他第一个明确了协作是
在社会—文化—历史的过程中发生的。学习—引导—发展这一社会活
动既创造了最近发展区，也存在于最近发展区之中。在我们看来，最
近发展区并非一个一般意义上的心理单元，它不能直接被套用在既存
的反发展范式中，也不能替代其他心理单元。当然，这也是可以做到
的，并且已经做到了。但是，我们认为这样做并不利于维果茨基的整
体计划，会使人忽视最近发展区本身蕴藏的巨大创造力。对我们来说，
最近发展区是新的关系知识论的核心元素。它不植根于超定和个体化
的唯心主义、二元论和功能主义的知识论述，摒弃了个体和社会、内
部和外部之间的哲学分歧。最近发展区理论认为，人并不是"慢慢认识
世界"，也不是"恪守世界规律"或"构造世界"，因为这些话语都隐含着

人与世界分离的论述(它带来的结果是为了理解个体"在这个世界中"是如何发展的,我们不得不采用抽象的解释方式)。

在探索维果茨基的方法论和发现时,我们将最近发展区描述为所有人生活在其中的生命空间——与创造它的我们密不可分。正是在被社会—历史—文化产生出来的环境中,人类组织和重构彼此的关系,以及和自然的关系,这也是社会生活的要素。这样的生活空间当然是人生活于其中,被限定且可被观察的环境,同时也是人们可以从中转化环境(创造新的东西)之处,是人类(革命性)活动的"场所"。如此一来,最近发展区便成为革命活动创造出来的空间以及促发革命活动之处(Newman and Holzman,1993)。

游戏是儿童期的主要活动。维果茨基对游戏非常感兴趣。他审视了游戏在儿童发展历程中的演变和角色,认为游戏不是无足轻重、可有可无的,而是发展中的引导因素,创造了最近发展区——"儿童最伟大的成就可能就在游戏中"(1978,p.100)。当然,无论儿童玩不玩游戏,产生(学习—引导—发展)革命性活动的最近发展区都会存在。两者的区别在于:不玩游戏时,行动主导着意义;玩游戏时,意义主导着行动。游戏的特别之处是创造了一种想象的场景,将儿童从现有情境的约束中解放出来。维果茨基对游戏发展过程(以及它在整个儿童发展中所起的作用)进行了分析,梳理出从由想象场景主导的早期(自由)游戏过渡到由规则主导的竞争性游戏的过程(Vygotsky,1978)。

即使是最早期的游戏(自由游戏),在被创造之始也包含着规则:"无论何时游戏都带有想象的成分。游戏也有规则,但不是事先拟定,也不是在竞技的过程中发展出来的，而是从想象的场景中来的。"(Vygotsky，1978，p. 95)这种规则——从想象场景的真实创造中进入现实，不为人知且并未被命名(维果茨基称这些规则为隐秘的)——只有在与它们的生产活动相关联时才能被理解。竞争性游戏的玩法(出现在游戏之后的发展中)更像是我们通常想到的指南、说明、达到目的的手段等，也就是游戏规则(维果茨基将这些规则称为公开的)。之前我们在描述方法论时提到的"为了"与"和"的区分("为了结果的工具"与"工具—和—结果")，对于我们理解维果茨基关于游戏和发展的发现非常有帮助。规则之于想象就如工具之于现实；既有"为了结果的规则"，也有"规则—和—结果"。

我们区别二者发展的目的在于，早期的游戏以规则—和—结果为特点。想象创造的结果预示展演的方式，展演也影响着想象创造的结果。只是随后，从结果—和—规则转变到为了结果的规则，规则成了在游戏中如何做的指示原则，指导人们朝向目标结果行动。规则、结果的关系脱节了，规则取决于游戏的表现模式(Newman and Holzman，1993，p. 101)。我们可以进一步推论出，维果茨基界定在真实生活中，行动主导意义是创造工具—和—结果的革命性活动；在想象范围中，意义主导行动是创造规则—和—结果的革命性活动(Newman and Holzman，1993)。

维果茨基的工作不断交织着学习和发展的关系，而发展伴随着语言和思想的关系。言说的行动和语言(扫除思想迷雾)是由人类创造的心理工具—和—结果，使人的学习和发展成为可能。维果茨基的方法和他关于早期儿童发展的分析告诉我们，人类并非仅仅是工具使用者/语言使用者，还是工具制造者/语言建造者。儿童通过参与制造意义的创造性活动学会说话，学会使用语言(从他们的生活空间中撷取元素，重织后创造出新的东西)。可以说，意义的制造引导着语言的建造(也引导着语言的使用)。在童年早期，语言**行动**主导儿童生活。儿童用语言来游戏，使用现成的语言工具创造一些并非现成的东西，打乱原有的音调、句法和意义——这些是发生在婴儿和儿童早期的最近发展区中的联合行动(Newman and Holzman，1993)。多数心理学家忽视了维果茨基工作的这个部分，没有搞清楚行动和使用之间存在的重要区别，甚至将意义与语言使用**等同起来**(Burner，1983，1985；Wertsch，1991)。

儿童是很了不起的意义创造者，他们不知道语言是什么，不受其制约(甚至就算知道也不受限制)。他们无视那些用来判断一个人是不是社会性地正确使用语言的规则，不会通过支配语言中的文化性和商品化的需要来"表达自己"或与他人无异。正在学步的孩子不会说："给我一本字典和一本语法书，这样再过几年我就能掌握语言了。"他们不会这样说。他们说话——牙牙学语，使用字词，制造意义——参与社会生活必不可少的一部分。在还不知道参与的规则时，他们就已经参与到了社会进程(关系活动)中。他们"超越现有的阶段"，表现得"比现阶段更年长"(Vygotsky，1978；1987)；他们"表现出日后的自己"，参与一系列"超越自身"的活动(Newman and Holzman，1993)。

对于儿童来说，(维特根斯坦意义的)游戏实际上是生活中的全天候活动。但在我们看来，当缺少玩耍的成分时，即使是好的游戏也不会带来语言（或其他别的什么）的发生或发展。当然，玩耍也是这样。人类的玩耍要与游戏相关，或者说正是因为与游戏相关，所以才会那么重要。维果茨基的玩耍和维特根斯坦的游戏若合为一体，可以相互补益。我们完全可以用它们来构建理解人类生活的新的发展实践/文化—展演路径。

只有通过游戏，儿童才会学到规则。在这一意义上，儿童是比成人好得多的学习者。他们学得更多，也学得更好。他们的学习是真正维果茨基式的学习——"唯一的'好的学习'是先于发展的"（Vygotsky，1978，p. 89）。作为成人，我们已经熟稔正经八百的语言（和事实），完全被"外在"的语言规则所控制，忘记了要如何参与意义制造、牙牙学语、创造新的语言游戏和表演，而且很少有支持这些活动的环境。我们越是知道玩语言游戏（有意思的是，我们一点也不知道它们是游戏）的正确方式，我们以孩子的方式玩耍的能力就越差，在关系活动上的表现也就越差。我们越善于使用语言，语言**行动**就离我们越远。我们越是社会地理解语言，就越会遇到（形而上的）困惑。

对于我们的思考方式来说，第一个语言游戏是"在最近发展区中（共同）制造意义"。以不断变化的方式玩耍的（最近发展区的）共同活动让社会性地正确使用语言成为可能。指涉语言发展较晚，它消灭了语言和其所指之间由来已久的分歧产生的"逻辑需求"。正是意义制造这一革命性的活动使语言制造和语言使用成为可能。

文化却非认知取径

　　和维果茨基一样，维特根斯坦在他晚期的著作中也点出了西方哲学和科学那形而上学的前设和假定，并且更加坚持反基要主义和反功能主义的立场，更直截了当地将形而上学视为一种疾病。

　　维特根斯坦一边揭示了我们如何过度被各种形而上学假设形塑，一边指出了将语言作为活动必须经历的探究之路存在的障碍。其中一个障碍是"我们对普遍性的渴望……这是与某些哲学上的混乱相联系的倾向带来的结果"（Wittgenstein，1965，*BBB*，p. 17）。这个障碍将哲学家们引入了形而上学的圈套。维特根斯坦描述了四种这样的倾向：(1)在我们通常将其归为一类泛称的实体中寻找共性的倾向；(2)认为人只有建立了某种一般化的图景(与个别化的图景相反)才能理解某个一般术语的倾向；(3)混同了意识状态和假设的心理机制这两种"心理状态"的意义/用途的倾向；(4)有科学方法的先入之见的倾向（Wittgenstein，1965，*BBB*，pp. 17-18）。前三种倾向反映了若干世纪从上、从外、从抽象或超越处(形而上地)寻求本质的哲学探索；第四种倾向代表了影响自内或自下探寻本质的现代科学哲学的东西，也就是还原论。

　　维特根斯坦说，哲学家一方面因受到日常表达方式和过分简化的语言结构概念的影响而被语言迷惑；另一方面又被科学方法诱惑，因为它将对自然现象的解释简化为尽可能少的原初自然规律。维特根斯坦认为，后者才是"形而上学的真正来源"（Wittgenstein，1965，*BBB*，p. 18）。

回想我们先前关于与西方物理学和社会科学以及所谓"常识"相关的实证主义范式的讨论，可以看到（诸如1965年亨佩尔提出的）演绎—规则模型将普遍性或普遍规律作为首要前提，将对事物的经验上的可验证状况的描述（最好尽可能简化到接近观察的经验）作为第二个前提。对于事物的解释从逻辑（无论是演绎的逻辑还是归纳的逻辑）上讲最终皆源于这两个前提。维特根斯坦认为，治愈哲学必须摈弃这种解释的逻辑实证主义范式："我想说我们的工作从来都不是将某事简化为另一事，或解释某事。哲学真的是'纯然描述性的'。"（Wittgenstein，1965，*BBB*，p. 18）

要了解维特根斯坦说的"描述性"，最好方法就是结合关于解释的传统实证主义/演绎模式来看。维特根斯坦拿掉了"解释"这一正统的（抽象的）科学概念以及那些完全与生命活动没有关系的、对生命活动佯装科学和形而上的解释（生命活动在这里并不被视为生命活动）。他想要找到一种展现的，指涉的（非阐释、非演绎的）方式，使社会进程更能为人所理解（理解也是一种活动，不是一种抽象的解释或阐释）。

新维特根斯坦主义挑战解释的传统实证主义/演绎模式，他们的批判大多与一船语言学派的哲学家针锋相对。维特根斯坦1951年去世，此后的20年间，他们发展得十分鼎盛。这些社会科学和历史哲学家认为，若要理解解释这一过程，只能通过研究我们如何使用解释的语言来实现，而不是通过铺展解释的结构（Dray，1957；Scriven，1959；

Winch，1958）。他们通过维特根斯坦对描述的观察，试图展示各种使
描述可以在一定的文本中是解释性的方法。他们对解释的探究通过揭
示使用解释性语言的细微方法，对逻辑实证论进行了典型批判，由此
"证明"即使没有满足结构化模型的抽象标准，事物也能获得解释性。

　　这一先使某些语用/意义相等，然后聚焦在语言学或者普通话语分
析上的过程让后维特根斯坦哲学家的工作变得与众不同（Austin，
1962；Searle，1969；Strawson，1964）。这也许有助于终结逻辑实证
主义，让我们对语言的精妙有更深刻的理解，并带来语言研究随后的
变革。不过，它也并未厘清**使用**和**活动**的关键性差异，而这一点在我
们看来是理解维特根斯坦和维果茨基的根本之处。

　　当代美国维果茨基主义者沃茨尔对维特根斯坦的工具意象的有关
论述，可以帮助我们厘清使用和活动(以及维果茨基的工具化)二者间
的模糊差异。沃茨尔引用了维特根斯坦关于语词的最广为人知的论述
中的一段：

　　　　想想工具箱里的各色工具：锤子、钳子、锯子、螺丝刀、尺
　　子、胶锅、钉子和螺丝。单词的作用就如这些物件的作用般多样。
　　（在这两种情况下，多样性中都有相似性。）
　　　　当然，迷惑我们的是当我们听到它们时，或在手稿和印刷品
　　上见到它们时，它们呈现出的一致性。因为它们的应用并没有被
　　如此清晰地呈现给我们。（Wittegenstein，1953，p. 6；Wertsch，
　　1991，p. 105）

沃茨尔对这段话做了这样的理解:"在《哲学研究》中,维特根斯坦提到了将一种语言游戏和其他语言游戏区分开来的困难,如何像将工具组织到工具箱里那样将语言游戏概念化的问题。"(1991,p. 105)

但是,在工具箱里被组织起来的(如维特根斯坦所说)不是语词,也不是沃茨尔所说的语言游戏。工具箱里的工具(想想它们)帮助我们理解语言(如词语)在社会中的使用,语言游戏却让我们看到了语言的活动,而不是它的社会使用。我们认为,维特根斯坦、维果茨基和马克思以不同的方式、在不同程度上理解活动/使用,以及活动指导使用的辩证法(其中,维特根斯坦最不乐意用"辩证"这个词)。

在工具箱里找不到语言游戏,就像我们在异化社会里不能从行动的产物中找到行动一样(类比地或用其他方式来看)。语言活动和其他生活形式只有在历史/社会矛盾体里才能够被发现,而不是在工具箱里。意义源于语言制造的社会活动(语言游戏),即使当它在社会中以有意义的方式被表达或使用(从工具箱中被拿出来)时也是如此。使用和活动的合并带来了沃茨尔所说的"语言游戏……被组织在一个工具箱里"这种奇怪的想法。

关于心理词汇的不同观点

弄清楚使用、活动的区别有利于创造并说明一种植根于非哲学的认识论的新的文化疗法(一种非科学的心理学—方法的实践)。

通过区分"有关心理词汇的两种观点"(第六章在讨论关于意义的两

种理论时提过)——**意象的**和**实用的**(Gergen，1994)，我们可以对前述讨论进行总结并加以"临床化"。我们认为，(从一般语言和特殊的心理语言来说)意象的观点占据了西方文化的主流位置，将心理词汇基本界定为指涉。它主要的功能是用一般化的情绪、态度、认知的术语，生理学、现象学的术语，心灵的术语和行为学的术语(有人相信分离的、可辨识的精神生活就等于那些与它们联系在一起的行为)对**心理状态**进行精确(真实无虞)的描述。从意象的观点来看，这些描述与我们内在(以及偶尔外在)"现实"的客观状态是一致的。

治疗里的描述通常不是(通过临床个案)以第一人称来表达以及/或者交流一种心理状态，就是以第二人称或第三人称的形式试图对第一人称的个体(他们被称为病患、咨客、来访者或团体成员等)的状态进行描述。接下来，治疗师会鼓励病患说出"发生了什么事情"。也就是说，治疗师会要求病患尽可能在他所处的这一特殊但却并非全知全能的观察性关系中，详细、诚实、深入地描述自己的"内在现实"。治疗师不仅擅长鼓励病患这么做，更重要的是，他们被认为有资格对病患的心理状态做出另一种描述，而这些描述挑战了病患以第一人称所做的描述的真实性、意义、连贯性、清晰性及价值。

对于我们来说，诊断只是描述和再描述(定义)这一过程中的一个因素。虽说诊断结论可能会也可能不会直接告知病人(在更自由的治疗机构中尤其如此，最自由激进的治疗机构甚至会"正式"放弃诊断结论或重新将其标示为"故事")，但它至少表达了治疗师并非论断的二次描述。实际上，正如我们和其他学者所指出的(Deleuze and Guattari，

1977；Gergen，1994)，当治疗师使用这种医学或伪医学的意象化语言对病患的状况进行再描述时，他们往往都会收到非常正面的反馈，因为这些描述使病患的主观心理状态标准化了。"精神卫生专业使用的词汇本来就是为了让这些奇怪的东西为人所知，从而使病患不再害怕，不再将其视为'魔鬼的作为'或'令人恐惧的陌生事物'。例如，给这些不正常的活动贴上标签，以表明它们实际上是自然的、完全可预见的东西，对科学来说完全不用大惊小怪。"(Gergen，1994，p. 148)前述对谈话治疗(也可以被视为日常生活的心理谈话)的概括显然太过狭窄，简化了焦点，但我们不能说它不精确。

近年来，托马斯·萨斯(Thomas Szasz)及其他一些多少受他影响的学者已对意象化的心理词汇，以及某些甚或所有诊断中心理描述的有效性进行了严厉的批判。然而，心理/情绪语言的观点仍然继续主导着临床实践。格根认为，我们需要关注的是执业心理专业工作者的数量以指数成倍增长，诊断性描述也随之大幅增加[参见《精神疾病诊断与统计手册(第四版)》]。目前，越来越多的治疗师使用更科学化和看似科学的医学化或类医学的意象化语言对越来越多的病患进行描述，这种情况在历史上前所未有(Gergen，1994)。心理的诊断性描述渗透到了更广阔的文化中，这会带来灾难性的后果。

在过去的半个世纪中，意象化的心理语言已经成为许多研究哲学心理学的哲学家致力批判的对象。[4]大多数批评都与维特根斯坦有关，尤其是与《哲学研究》有关。心理学家(和其他相关实践领域的专家)努力在维特根斯坦晚期的作品中挖掘，探求在将"心理哲学"作为一门学科时，如何以非意象化的途径解决心理学所关注的问题以及其中的悖论(Chapman and Dixon, 1987; Gergen, 1994; Hyman, 1991; Jost, 1995; Morss, 1922; Shotter, 1991, 1993a and b, 1995; Shotter and Stenner, 1993)。正如范·德·莫维(Van der Merwe)和沃斯特曼(Voestermans)所说："目前人们对于维特根斯坦的兴趣复苏与行为科学的哲学和方法论越来越受关注有关，它们的概念框架、模型和隐喻影响了我们对自己所体验和经历的这个世界的思考。"(Van der Merwe and Voestermans, 1995, p. 27)维特根斯坦对于心理学各个领域的影响正跳跃式地增长。

对于我们来说，维特根斯坦如何(以及实际上是否)被理解的问题就变得非常重要。范·德·莫维和沃斯特曼等学者认为维特根斯坦被严重误读了，因为他传达给心理学家的"信息"是"在这个世界的事物和事件中徜徉，而并不是描绘这个世界的基本特征"(Van der Merwe and Voestermans, 1995, p. 38)。在范·德·莫维和沃斯特曼看来，心理学家还没有弄明白维特根斯坦想要传递给他们的信息：

> 维特根斯坦本人给哲学以及所有致力于理解(包括心理学的理解)的学科提供了躲开主要任务的机会。他列出了两条路线。一是引入"语言游戏"的概念。这个概念"大张旗鼓地指出语言的言说是行动的一部分或一种生活形式"(PI：§23)。二是保留了哲学原有的东西。但是，若只借助第二条路线，语言游戏的路径就会因为没有指向或者参与任何语言使用活动或者生活形式而走进死胡

同……心理学家一般更喜欢第二条路线，这样做的代价是他们要实实在在地接住"在此世间徜徉"的挑战，也就是要牢牢抓住在生活这出真实的戏剧中出演的各个角色。（Van der Merwe and Voestermans，1995，p. 39）

这意味着我们需要超越经常和维特根斯坦联系在一起的关于语言的实用主义观点。当然，语言在社会里还是被作为工具来**使用**的，而且由于受到书中的句子[如"将单词或句子看作工具，它们的意义在于它们的使用"（PI：§421）]的影响，维特根斯坦常被划分为实用主义者或工具主义者(如果分类是游戏的话)。更糟糕的是他常被引用的那句话："大多数情况下(尽管不是所有情况都是如此)，我们在使用'意义'这个词时可以这样定义它：字的意义即它在语言中如何被使用。"（PI：§43)于是，维特根斯坦常被视为实用主义者。但是，将他视作实用主义者的看法可能(也确实会)模糊了他的"生命主义的形式"（form-of-lifeism)。当他以各种方式使用语言游戏的观念和语言时，我们认为内里包含如下令人兴奋的想法："'语言游戏'这个术语想提醒我们一个重要的事实，那就是语言的言说应该是一个活动的一部分，或者是生活的一种形式"（PI：§23)，以及"只有在思想的潮涌和生命中，字词才有意义"（Z：§173)。

我们认为，对**字词**和**语言游戏**的过分等同肇因于对语言游戏是什么的更深层且普遍的困惑。由于维特根斯坦本人反对本质主义，也反对给概念下定义，我们对他从未详细定义过语言游戏毫不感到意外。

跟世界其他事物一样，不同的语言游戏彼此间具有一种"家族相似性"。但是许多(对分析性的形而上的心理学独有兴趣的)心理学家将意义—效用作为理解语言游戏的参照框架，而从维特根斯坦开始，语言游戏成为分析心理词汇的一种哲学/心理学手段。

我们与贝克一样，认为意义—效用不能与理解等同(Baker, 1992)。实际上，没有任何关系(认同)或分析会**展开**与生活形式和意义理论相关联的"在此世间的事物和事件中徜徉"的行动。因此，仅仅将语言游戏视为一种实用的分析工具是一个巨大的误会。理解并不在于"描绘世界的本质特点"(正如维特根斯坦早期的《逻辑哲学论》所提到的)，也不在于说明概念和语言在社会中的用处。准确地说，它是一种社会活动，一种展演，一种在世间事物和事件中的徜徉。若要理解和改变意义，我们必须有历史性的参与，也就是有革命性的、实践—批判的参与。我们必须通过我们的行动——在事物中游走，改变自己的位置——来改变(事物整体性的)"面向"，而不是通过哲学的或心理学的分析方法。正如范·德·莫维和沃斯特曼所说："语言和命名并不是凭空出现的。它们都源于其实践的生活形式，并以身体和情感结构化的形式实在地归属于它。"(Van der Merwe and Voestermans, 1995, p. 42)

在我们看来，维特根斯坦的"生活形式"和"思想形式"(以及在他关于它们不得不说的那些东西之外)对创立一种全新的、一般意义上的非科学的心理学和一种全新的、特别的临床实践/文化—展演途径至关重要。从语用的角度理解心理语言词汇，与对其进行图式化的理解正相反，可能具有从批判的解构主义和社会建构主义观点出发的实在价值。我们认为它是"生命主义的形式"，能真正帮助我们创建一门新的社会心理学(Jost，1995)、一门新的发展现象学(Van der Merwe and Voestermans，1995)和一个新的临床实践领域(Gergen and Kaye，1993；Newman and Holzman，1993)。

在过去20年的社会治疗团体的发展实践中，我们想要将维特根斯坦具有治疗性的、实践—批判(非系统的)的生活形式以及活动理论式的理解落到实处。这里面有些什么东西呢？首先必须说的是，为了实践，我们要抛弃所有意象化和语用的"思维词汇的形而上视角"。虽然语用视角肯定更接近生活，也更接近维特根斯坦的意思，但它显然是不充分的。为什么？因为正如意象化视角在本质上是认同理论的，与所谓"真实"有关，语用的视角同样与特定的社会用途有关。意象化的描述会给空间—时间存在(事实)的某个特定的片断命名，同样，语用的描述会给特定的社会用途(工具)命名。如此一来，举足轻重的关系活动就被遮盖了起来："**言说**是一种行动或是生活形式的一部分。"

社会治疗取径的基础是关系活动，而不是意象化和实用主义理论。因为只有在活生生的、关系性的生命活动中，字词才有意义。改变生活形式意味着改变字词和话语的意义。但让人忧心的实践/理论取径关心的问题是活动/理论取径在某种程度上并未解决"头脑里"(用现象学的话说是"身体里")的"某些东西"是如何表达出来的或如何对它们加以归纳。让我们回想一下维果茨基，他在谈到思维/思考和语言/言说之间的"关系"时说："思维不是被表达出来的，而是在字词中完成的。"

（Vygotsky，1987）

我们想讨论的是，不仅思维或思考是在字词中完成的，而且我们所有的心理状态都是如此。维果茨基的这一论断是对"表达"这一概念，还有所有关于心理、心理词汇和/或心理行为的，建立在二元论、同一性基础上的理论及其"朋友圈"最出色、最有用的批判。朝向关系活动的转向需要我们在本体论上将对心内和心外之物的区分(一种笛卡尔式的身/心、人类/身心二元论)完全转移到自我—他人的一体联系中来。对我们来说，只有这种活动理论本体论能够进一步融合生活和历史的元素，创造出各种生活形式。这些生活形式一方面使意义本身成为可能，另一方面通过意义的转换使生活及其形式的转换成为可能。简单来说，维果茨基和维特根斯坦关于心理语言和意义的这一活动理论的、关系性的、激进的一元论观点与同一性理论的、二元论的笛卡尔式观点有着根本的不同。

展演诊断

我们现在或许更能从一种新的视角着手处理临床工作中分类和诊断的问题。此外，我们希望通过对社会治疗如何进行诊断的详细讨论，传达出我们"抽象"的理论。

也许我们太容易跟随着萨斯，被他对诊断性描述（心理学自由主义的一种形式）没完没了的(以幽默琐碎的方式)批判说服（Szasz，1961)，而对生活中的各类诊断形式缺乏足够的关注。尽管在过去的

20 年里，萨斯对我们贡献颇丰，但也有可能将我们引入了歧途。当促使我们的注意力过多地集中在对心理疾病的错误认识上时，他就已经把我们的目光从心理学的神话上转移开了。也许我们的自我已经"足够饱和"(Gergen，1991)，心理疾病是真实和痛苦的。但是心理学因它的同一性理论、反关系的范式而扭曲变形，已经成为种种异化形式的天堂(说客)。这些异化的形式显而易见是非发展性的。其中一种由来已久，治疗性的异化形式就是诊断的临床心理学的分类模式。

如前所述，社会治疗的过程是此世之事与此世之物共同徜徉。特别要注意的是，这里说的此世之事与物是情绪性的，如"抑郁""焦虑""痛苦的三天""我对你很生气"等。我们怎样在其中徜徉呢？当然不是通过分析寻找它们的本质，也不是依靠决定它们包含的各种判断有多少真理价值，甚至不是通过认知取向地揭示这种语言的复杂社会用法，而是通过改变关系生活的形式进行。一言以蔽之，我们希望在群体之中共同创造性地**展演**(不是扮演)我们的生活，而不是活在(我们的)社会那些既存的异化的以身份认同为基础的假设中。只有创建起关系生活的新形式，我们才能理解既存的行动方式。只有共同展演生活，我们才能将生活理解为展演。

在社会治疗中，病患和治疗师口中的(第一人称、第二人称、第三人称)描述不管是在个体治疗还是团体治疗中，都不被看作指涉性的。它们无所谓真假，是我们在那一刻共同创造和演出的一出戏(更好的说法是一首诗)里的字行。社会治疗师作为展演者/导演，为了使这出戏继续下去，不断提醒病患他们是在戏剧而非"真实生活"中。因为在真实生活中，他们的描述和/或判断不**是**真的就**是**假的。

要创建一种这样的环境并非易事。尽管正如维果茨基告诉我们的，模仿和团体的作为对我们早期的成长、发展和文化适应（比如我们如何习得语言）至关重要。早在进入青春期时，大多数人就已经认识到，那些用来做比自己"高出一头"的人，做那些我们不知道怎么做的事情的表演技能，也就是扮演非我所是的角色的能力，在"特殊"情况之外的大多数场合都是不合宜的。展演被贬斥为"不合规矩的行为"（acting out），偶尔才被视作非同一般的"表演"（acting）天赋的展现。但是，在社会治疗中，我们儿时即有的展演能力被唤醒并培养起来了。

在全然彻底的展演环境中，没有一个参与者是知者，即使治疗师也不是。这不是因为他们对答案几乎一无所知，而是因为本来就没有什么需要他们知道的答案。但是，共同展演可以成长与发展。我们能确定这一点吗？不行。而且我们也不需要知道它是不是真的成长、发展了。社会治疗团体进行语言游戏的方式五花八门，展开着自己的关系生活。它确确实实地开展治疗，心理学也因此不断被重新创建。在这种环境中，描述（你愿意的话，可以说是看起来像描述的东西）就像一出戏或一首诗中的字行。最重要的是，它们从头到尾都不指涉任何事情。很多时候，诗歌的意义源于它本身，而不是来自它所指的那些东西。如果在一出戏剧中（也许是周日午场），表演者说"今天阴沉沉的"，本剧的其他演员和观众大概不会因为室外此时正是 75 华氏度[①]、

[①] 75 华氏度约等于 24 摄氏度。——译者注

晴空万里无云而与说这话的表演者争吵起来。

在情感性的事物中徜徉，改变关系生活的形式，创建展演的环境，在这样的情形里，诊断不仅是无害的，甚至是有价值的。尽管我们调侃了《精神疾病诊断与统计手册(第四版)》里那些荒谬的东西，但它们其实一点也不好笑。为什么？因为在意象化、同一性、理论化的治疗中，这些描述(诊断)经常被拿来给人们贴标签，以便约束和惩罚他们。这样的事每天都在发生。我们确实不能通过分析它们来改变它们，而只能通过改变异化的诊断形式来改变它们：将诊断持续地开放给每个人，即使这些诊断并不指涉什么，也不具有评判性。我们可以一起把诊断展演出来。这并不是说要使它正确地进行下去，也不是说要给每个人一个这样去做的机会，而是联合起来创建/铺陈出一个最近关系发展区(我们对维果茨基的理论进行了自由发挥)。我们可以在这里共同创造新的生活形式、新的意义和新的生命。社会治疗的任务是拨云见日，驱散心理迷雾，创造一个不再需要神经症的处所。

为什么我们必须将定义的过程视为治疗或咨询的基本特征？为什么必须加入定义这一过程？问题不在于诊断，而在于"加入已有的框架"，也就是异化的诊断形式、定义式的描述、鉴别式的话语形式，以及分析式的治疗和情感对话。如果"诊断"是个问题(没错，它就是)，那么可以在完全民主的展演环境中让每一个人都来做诊断，这样它就不再是问题了。有问题的并不是诊断本身，而是随之而来的异化的、排他的、家长式的对"真理"的独占。要知道，历史上曾共同展演情绪生活的人中也有病患，论人数，他们肯定不会比异化社会里被权威的伪医学和伪科学诊断描述纳入的人少。

生活形式与异化形式

广义地说，科学心理学是**人类主体性**——认知的和情绪的——的**商品化**。商品化可以说是被经济过度决定的西方本体论最终的哲学显化，即便异化（和迁移）已应理解商品化的世界所需，成为一统天下的认识论。能够被无生气的个体化的主体理解（知晓）的，是一个看不到进程的个体化的（客体）世界。

现代主义范式携视完美的抽象和高度发展的技术为最实用成就的科学化模式而来，当然不会在资本主义压倒性的政治、经济和意识形态掌控一切的局面下长久地保持原始状态（要是它有过这种原始状态的话）。商品化甚至在资本主义完胜之前就已有所发展，并在 19 世纪变得无所不能。科学心理学可能是科学和经济学的病态合成物生产出来的最昂贵（对人类社会而言）和影响最广泛的产品。（经济学这个跟心理学一样的神话和把戏，也不对人类的行动交账，而是把功夫都花在将其理性化或对其进行分析解释上。如此仍是难以改变它。如果国家这个经济学最大的领导不能完全控制整个实验室——承载经济运作的社会，那么经济学跟心理学一样，也谈不上有什么"科学"的效度。）

认为心理状态是潜藏（或者没藏那么深）在个体内部，因此（就像分子结构和变形虫）需要通过各种研究手段来发现它的科学化观点，用硬科学的标准来看，在方法论上也是站不住脚的。但是，在资本主义文化中，将主体性的生活商品化会带来很可观的收益。正如我们在第二部分中详细说明的那样，肮脏的交易已经完成了。就像资本主义的"魔法"，它带着的假模假样的测量工具和所谓"规律法则"，不正是现代主义巫医嘴里念念有词的咒语和布道词吗？只有在临床领域（相反，要是在学术研究领域，人可就变成了"实验被试"），在面对真实的人和真实的关系时，商品化的心理科学（现代主义魔法）才黔驴技穷。

临床心理学怎么处理这些困难？所谓"科学疗法"，试图通过真实的人概念化为生理物理化学的储存器，或者行为主体，来抹掉他们作为人的属性。在玩不了这些实体把戏的地方，《精神疾病诊断与统计手册》这类显然不科学的东西就被用来追求纯粹的经济收益了。[这像极了亨佩尔简单得惊人的"历史法则"的构想（Hempel，1965）。正如我们之前提到的，它除了证明有这样的法则存在这一先验论断外，根本没有什么别的作用。]促成这些发生的关键是什么？**是它们必须看起来像科学**。在晚期资本市场中，商品化的知识已经实现了买卖自由，而"科学的"或"客观的"被愚蠢地建构成那些可被交易的知识必须拥有的特征。于是，当人们因为情感上的痛苦来寻求帮助时，他们（直接或间接地）得到的一般是解释、真理、阐释、叙述、客观评估——倒不是因为有很多（科学的或其他什么）证据表明这些帮助是有用的（所以人们对药物的需求会急速上升），只是因为只有"科学的"回应能够被商品化，得到足够的本体论/经济上的理解，从而带来金钱收益。

当然，异化不是资本主义社会生活普遍同一的特性，它会以各种各样且不断演变的知识（和被认识）的形式出现，也就是非生活的形式，或认识论的异化形式。传统治疗中那些名目繁多的方法，只是在业已异化的西方文化里，对异化的治疗师介入被异化的病患的情感生活的各种异化手段的命名和描述而已。它们当然看起来相当合理，因为异化的生活形式(异化形式)正是晚期资本主义文化进行"意义建构"的设置。弗洛伊德主义在心理学领域流行一时，在不同文化版本中也长盛不衰，有着普遍影响力。但这与它到底有没有用处，能不能对人有帮助一点关系也没有，而只是在于它能在多大的程度上巧妙地为心理生活"创造意义"。不少人认为，它是一种分析文学小说这些虚构事物的了不起但没什么用的套路或方法。

　　想要理解维特根斯坦的"生活形式"，尤其是理解如何在社会治疗中使用它在此世间进行展演式徜徉，借用**异化形式**在其矛盾、辩证的一体中进行审视会有所裨益。在晚期资本主义文化中，我们"心灵的情感状态"完全是异化的、个体化的和关涉真理的商品化。它们的存在和对它们的理解通过商品化紧密地联系起来。但是这个过程并不是辩证的，而是靠着快干的(钙化的)意识形态水泥完成的。与此同时，物理知识的真理(同样是异化了的)运用了指涉性，至少捕捉到了观察者和被观察的没有生命的遥远星球之间"真实"关系的火花，并将这样一种物理主义的科学—认识论模型简单粗暴地应用在人与人的关系活动上，从根本上扭曲了活生生的生活中细微且自我—参照的、(充满矛盾的)关系性的行动主义的面向。正是由于存在这些对所谓"内部生活"(情绪的、认知的及态度的)的僵化的，关涉真理、异化和个体化的所谓"表达"，我们才必须朝向创造崭新的、有着完整社会性的情感关系的生活形式迈进。

生活展演是在已然科学心理学化的文化里，在情感生活呆板、异化的事件(状态)中，创造性地采用不同的方式持续游走。分析和/或讲故事都不行，因为它们都是在用自己的方式呼求有意义的他者，而不是成为与实践性—批判性有关的东西。我们所需要的是展演性的、以关系活动为基础的方法实践。在哲学化的展演中(实践—批判地在被粘连在一起的异化的心理事件中游走)，我们(在所有给定的社会情境中尽最大可能地)在**实践**中——在革命性的、实践—批判的、有着完整社会性的行动中——去除个体化的自我的异化，并重新建立我们的社会关联性。

我们并不否认我们业已异化的意识和情感，也不压制它；我们不分析它，也不让它脱离存在并"故事化"。与此相反，我们革命性地参与其中，四处展演(游走)。于是，通过展演，我们超越现状，被重新激发出作为社会意义制造者的能力——说到底，不是预测，而是展演我们成为"超越我们"的人的能力。我们共同创建诊断，并实实在在地将整个治疗作为一种新的、关系性的、实践—批判的、革命性的心理学。它是在最终的(并非分析而是)方法的实践(不是终局，是维果茨基意义上的完成)中持续进行的具有发展性(虽然完全没什么意义)的关系活动。

治疗师应该做什么呢？提醒团体成员小心辨识现实与真理的异化；支持关系活动的持续组织和再组织；鼓励一种民主的、非游说非强迫的团体自决标准，并且鼓励成员在此标准下用各种形式进行展演；坚持使用**生活形式**，抵抗任何被动接受的**异化形式**。社会治疗团体一般开始于团体成员向我们呈现各种资本主义文化中情感生活的异化形式（一周接一周地），然后我们必须通过创造新的意义、新的世界和新的关系活动在这些异化形式中移动。这有时也（在社会治疗谈话那成立的、显化的语言中）被称为"建立团体"。

我们的展演会成长、发展，我们的疾病终究会消失。这周我们一起将注意力放在别的事物上，着力演出一种革命性的行动。下周我们会继续这么做。（从哲学来看）不管有没有人听到，森林中的大树在倒下时都会发出巨大的响声；不管有没有人看到，天空中的星星始终都耀眼闪烁。我们所谓的"情感生活"，正如维特根斯坦告诉我们的，是生活的异化形式。一旦得不到关注，它们就会消失。不管科学化的心理学（在其他现代主义/资本主义意识形态的全力支持下）做了多少努力，我们还是不能（从哲学上）简单地将它们比作森林里的大树和天空中闪耀的星星：不管有没有人听到，森林里的大树倒下的时候都会发出巨大的声响；不管有没有人看见，天上的星星都会闪耀着光芒。我们异化的情感生活跟大树、星星可一点也不像，而现今的心理病理学正是建立在某种程度上将前者等同于后者的基础上。社会治疗是文化—展演、实践—批判、革新性、哲学性及关系性的发展活动，它"将你的注意力转移到别的事情"，形成一种不断持续的革新生活，让我们的关系性生活的每一刻都在发生变化。

情感状态是一种异化形式，不似我们文化中其他异化的商品化的进程。科学讲述的东西和心理学讲述的东西完全不同，前者讲述的是人类与自然的关系的进展，后者据说是关于我们彼此关系的过度简化、总体反映的无用叙述。通过展演创建新的生活形式，这一举动不会解除心灵的异化状态，但是它会极大地改变我们与它们的关系，由此改变我们与它们所处身的世界的关系。当越来越多地被辨识为"异化者"，它们作为我们心理状态真相的情况就会消失不见，而我们会越来越意识到自己正受到无所不在的意识形态传播的影响。涉入这样的关系活动以重新获得"心理健康"，实际上是一种政治行为，因为正如罗特林杰指出的那样："我们不是要治愈神经症，而是要改变那个没有神经症就不行的社会。"(Lotringer，1977，p. 7)在对新的生活形式的持续创造中，在异化的心理状态中四处游走时，我们尝试做的正是这样的事情。

那么，自我意识的抽象会如何呢？这一杰恩斯认为以哲学和史诗的形式出现在《伊利亚特》和《奥德赛》之间，在意识形态上统治世界超过 2500 年的最为辉煌的人类进步会去向何处呢？它将在我们一路前行的复杂进程中被解放出来。哲学会让位给哲学化，知晓会让位给行动，异化的生成会让位给生活的生成。

注释

1. 在参加 1924 年于列宁格勒①举办的第二届神经学大会，并在会上做关于心理学危机的重要发言之前，维果茨基没有接受过任何正式的心理学训练。一直到 20 世纪 30 年代，他的著作都始终受到政治的/意识形态的审查，不受当时官僚机构的待见。维特根斯坦(几乎没有接受过正统的哲学训练)不断建

---

① 今为圣彼得堡。——译者注

议学生远离哲学，去做点"有用的事情"。他经常谈到自己对学术界的轻视，还时不时地长期离开大学。

2. 受维果茨基影响，致力于活动理论的、文化—历史的和/或社会文化路径的专著、论文和期刊的数量一直成指数增长。以下这个书单虽经过选择，不过毫无疑问，当你们读到这些书时，它们恐怕已经过时了：Chaiklin and Lave（1993）；Daniels（1993）；Moll（1990）；Wertsch（1985b）；Cole（1995）；Holzman（1993，1995）；Lave and Wenger（1991）；D. Newman，Griffin and Cole（1989）；Newman and Holzman（1993）；Rogoff（1990）；Tharp and Gallimore（1988）；Wertsch（1985a，1991）。

3. 这部分思想曾由纽曼和格根在 1995 年 8 月召开的美国心理学会第 103 届年会上以《诊断：狂怒的人为代价》（"Diagnostics：The Human Cost of The Rage to Order"）为题发表过。

4. 对这些问题有过思考的早期思想家及其作品包括吉尔伯特·赖尔（Gilbert Ryle）的《思想的概念》（*The Concept of Mind*，1949）；G. E. M. 安斯康姆（G. E. M. Anscombe）的《目的》（*Intention*，1959）；斯图亚特·汉普希尔（Stuart Hampshire）的《思想和行动》（*Thought and Action*，1959）；H. L. A. 哈特（H. L. A. Hart）和 A. M. 霍诺热（A. M. Honore）的《法律中的因果》（*Causation in the Law*，1959）；威廉·A. 德雷（William A. Dray）的《历史上的规律和解释》（*Laws and Explanation in History*，1957），以及这个系列中大多数 R. F. 霍兰德（R. F. Holland）编辑的《哲学心理研究》（*Studies in Philosophical Psychology*），包括安东尼·肯尼（Anthony Kenny）的《行动，情感和意志》（*Action，Emotion and Will*，1963）、A. I. 梅尔登（A. I. Melden）的《自由行动》（*Free Action*，1961）。

/ 参考文献/

Albee, G. W. (1981). Politics, power, prevention and social change. In J. M. Joffe and G. W. Albee(Eds.), *Prevention through political action and social change*. Hanover, NH: University Press of New England, pp. 3-24.

Albee, G. W. (1986). Toward a just society: Lessons from observations on the primary prevention of psychopathology. *American Psychologist*, 41, 891-898.

Albee, G. W. Joffe, J. M., and Dusenbury, L. A. (Eds.)(1988). *Prevention, powerlessness and politics: Readings on social change.* Beverly Hills, CA: Sage.

Albino, J. E. N. (1995). Five-year report of the policy and planning board, 1994. *American Psychologist*, 50, 620-632.

American Psychiatric Association(1994). *Diagnostic and statistical manual of mental disorders*, *4th ed*. Washington, DC: American Psychiatric Association.

American Psychological Association(1995, July). *APA Monitor*, 26, 7.

Anderson, H. and Goolishian, H. (1993). The client is the expert: A not-knowing approach to therapy. In S. McNamee and K. J. Gergen(Eds.) *Therapy as social construction*. London: Sage, pp. 25-39.

Anscombe, G. E. M. (1959). *Intention*. Oxford: Blackwell.

Ariès, P. (1962). *Centuries of childhood: A social history of family life*. New York: Vintage Books.

Ash, M. G. and Woodward, W. R. (Eds.)(1987). *Psychology in twentieth century thought and society*. Cambridge: Cambridge University Press.

Austin, J. (1962). *How to do things with words*. Oxford: Oxford University Press.

Baker, G. P. (1988). *Wittgenstein, Frege and the Vienna Circle*. Oxford: Blackwell.

Baker, G. P. (1992). Some remarks on "language" and "grammar. "*Grazer Philosophische Studien*, 42, 107-131.

Baker, G. P. and Hacker, P. M. S. (1980). *Wittgenstein: Understanding and meaning*. Oxford: Blackwell.

Bakhtin, M. M. (1981). *The dialogic imaginaation: Four essays by M. M. Bakhtin*. Austin: University of Texas Press.

Bakhurst, D. (1991). *Consciousness and revolution in Soviet philosophy*. Cambridge: Cambridge University Press.

Bakhurst, D. and Sypnowich, C. (Eds.) (1995). *The social self*. London: Sage.

Baritz, L. (1960). *The servants of power: A history of the use of social science in American industry*. Westport, CT: Greenwood Press.

Bearison, D. J. (1991). Interactional contexts of cognitive development: Piagetian approaches to sociogenesis. In L. Tolchinsky Landsmann (Ed.) *Culture, schooling and psychological development*. Norwood, NJ: Ablex, pp. 56-70.

Benjamin, W. (1969). The work of art in the age of mechanical reproduction. In *Illuminations*. New York: Schocken Books, pp. 217-251.

Berger, J. (1966). *The success and failure of Picasso*. Baltimore: Penguin Books.

Billig, M. (1982). *Ideology and social psychology*. Oxford: Blackwell.

Billig, M. (1991). *Ideology and opinions: Studies in rhetorical psychology*. London: Sage.

Bradley, B. S. (1989). *Visions of infancy: A critical introduction to Child psychology*. Cambridge: Polity.

Bradley, B. S. (1991). Infancy as paradise. *Human Development*, 34, 35-54.

Brandt, L. W. (1979). Behaviorism—the psychological buttress of late capitalism. In A. R. Buss (Ed.) *Psychology in social context*. New York: Irvington, pp. 77-100.

Brecht, B. (1994). The modern theatre is the epic theatre. In J. Willett (Trans. and Ed.) *Brecht on theatre*. New York: Hill and Wong.

Broughton, J. M. (Ed.) (1987). *Critical theories of psychological development*. New York: Plenum.

Brown, R. E. (1979). *Rockefeller medicine men: Medicine and capitalism in America*. Berkeley: University of California Press.

Brunet, J. S. (1983). *Child's talk: Learning to use language*. New York: W. W. Norton.

Bruner, J. S. (1984). Narrative and paradigmatic modes of thought. Invited address,

American Psychological Association, Toronto.

Brunet, J. S. (1985). Vygotsky: A historical and conceptual perspective. In J. V. Wertsch (Ed.) *Culture, communication and cognition: Vygotskian perspectives.* Cambridge: Cambridge University, Press, pp. 21-34.

Bruner, J. (1993). Explaining and interpreting: Two ways of using mind. In G. Harman (Ed.) *Conceptions of the human mind: Essays in honor of George Miller.* Hillsdale, NJ: Lawrence Erlbaum.

Bulhan, H. A. (1985). *Frantz Fanon and the psychology of oppression.* New York: Plenum.

Burman, E. (Ed.) (1990). *Feminists and psychological practice.* London: Sage.

Burman, E. (1994). *Deconstructing developmental psychology.* London: Routledge.

Burtt, E. A. (1954). *The metaphysical foundations of modern science.* Garden City, NY: Doubleday Anchor Books.

Buss, A. R. (1975). The emerging field of the sociology of psychological knowledge. *American Psychologist, 30, 988-1002.

Buss, A. R. (Ed.) (1979). *Psychology in social context.* New York: Irvington.

Buss, D. M. (1995). Evolutionary psychology: A new paradigm for psychological science. *Psychological inquiry, 6(1), 1-30.

Butterfield, H. (1962). *Origins of modern science.* New York: Collier Books.

Cassell, E. J. (1991). *The nature of suffering and the goals of medicine.* New York: Oxford University Press.

Chaiklin, S. and Lave, J. (Eds.) (1993). *Understanding practice: Perspectives on activity and context.* Cambridge: Cambridge University Press.

Chapman, M. and Dixon, R. A. (Eds.) (1987). *Meaning and the growth of understanding: Wittgenstein's significance for developmental psychology.* Berlin: Springer.

Chomsky, N. (1959). A review of B. F. Skinner's *Verbal Behavior. Language, 35, 1.

Cole, M. (1995). Culture and cognitive development: From cross-cultural research to creating systems of cultural mediation. *Culture and Psychology, 1, 25-54.

Cole, M., Hood, L., and McDermott, R. P. (1978). *Ecological niche-picking: Ecological validity as an axiom of experimental cognitive psychology.* (Monograph). New York: Rockefeller University, Laboratory of Comparative Human Cognition. [Reprinted in *Practice*, 4(1), 117-129].

Cooper, D. (1970). *The cubist epoch.* London: Phaidon Press.

Cushman, P. (1990). Why the self is empty: Toward a historically situated psychology. *American Psychologist*, 45, 599-611.

Cushman, P. (1991). Ideology obscured: Political uses of the self in Daniel Sten's infant. *American Psychologist*, 46, 206-219.

Cushman, P. (1995). *Constructing the self, constructing America: A cultural history of psychotherapy*. Reading, MA: Addison-Wesley.

Daniels, H. (1993). *Charting the agenda: Educational activity after Vygotsky*. London: Routledge.

Danziger, K. (1979). The social origins of modern psychology. In A. R. Buss (Ed.) *Psychology in social context*. New York: Irvington, pp. 27-46.

Danziger, K. (1987). Social context and investigative practice in early twentieth century psychology. In M. G. Ash and W. R. Woodward (Eds.) *Psychology in twentieth century thought and society*. Cambridge: Cambridge University Press, pp. 13-34.

Danziger, K. (1994). *Constructing the subject: Historical origins of psychological research*. Cambridge: Cambridge University Press.

Davidson, D. (1980). Actions, reasons and causes. In D. Davidson, *Essays on actions and events*. Oxford: Oxford University Press, pp. 3-19.

Davis, H. and Taylor, T. (1990). *Redefining linguistics*. London: Routledge.

Davydov, V. V. and Radzikhovskii, L. A. (1985). Vygotsky's theory and the activity-oriented approach in psychology. In J. V. Wertsch (Ed.) *Culture, communication and cognition: Vygotskian perspectives*. Cambridge: Cambridge University Press, pp. 35-65.

Dawes, R. M. (1994). *House of cards: Psychology and psychotherapy built on myth*. New York: The Free Press.

DeBerry, S. T. (1991). *The externalization of consciousness and the psychopathology of everyday life*. Westport, CT: Greenwood Press.

Deleuze, G. and Guattari, F. (1977). *Anti-Oedipus: Capitalism and schizophrenia*. New York: Viking Press.

Dore, J. (1985). Holophrases revisited, dialogically. In M. Barrett (Ed.) *Children's single word speech*. London: Wiley.

Dray, W. (1957). *Laws and explanation in history*. Oxford: Oxford University Press.

Duranti, A. and Goodwin, C. (Eds.) (1992). *Rethinking context: Language as an interactive phenomenon*. Cambridge: Cambridge University Press.

Ewen, S. (1976). *Captains of consciousness: Advertising and the social roots of the con-

sumer culture. New York: McGraw-Hill.

Fann, K. T. (1971). *Wittgenstein's conception of philosophy*. Berkeley: University of California Press.

Fanon, F. (1963). *The wretched of the earth*. New York: Grove Press.

Fanon, F. (1967). *Black skin, white masks*. New York: Grove Press.

Faulconer, J. E. and Williams, R. N. (Eds.) (1990). *Reconsidering psychology: Perspectives from continental philosophy*. Pittsburgh: Duquesne University Press.

Feinstein, A. R. (1967). *Clinical judgment*. Baltimore: Williams & Wilkins.

Feyerabend, P. (1978). *Against method: Outline of an anarchistic theory of knowledge*. London: Verso.

Foucault, M. (1965). *Madness and civilization: A history of insanity in the age of reason*. New York: Pantheon.

Foucault, M. (1975). *The birth of the clinic: An archaeology of medical perception*. New York: Vintage Books.

Fowler, R. D. (1995). 1994 report of the chief executive officer: The winds of change. *American Psychologist*, 50, 600-611.

Freedheim, D. D. (Ed.) (1992). *The history of psychotherapy: A century of change*. Washington, DC: American Psychological Association.

Friedman, D. (1990). The Soviet Union in the 1920s: An historical laboratory. *Practice, The Magazine of Psychology and Political Economy*, 7, 5-9.

Fry, S. L. (1991). A conversation with Edward L. Bernays, Fellow, PRSA. *Public Relations Journal*, 31-33.

Fukuyama, F. (1989). The end of history? *The National Interest*, 16, 3-18.

Fulani, L. (Ed.) (1988). *The psychopathology of everyday racism and sexism*. New York: Harrington Park Press.

Furumoto. L. (1987). On the margins: Women and the professionalization of psychology in the United States, 1890-1940. In M. G. Ash and W. R. Woodward (Eds.) *Psychology in twentieth century thought and society*. Cambridge: Cambridge University Press, pp. 93-114.

Garfinkel, H. (1967). *Studies in ethnomethodology*. New York: Prentice-Hall.

Gergen, K. J. (1982). *Toward transformation in social knowledge*. London: Sage.

Gergen, K. J. (1991). *The saturated self: Dilemmas of identity in contemporary life*. New York: Basic Books.

Gergen, K. J. (1994). *Realities and relationships: Soundings in social construction.* Cambridge, MA: Harvard University Press.

Gergen, K. J. (1995). Social construction and the transformation of identity politics. Presented at the New School for Social Research, New York City.

Gergen, K. J. and Kaye, J. (1993). Beyond narrative in the negotiation of therapeutic meaning. In S. McNamee and K. J. Gergen (Eds.) *Therapy as socinl construction.* London: Sage, pp. 166-187.

Gergen, M. M. (Ed.) (1988). *Feminist structure of knowledge.* New York: New York University Press.

Gergen, M. M. (1995). Postmodern, post-Cartesian positionings on the subject of psychology. *Theory and Psychology,* 5(3), 361-368.

Gilgen, A. R. (1982). *American psychology since W. W. II: A profile of the discipline.* Westport, CT: Greenwood.

Gilligan, C. (1982). *In a different voice: Psychological theory and women's development.* Cambridge, MA: Harvard University Press.

Gödel, K. (1962). *On formally undecidable propositions of Principia Mathematica and related systems.* London: Oliver and Boyd.

Goffman, E. (1961). *Asylums.* Chicago: Aldine.

Golding, J. (1968). *Cubism: A history and an analysis.* London: Faber and Faber.

Golub, E. S. (1994). *The limits of medicine: How science shapes our hope for the cure.* New York: Times Books.

Greer, C. (1972). *The great school legend: A revisionist interpretation of American public education.* New York: Basic Books.

Gross, P. R. and Levitt, N. (1994). *Higher superstition: The academic left and its quarrels with science.* Baltimore: Johns Hopkins University Press.

Gruber, H. E. and Voneche, J. J. (1977). *The essential Piaget.* New York: Basic Books.

Hampshire, S. (1959). *Thought and action.* London: Chatto and Windus.

Harding, S. (1986). *The science question in feminism.* Ithaca, NY: Cornell University Press.

Harding, S. (Ed.) (1987). *Feminism and methodology.* Milton Keynes: Open University.

Harding, S. and Hintikka, M. B. (Eds.) (1983). *Discovering reality: Feminist perspectives on epistemology, metaphysics, methodology and philosophy of science.* Dordrecht, Holland: D. Reidel.

Hare-Mustin, R. T. and Marecek, J. (Eds.) (1990). *Making a difference: Psychology and the construction of gender.* New Haven, CT: Yale University Press.

Harré, R. and Gillett, G. (1994). *The discursive mind.* London: Sage.

Hart, H. L. A. and Honoré, A. M. (1959). *Causation in the law.* Oxford: Clarendon Press.

Hempel, C. (1965). *Aspects of scientific explanation and other essays in the philosophy of science.* New York: The Free Press.

Henriques, J. , Holloway, W. , Urwin, C. , Venn, C. , and Walkerdine, V. (1984). *Changing the subject.* London: Methuen.

Herman, E. (1995). *The romance of American psychology: Political culture in the age of experts.* Berkeley: University of California Press.

Herrnstein, R. J. and Murray, C. (1994). *The bell curve: The reshaping of American life by differences in intelligence.* New York: The Free Press.

Hilgard, E. R. (Ed.) (1978). *American psychology in historical perspective: Addresses of the APA,* 1892-1977. Washington, DC: American Psychological Association.

Hoffman, L. (1993) . A reflexive stance for family therapy. In S. McNamee and K. J. Gergen (Eds.) *Therapy as social construction.* London: Sage, pp. 7-24.

Holzman, L. (1993). Notes from the laboratory: A work-in-progress report from the Barbara Taylor School. *Practice, the Magazine of Psychology and Political Economy,* 9(1), 25-37.

Holzman, L. (1995). Creating developmental learning environments: A Vygotskian practice. *School Psychology International,* 16, 199-212.

Holzman, L. (1996). Newman's practice of method completes Vygotsky. In I. Parker and R. Spears (Eds.) *Psychology and society: Radical theory and practice.* London: Pluto. pp. 128-138.

Holzman, L. and Newman, F. (1979). *The practice of method: An introduction to the foundations of social therapy.* New York: New York Institute for Social Therapy and Research.

Holzman, L. and Newman, F. (1987). Language and thought about history. In M. Hickmann (Ed.) *Social and functional approaches to language and thought.* London: Academic Press, pp. 109-121.

Holzman, L. and Polk, H. (Eds.) (1988). *History is the cure: A social therapy reader.* New York: Practice Press.

Hood, L. , McDermott, R. P. and Cole, M. (1980). "Let's try to make it a good day"—Some not so simple ways. *Discourse Processes*, 3, 155-168.

Hunt, M. (1993). *The story of psychology*. New York: Doubleday.

Hyman, J. (Ed.) (1991). *Investigating psychology: Sciences of the mind after Wittgenstein*. London: Routledge.

Ingleby, D. (Ed.) (1980a). *Critical psychiatry: The politics of mental health*. New York: Pantheon Books.

Ingleby, D. (1980b). Understanding mental ilhaess. In D. Ingleby (Ed.) *Critical psychiatry: The politics of mental health*. New York: Pantheon Books, pp. 23-71.

Janik, A. , and Toulmin, S. (1973). *Wittgenstein's Vienna*. New York: Simon and Schuster.

Jaynes, J. (1976). *The oigin of consciousness in the breakdown of the bicameral mind*. Boston: Houghton Mifflin.

Joravsky, D. (1989). *Russian psychology: A critical history*. Oxford: Blackwell.

Jost, J. T. (1995). Toward a Wittgensteinian social psychology of human development. *Theory & Psychology*, 5(1), 5-25.

Kamin, L. J. (1974). *The science and politics of I. Q.* Potomac, MD: Lawrence Erlbaum.

Kant, I. (1965). *Critique of Pure Reason*. New York: St. Martin's Press.

Kaye, K. (1982). *The mental and social life of babies*. Chicago: University of Chicago Press.

Keller, E. F. (1985). *Reflections on gender and science*. New Haven, CT: Yale University Press.

Keller, E. F. and Grontkowski, C. R. (1983). The mind's eye. In So Harding and M. B. Hintikka (Eds.) *Discovering reality: Feminist perspectives on epistemology, metaphysics, methodology and philosophy of science*. Dordrecht, Holland: D. Reidel, pp. 207-224.

Kenny, A. J. P. (1963). *Action, emotion and will*. London: Routledge and Kegan Paul.

Koch, S. (Ed.) (1959). *Psychology: A study of a science*. New York: McGraw-Hill.

Koch, S. and Leafy, D. E. (Eds.) (1992). *A century of psychology as science*. Washington, DC: American Psychological Association.

Kovel, J. (1980). The American mental health industry. In D. Ingleby (Ed.) *Critical psychiatry: The politics of mental health*. New York: Pantheon Books, pp. 72-101.

Kozulin, A. (1986). Vygotsky in context. In L. S. Vygotsky, *Thought and language*. Cambridge, MA: MIT Press, pp. xi-xvi.

Kozulin, A. (1990). *Vygotsky's psychology: A biography of ideas*. Cambridge, MA: Harvard University Press.

Kuhn, T. (1962). *The structure of scienetific revolutions*. Chicago: University of Chicago Press.

Kvale, S. (Ed.) (1992). *Psychology and postmodernism*. London: Sage.

Lave, J. and Wenger, E. (1991). *Situated learning: Legitimate peripheral participation*. Cambridge: Cambridge University Press.

Lawler, J. (1978). *IQ, heritability and racism*. New York: International.

Lerner, E. (1991). *The big bang never happened*. New York: Times Books.

Levitan, K. (1982). *One is not born a personality: Profiles of Soviet education psychologists*. Moscow: Progress.

Lotringer, S. (1977). Libido unbound: The politics of "schizopnrenia. "*semiotexte*, 2(3), 5-10.

Lovejoy, A. O. (1960). *The revolt against dualism: An inquiry concerning the existence of ideas*. 2nd ed. LaSalle, IL: Open Court.

Magaro, P. , Gripp, R. , and McDowell, D. J. (1978). *The mental health industry: A cultural phenomenon*. New York: John Wiley & Sons.

Marx, K. (1973). Theses on Feuerbach. In K. Marx and F. Engels, *The German ideology*. New York: International, pp. 121-123.

Marx, K. and Engels, F. (1973). *The German ideology*. New York: International.

McNamee, S. (1993). Reconstructing identity: The communal construction of crisis. In S. McNamee and K. J. Gergen (Eds.) *Therapy as social construction*. London: Sage, pp. 186-199.

McNamee, S. and Gergen, K. J. (Eds.) (1993). *Therapy as social constuction*. London: Sage.

Melden, A. I. (1961). *Free action*. London: Routledge and Kegan Paul.

Moll, L. C. (Ed.) (1990). *Vygotsky and education: Instructional implications and applications of sociocultural psychology*. Cambridge: Cambridge University Press.

Monk, R. (1990). *Ludwig Wittgenstein: The duty of genius*. New York: Penguin.

Morawski, J. G. (Ed.) (1988). *The rise of experimentation in American psychology*. New Haven, CT: Yale University Press.

Morss，J. (1990). *The biologising of childhood*: *Developmental psychology and the Darwinian myth*. East Sussex: Lawrence Erlbaum Associates.

Morss，J. (1992). Making waves: Deconstruction and developmental psychology. *Theory and Psychology*, 2(4), 445-465.

Morss，J. (1993). Spirited away: A consideration of the anti-developmental Zeitgeist. *Practice, the Magazine of Psychology and Political Economy*, 9(2), 22-28.

Morss，J. (1995). *Going critical*: *Alternatives to developmental psychology*. London: Routledge.

Muhlhäuser, P. and Harré, R. (1990). *Pronouns and people*: *The linguistic construction of social and personal identity*. Oxford: Blackwell.

Napoli, D. S. (1981). *Architects of adjustment*: *The history of the psychological profession in the United States*. Port Washington, NY: Kennikat Press.

Newman，D. , Griffin, P. and Cole, M. (1989). *The construction zone*: *Working for cognitive change in school*. Cambridge: Cambridge University Press.

Newman，F. (1965). Two analyses of prediction. *Theorie*.

Newman，F. (1978). *Practical-critical activities*. New York: Institute for Social Therapy and Research. Reprinted in *Practice, the Journal of Politics, Economics, Psychology, Sociology and Culture*, 1983, 1(2-3), 52-101.

Newman，F. (1983). Talkin' transference. *Practice, The Journal of Politics, Economics, Psychology, Sociology and Culture*, 1(1). Reprinted in F. Newman (1991a), *The myth of psychofogy*. New York: Castillo International, pp. 16-44.

Newman，F. (1991a). *The myth of psychology*. New York: Castillo International.

Newman，F. (1991b). The myth of addiction. In F. Newman, *The myth of psychology*. New York: Castillo International, pp. 111-139.

Newman，F. (1994). *Let's develop! A guide to continuous personal growth*. New York: Castillo International.

Newman，F. (1996). *Performance of a lifetime*: *A practical-philosophical guide to the joyous life*. New York: Castillo International.

Newman，F. and Holzman, L. (1993). *Lev Vygotsky*: *Revolutionary scientist*. London: Routledge.

Parker，I. (1989). *The crisis in modern social psychology and how to end it*. London: Routledge.

Parker，I. (1992). *Discourse dynamics*. London: Routledge.

Parker, I. and Shorter, J. (1990). *Deconstructing social psychology*. London: Routledge.

Peterman, J. F. (1992). *Philosophy as therapy: An interpretation and defense of Wittgenstein's later philosophical project*. Albany: SUNY Press.

Phillips-Griffiths, A. (Ed.) (1991). *Wittgenstein: Centenary essays*. Cambridge: Cambridge University Press.

Piaget, J. (1955). *The language and thought of the child*. London: Kegan Paul.

Polkinghorne, D. (1983). *Methodology for the human sciences: Systems of inquiry*. Albany: SUNY Press.

Poster, M. (1978). *Critical theory of the family*. New York: Seabury.

Prilleltensky, I. (1994). *The morals and politics of psychology: Psychological discourse and the status quo*. Albany: SUNY Press.

Quine, W. V. O. (1963). *From a logical point of view*. New York: Harper &. Row.

Rivlin, L. G. and Wolfe, M. (1985). *Institutional settings in children's lives*. New York: John Wiley &. Sons.

Rogoff, B. (1990). *Apprenticeship in thinking: Cognitive development in social context*. New York: Oxford University Press.

Rogoff, B. and Lave, J. (Eds.) (1984). *Everyday cognition: Its development in social contexts*. Cambridge, MA: Harvard University Press.

Rorty, R. (1982). *Consequences of pragmatism*. Minneapolis: University of Minnesota Press.

Rose, N. (1990). *Governing the soul: The shaping of the private self*. London: Routledge.

Rothstein, S. W. (1994). *Schooling the poor: A social inquiry into the American educational experience*. Westport, CT: Bergin &. Garvey.

Ryle, G. (1949). *The concept of mind*. New York: Barnes and Noble.

Samelson, F. (1979). Putting psychology on the map: Ideology and intelligence testing. In A. R. Buss (Ed.) *Psychology in social context*. New York: Irvington, pp. 103-168.

Sampson, E. E. (1991). The democratization of psychology. *Theory and Psychology*, 1, 275-298.

Sampson, E. E. (1993). *Celebrating the other: A dialogic account of human nature*. Boulder, CO: Westview Press.

Santayana, G. (1911). The genteel tradition in American philosophy. *University of California Chronicle*, *XII*, 4. Reprinted in D. L. Wilson (Ed.) (1967) *The genteel tra-*

dition: *Nine essays by George Santayana.* Cambridge, MA: Harvard University Press, pp. 37-64.

Sarason, S. B. (1981). *Psychology misdirected.* New York: The Free Press.

Schacht, T. E. (1985). DSM-III and the politics of truth. *American Psychologist*, 40, 513-521.

Schwartz, P. W. (1971). *The cubists.* London: Thames and Hudson.

Scriven, M. (1959). Truisms as the grounds for historical explanation. In Gardiner(Ed.) *Theories of History.* Glencoe, IL: The Free Press.

Searle, J. R. (1969). *Speech acts: An essay in the philosophy of language.* Cambridge: Cambridge University Press.

Searle, J. R. (1992). *The rediscovery of mind.* Cambridge, MA: The MIT Press.

Shotter, J. (1990). *Knowing of the third kind.* Utrecht: ISOR.

Shotter, J. (1991). Wittgenstein and psychology: On our "hook up" to reality. In A. Phillips-Griffiths (Ed.) *Wittgenstein: Centenary essays.* Cambridge: Cambridge University Press, pp. 193-208.

Shorter, J. (1993a). *Conversational realities: Studies in social constructionism.* London: Sage.

Shotter, J. (1993b). *Cultural politics of everyday life: Social constructionism, rhetoric and knowing of the third kind.* Toronto: University of Toronto Press.

Shotter, J. (1995) In conversation: Joint action, shared intentionality and ethics. *Theory and Psychology*, 5(1), 49-73.

Shotter, J. and Gergen, K. J. (Eds.) (1989). *Texts of identity.* London: Sage.

Shotter, J. and Newman, F. (1995). Understanding practice in practice (rather than in theory). Presented at the East Side Institute for Short Term Psychotherapy, New York. [manuscript available]

Sinha, D. (1986). *Psychology in a third world country: The Indian experience.* Beverly Hills, CA: Sage.

Skinner, B. F. (1957). *Verbal behavior.* New York: Appleton-Century-Crofts.

Soldz, S. (1988). The deficiencies of deficiency theories: A critique of ideology in contemporary psychology. *Practice, the Magazine of Psychology and Political Economy*, 6(1), 50-63.

Stenner, P. (1993). Wittgenstein and the textuality of emotional experience. *Practice, the Magazine of Psychology and Political Economy*, 9(2), 29-35.

Stern, D. N. (1985). *The interpersonal world of the infant*. New York: Basic Books.

Stern, D. N. (1990). *Diary of a baby*. New York: Basic Books.

Strawson, P. F. (1964). *Individuals*. London: Routledge.

Suvin, D. (1972). The mirror and the dynamo. In E. Munk (Ed.) *Brecht*. New York: Bantam Books.

Szasz, T. (1961). *The myth of mental illness: Foundations of a theory of personal conduct*. New York: Harper & Row.

Tharp, R. G. and Gallimore, R. (1988). *Rousing minds to life: Teaching, learning and schooling in social context*. Cambridge: Cambridge University Press.

Timpanaro, S. (1976). *The Freudian slip: Psychoanalysis and textual criticism*. London: Verso.

Tolman, C. W. and Maiers, W. (1991). *Critical psychology: Contributions to an historical science of the subject*. Cambridge: Cambridge University Press.

Torrey, E. F. (1992). *Freudian fraud*. New York: HarperCollins.

Trevarthen, C. and Hubley, P. (1978). Secondary intersubjectivity: Confidence, confiding and acts of meaning in the first year. In A. Lock (Ed.) *Action, gesture and symboh The emergence of language*. New York: Academic Press, pp. 183-229.

Tuana, N. (1992). *Woman and the history of philosophy*. New York: Paragon House.

Turkle, S. (1980). French anti-psychiatry. In D. lngleby (Ed.) *Critical psychiatry: The politics of mental health*. New York: Pantheon Books, pp. 150-183.

Ussher, J. and Nicholson, P. (Eds.) (1992). *Gender issues in clinical psychology*. London: Routledge.

van der Merwe, W. L. and Voestermans, P. P. (1995). Wittgenstein's legacy and the challenge to psychology. *Theory & Psychology*, 5(1), 27-48.

van der Veer, R. and Valsiner, J. (1991). *Understanding Vygotsky: A quest for synthesis*. Oxford: Btackwell.

Venn, C. (1984). The subject of psychology. In J. Henriques, W. Holloway, C. Urwin, C. Vensn, and V. Walkerdine (Eds.) *Changing the subject: Psychology, social regulation and subjectivity*. London: Methuen, pp. 119-152.

Vygotsky, L. S. (1978). *Mind in society*. Cambridge, MA: Harvard University Press.

Vygotsky, L. S. (1982). The historical meaning of the crisis in psychology. In A. R. Luria and M. G. Iaroshevski (Eds.) *L. S. Vygotsky: Collected works*. Vol. 1. Moscow: Pedagogika. [In Russian.]

Vygotsky, L. S. (1987). *The collected works of L. S. Vygotsky*, Vol. 1. New York: Plenum.

Vygotsky, L. S. (1993). *The collected works of L. S. Vygotsky*, Vol. 2. New York: Plenum.

Walkerdine, V. (1984). Developmental psychology and the child-centered pedagogy: The insertion of Piaget into early education, in J. Henriques, W. Holloway, C. Urwin, C. Venn, and V. Walkerdine (Eds.), *Changing the subject: Psychology, social regulation and subjectivity*. London: Methuen, pp. 153-202.

Walkerdine, V. (1988). *The mastery of reason*. London: Routledge.

Wertsch, J. V. (1985a). *Vygotsky and the social. formation of mind*. Cambridge, MA: Harvard University Press.

Wertsch, J. V. (Ed.) (1985b). *Culture, communication and cognition: Vygotskian perspectives*. Cambridge: Cambridge University Press.

Wertsch, J. V. (1991). *Voices of the mind: A sociocultural approach to mediated action*. Cambridge, MA: Haeeard University Press.

Wilkinson, S. and Kitzinger, C. (Eds.) (1993). *Heterosexuality: A feminism and psychology reader*. London: Sage.

Winch, P. (1958). *The idea of a social science*. New York: Routledge and Kegan Paul.

Wittgenstein, L. (1953). *Philosophical investigations*. Oxford: Blackwell.

Wittgenstein, L. (1961). *Tractatus logico-philosophicus*. London: Routledge.

Wittgenstein, L. (1965). *The blue and brown books*. New York: Harper Torchbooks.

Wittgenseein, L. (1967). *Zettel*. Oxford: Blackwell.

Wittgenstein, L. (1971). Remarks on Frazer's *Golden Bough*. *The Human World*, 3, 28-41.

Wittgenstein, L. (1974a). *Philosophical grammar*. Oxford: Blackwell.

Wittgenstein, L. (1975). *Philosophical remarks*. Oxford: Blackwell.

Wittgenstehl, L. (1980). *Remarks on the philosophy of psychology*, Vol. I. Oxford: Blackwell.

Zelizer, V. A. (1985). *Pricing the priceless child: The changing value of children*. New York: Basic Books.

/ 译后记 /

初识弗雷德·纽曼和洛伊丝·霍尔兹曼的社会治疗是在夏林清老师的课堂上。其时我已经在心理咨询与治疗领域游历 11 年了。我读本科时,学校为了培养各类学校尤其是中小学可能缺乏的心理咨询师,便从我们这一届开始在教育专业学生的课程中加增了大量心理咨询与治疗的内容。这样的举措有着理想主义的热忱和从专业角度出发的责任心,但可惜的是,我们后来到中小学担任心理咨询老师的同学大多被边缘化,个中原因不言自明。自己高中时与强迫症的遭遇,成年后与母亲的关系,以及婚姻中的问题催逼我一步步地深入心理工作的领域,寻求解决之道。在遇到夏林清老师之前,我已经完成了二级心理咨询师课程,也系统学习了其时在商业的推动下正变得热门的神经语言程序学(NLP)及家庭系统治疗。这些课程教授的方法我都在自己身上用过,但总只是一时有效,就像腰疼时短期起效的膏药。那时的我隐隐觉得,这可能不是我要去的方向。

社会治疗在很大程度上还没有进入我国目前的心理咨询和治疗体系。它不难学习和掌握,但却往往无名无利可图。随着《精神障碍诊断与统计手册(第五版)》(DSM-V)的出版，精神病症的种类、名称越来越多，越来越多的人被精神病，被安排吃药。但这真的能解决他们的问题吗？就抑郁症而言，美国本土已有多个临床研究证明药物的效果与认知行为疗法(CBT)的效果相当，且后者的效果更为持久。但即便如此，美国成年人中仍然有不少人情愿每天服用抗抑郁药物而不会选择认知行为疗法。我们的情况还要更困难些，因为在进行心理咨询和治疗体系的构建时，我们早已像美国那样接纳了潜伏其中的"科学心理学"预设，而且将它视为最规范、最标准的解决问题的工具。我们不只是"科学地专业地"抛弃了"神经衰弱"，拥抱了"抑郁症"，我们还丢掉了自己文化中那些原本可以解决心理问题的东西，因为它们"不科学""不专业"。在这样一种体系中，一切被该体系宣称无法证明其科学性的治疗方法都是不会被接受的。而在心理咨询界，社会治疗因为从根本上来说是一个完整的哲学体系，而不是一种片断化的工具，不具备眼下那些颇为赚钱的方法所具备的"易操作、上手快、易展示"的特点，因此少有人关注和问津。

但是，我们在日常生活中会不可避免地遭遇的心理问题真的是"科学问题"吗？作为从事心理学研究和教学的工作者，我认为我们把作为科学研究的心理学和作为人生经历的心理过程混为一谈了，也把人群展现的一般性和个体体验的特殊性混为一谈了。科学里只有一般性，但每个人的经历和体验都是独一无二的。而作为经常被生活按在地上摩擦，要哭要笑要有力量继续往下走的普通人，我要的是解决生活里层出不穷的问题。因此，面对任何能支持我走好人生路的事物，我都会说："来吧，我可以！"——拜托，还是让科学的问题归于科学，让生活的问题归于生活吧！

在本书中，纽曼和霍尔兹曼拨开笼罩着心理学的重重迷雾，找到埋藏其下的那些东西。他们将被压缩的历史铺陈开来，告诉我们事情是怎么变成今天这样的。更重要的是，他们对人类前途和命运的关怀是马克思式的。这本书带着翻转的使命而来，而要翻译这样一本书，对我们来说着实吃力不讨好。翻译其实是结合了译者自身经历和体验的再创造，我们只能努力理解两位作者的思想，并在这个基础上进行自己所理解的翻译。我们用了两年多的时间才算勉强完成这一工作。之所以用了这么长的时间，一是因为译者水平有限，二是因为本书涉及大量的哲学问题，不太好译。当然，所谓"不好译"肯定也是译者为自己能力不行找的借口。

在这里，我们要感谢北京师范大学出版社周益群老师的信任，她在我们翻译期间一直不给压力只给鼓励。我们还要感谢魏瑄慧的校正。不夸张地说，要是没有瑄慧帮忙校稿，我们根本没有信心译完此书。特别需要说明的是，本书后三章由赵梦雪译初稿，但校稿及统稿时我做了很大改动，因此本书的任何错漏都应该由我负全部责任，恳请读者诸君指正。

最后，感谢纽曼和霍尔兹曼写出这么一本好书，感谢我与此书有如此难得的缘分。唯愿不负周益群老师所托。

祖霞

2021 年 9 月

成都信息工程大学

图书在版编目(CIP)数据

非科学的心理学:理解人类生活的文化—展演路径/(美)弗雷德·
纽曼,(美)洛伊丝·霍尔兹曼著;祖霞,赵梦雪译.—北京:北京师范
大学出版社,2022.4
　(社会治疗书系/夏林清,张一兵主编)
　ISBN 978-7-303-26116-1

　I.①非… II.①弗… ②洛… ③祖… ④赵… III.①心理
学—研究 IV.①B84

中国版本图书馆 CIP 数据核字(2020)第 145612 号

北京市版权局著作权合同登记　图字:01-2022-0252 号

营　销　中　心　电　话　010-58807651
北师大出版社高等教育分社微信公众号　新外大街拾玖号

FEIKEXUE DE XINLIXUE

出版发行:北京师范大学出版社　www.bnup.com
　　　　　北京市西城区新街口外大街 12-3 号
　　　　　邮政编码:100088
印　　刷:北京盛通印刷股份有限公司
经　　销:全国新华书店
开　　本:890 mm×1240 mm　1/32
印　　张:10
字　　数:220 千字
版　　次:2022 年 4 月第 1 版
印　　次:2022 年 4 月第 1 次印刷
定　　价:78.00 元

策划编辑:周益群　　　　　责任编辑:梁宏宇
美术编辑:李向昕　　　　　装帧设计:李向昕
责任校对:康　悦　　　　　责任印制:马　洁

Unscientific Psychology: A Cultural-performatory Approach to Under-

standing Human Life

By Fred Newman and Lois Holzman

© 1996，2006 by East Side Institute

Simplified Chinese edition copyright:

Beijing Normal University Press (Group) Co. ,LTD